投资的原则

Delivering Alpha
Lessons from 30 Years of Outperforming Investment Benchmarks

[美] 希尔达·奥乔亚-布莱姆伯格 ◎著　胡睿超 ◎译
（Hilda Ochoa-Brillembourg）

中信出版集团 | 北京

图书在版编目（CIP）数据

投资的原则 /（美）希尔达·奥乔亚 - 布莱姆伯格著；
胡睿超译. -- 北京：中信出版社，2022.1
书名原文：Delivering Alpha
ISBN 978-7-5217-2177-5

Ⅰ.①投… Ⅱ.①希…②胡… Ⅲ.①投资管理
Ⅳ.① F830.593

中国版本图书馆 CIP 数据核字（2021）第 244975 号

Delivering Alpha by Hilda Ochoa-Brillembourg
Copyright © 2019 by McGraw-Hill Education
Simplified Chinese translation rights © 2022 by CITIC Press Corporation.
Published by arrangement with author c/o Levine Greenberg Rostan Literary Agency
Through Bardon-Chinese Media Agency
All rights reserved.
本书仅限中国大陆地区发行销售

投资的原则

著者：[美]希尔达·奥乔亚-布莱姆伯格
译者：胡睿超
出版发行：中信出版集团股份有限公司
（北京市朝阳区惠新东街甲 4 号富盛大厦 2 座　邮编　100029）
承印者：北京诚信伟业印刷有限公司

开本：880mm×1230mm 1/32　　印张：11　　字数：211 千字
版次：2022 年 1 月第 1 版　　　　　印次：2022 年 1 月第 1 次印刷
京权图字：01-2020-0470　　　　　　书号：ISBN 978-7-5217-2177-5
定价：59.00 元

版权所有·侵权必究
如有印刷、装订问题，本公司负责调换。
服务热线：400-600-8099
投稿邮箱：author@citicpub.com

目录

序　III
前　言　不可思议的旅程　XIII

―――― 第一部分 ――――

投资组合匹配理论：投资组合的价值

第 1 章　匹配理论　003

―――― 第二部分 ――――

构建正确的政策资产组合

第 2 章　遇见怀疑论者　023

第 3 章　投资政策——目标使命及需求　029

第 4 章　负债驱动型投资　043

第 5 章　从理论到实践　055

第 6 章　修改投资政策　071

第 7 章　选择适当的业绩基准　077

第 8 章　重新平衡对比战略倾斜——次数及原因　089

第 9 章　投资政策变得越来越不同　095

第 10 章　责任投资——另一个产生分歧的因素　103

第 11 章　利用波动性　109

第 12 章　转移阿尔法值或贝塔值　127

第三部分
构建资产类别

第 13 章　价值的新地图　135

第 14 章　结构性倾斜在哪里　153

第四部分
挑选和解雇管理人

第 15 章　问对的问题　183

第 16 章　何时应该留用一个业绩严重不佳的管理人　191

第五部分
评估和管理风险

第 17 章　风险的边界　199

第 18 章　非交易性风险　209

第六部分
持续发展：领导特质、创新管理、继任计划和转型

第 19 章　团队的智慧　217

第 20 章　良好治理　233

致　谢　261

附　录　受托人自我评估　267

投资术语表　283

注　释　301

序

当你写书的时候,被问到的第一个问题通常是:"这本书为谁而写?"本书是为那些想在教科书知识之外,学习如何使全球多元化的投资组合持续不断地增值的金融专业人士准备的。本书也是为那些投资委员会和董事会委员准备的,通过阅读本书,他们可以加深理解个人行为对投资组合收益的影响,从而成为更好的资产受托管理人。本书也是为那些已经接触了投资组合基本原理的专业人士准备的,他们了解了估值、预期收益、波动、相关性和多样化等基本概念,并且希望了解现代投资组合理论的局限性,以及有经验的从业人员为何背离标准学术理论却仍能赢利。

本书的目的是作为一本实用指南,帮助人们创建明智、合理且精确管理的投资组合,帮助人们建立决策治理结构及程序,从而减少失误并能准确划分职责与利益,帮助人们挑出最精明能干、忠心不贰的受托管理委员会和代理机构来长期管理投资组合，并帮助人们解雇管理层、纠正错误。相对于理论，本书更重视实践。我们希望它能够帮助读者更好地理解如何长期发现投资、控制风险并增加收益的具体过程。长期来看，管理良好的全球多元化投资组合可以在完全被动管理的情况下不增加总成本却持续增加资产价值，且不出现大幅波动。

历史简介

我和同事们帮助企业、非营利组织和家庭管理资产已逾40年。40多年来，我们管理世界银行的养老基金已有差不多20年的时间。我们一开始是在世界银行内部进行管理（1976—1987年），然后我们于1987年成立战略投资集团，世界银行的养老基金由该公司进行管理（1987—1995年）。截至2017年年底，过去30年里，战略投资集团管理的所有主要资产类别和平衡型投资组合，有75%以上的时间实现了"连续3年表现优于市场平均基准"。30年中，该公司投资团队的表现只有4年逊于市场平均基准。资产增值过程中的波动性远低于市场平均基准。这个优异的成果还是在多元化的客户需求和环境中取得的。同时，该公司还要应对不同的甚至不太完善的治理模式，即决策过程中所涉及的组织架构、时间安排、方式及质量，而且负责批准投资政策和监管业绩的人依赖这一决策过程做出决策。

从战略投资集团成立开始，其治理模式就被定义为旨在补充并强化客户的治理模式。理想的治理模式并不多见，根据我的经验，只有在特殊情况下才会出现。以过往表现进行评判，耶鲁大学似乎是为数不多的几个案例之一。耶鲁大学持续不断的资产增值能力证明了其强大的治理模式，以及其首席投资官大卫·F. 史文森和他的团队在任期间的出色表现。理想的治理模式应该是充满活力并能够为经验丰富的服务提供者提供支持的；应以长线表现为导向，同时对短期需求做出反应，并且致力于创新和独立思考。

战略投资集团成立之初，致力于为客户提供专注、务实、全面的投资管理服务，以实现全球资产配置和多元化的资产管理、风险控制。我们将"开放架构"资产管理结构（为客户提供其他公司的金融产品及我们自己的风险控制管理）作为一个外包选项，此举在当时是很少见的，但现在已是机构投资中最常用的模式。本书的部分章节将阐述战略投资集团及其他公司为客户提供的各类特色服务。我这么做是因为这是我能提供的最有用的信息。我尽量将最有用的信息提供给读者，并让读者自己判断。但我有义务提醒你们，过往业绩不应被视为将来业绩的承诺。本书提及的所有案例和附录只是为了说明数据如何组合在一起并形成了投资策略框架，并未预测、推荐或代表任何投资组合。正如本书充分说明的，每个投资者都有各自的需求，而市场能够提供不同的投资机遇。

本书揭示了在日益复杂且竞争激烈的资本市场中能够长期保持资产增值并维持竞争优势的主要因素。我写下了一些重要概念，以帮助受托人纠正某些不太具备合理性的治理模式和金融理论。据此进行的改进的核心是创新和独立思考。决策工作和资本市场知识也应当不断地完善和扩充。

我希望这是一本简洁但有用的书。若你的兴趣和关注点在此，它可以成为你身边的工具书。本书不是投资理论的专著。本书想要分享的是一些细致入微的知识。通往正确的道路上通常会有很多模棱两可的分岔，满是不确定性。基于经验和智慧得来的细微知识可以让读者不再对寻找非黑即白的理论感兴趣，因为新人的兴趣点恰恰是非黑即白的理论。对新人来说，他们应该远离所有形式的主动式资产管理，然后追求最低交易成本、分散化投资，以及被动式资产管理。然而，发现投资需要的是精确的时间控制和系统的投资决策，被动式资产管理有时也需要精准和智慧，而不是像新人那种缺乏经验的操作。通常，非专业人士中的偏理论型的投资者以及小部分纯学术理论家，在市场经历了长期不可持续上涨且被过度高估之后，会在最极端的时刻选择总指数策略。一知半解是危险的。这种行为经常发生在投资股票、债券共同基金或ETF（交易所交易基金）的投资者身上。这些基金经历了多年的高收益后，会在价格下跌时让投资者遭受巨大损失，散户投资者尤其如此。

信念，尤其是简单的信念，会时不时地受到严峻的考验。但大多数人通常经受不住考验！正如乔希·比林斯所说的，确定的东西比不确定的东西更具有危险性。[1]当市场显现出极其诱人（或危险）的投资机会时，几乎每个人的神经都会受到贪婪（或恐惧）的影响，而忘记了运用智慧来思考。生活中存在大量的随机性，这种随机性给了自律的投资者利用估值极端异常的机会，投资者可以依靠历史周期使估值回到市场均值。

投资界充斥着神话——许多令人激动不已实际却是巨大谎言的神话。接下来，我们将聊一聊3个具有代表性的谎言。

神话一：市场是公平的。考虑到"公平"价格的上下波动幅度如此之大，这种公平存在的概率就如同真人秀节目中明星维持7年以上婚姻的概率：五成，两成，还是0？我们发现在过去的30年里，有100多名主动型的基金经理获得的投资收益相当稳健地超越了平均基准，而且我们自己也做到了。那么价格怎么可能会是公平的呢？这实际上说明在与冲动或缺乏经验的投资者的较量中，经验丰富的投资者获得了非常不公平但实际存在的优势。

神话二：分散化是唯一的免费午餐。分散投资是一个明智的策略，但这是不是一顿免费的午餐在很大程度上取决于你分散投资的资产是否被高估了。关联性不是一成不变的，当我们倾向于极端分散投资时，关联性往往会趋近于1。最好的免费午餐其实是惊慌失措的投资者遗落在餐桌上的美食。最划算的买卖来自崩盘之后收购的大量廉价资产。

神话三：未来几十年的缓慢增长和高波动性对股市来说不是好兆头。事实上，经济增长与股票收益率之间几乎没有必然联系，因为增长预期很快就被计入市盈率。没有什么地方能比一个无增长又充满政治色彩、舆论导向且动荡的市场更能推动资产增值了。在轮盘赌桌上，人们有很多机会高抛低吸，因为波动性很大，而市场会不断调整价格以调节波动性。因此，我对未来20年充满期待。

我深知，未来属于生活在未来的人。他们会根据市场和相关事件，以及自己的专业发展和需求，创建自己的理论并予以回应。每一代人都可能重复过去的错误，然后从自己所犯的错误中学习新的知识。政府和法规会改变并影响人们的投资机会。我已学到做出有效投资决策的4个关键因素：时机、市场意识、价格和对投资者来说恰当的价值（契合度）。投资者应该重新认识它们，并在风险自负的情况下分辨它们。

我的经验得益于我在一个训练有素、经验丰富的全球投资团队中工作。我们这个团队能够接触到各种资产管理中富有才华的外部管理人。一直以来，公司的创始合伙人都在积极地将管理职权下放给整个团队，2002年之后尤其如此。在2014年我从CEO（首席执行官）的位置上退休之前，我也一直逐步下放管理和研究职权。退休后，我们明白应该努力将自己具备的知识和经验传承下去，以帮助后辈增长和储备知识。我们也完全能预见到，长江后浪推前浪，一代更比一代强。这是显而易见的事实。但技术上和认知上的进步是人类永恒且不断增长的真正财富。

多年后，我们为长期客户积累了大量财富。不论过去还是现在，我们都没有依靠运气，即使我们有过好运，也有过厄运。我鼓起勇气总结过往的经验,因为现有的证据可以证明某些可复制技巧的有效性,且我有 30 年的经历予以支持。这 30 年的时间包括了我们在世界银行管理养老基金及其后续改进和完善的时间。这段历程展现了在自由、高度竞争、全球化安全交易的市场中,聪明且专业的投资者在职业生涯中所积累的知识和专业技能。我们所处的时代是一个全球资本市场在不到 25 年的时间里增长了 4 倍的时代。我相信,我们所运用的方法,即使是在未来不那么顺利的时期,也能取得成功。这就像它们在包括 2008 年金融危机在内的多次金融危机中取得的成功那样。但需要提醒的是,这种方法尚未经受如世界大战时期那样异常漫长的市场动荡的考验。大量持有各类现金类资产,然后利用某些被严重低估的投资机会,或许是应对长期市场失灵的一种方式。

金融资产的增长以及产品的日益复杂化,使我们能够利用所发现的市场低效来获得收益。市场失灵的情形主要集中在新证券化的资产、新兴管理风格下的资产以及某些前景光明的独立资产等方面。但我们也会采用成本较低的被动型管理产品,这些产品几乎没有可以利用的市场低效的情形。

重要的是,这一投资过程已通过各类客户的测试。一些客户拥有良好稳健的投资治理模式,一些客户的投资治理模式则存在一定的瑕疵。存在瑕疵的投资治理模式可能有不同的形态,但最常见的表现形式是冲动决策、不考虑风险的奖励机制、对改进政策的反应迟缓、由恐惧和贪婪驱动的行为习惯。我们从这两种投资治理模式中吸取了教训。令人惊讶的是，我发现糟糕的投资治理模式竟然会持续存在，而良好的投资治理模式可能持续不了多久。在经历了由良好的投资治理模式转向糟糕的投资治理模式之后，有人会希望回归到良好的投资治理模式。正如历史学家芭芭拉·塔奇曼所建议的，重建一个被战争摧毁的社会，远比从零开始建设一个社会容易得多。但在投资治理模式被削弱的情况下，我们可能一时难以找到恰当的增强剂。这就是为什么我们应该大力捍卫和维护良好的投资治理模式。与美德一样，它可以承受很多，但我们一旦失去就很难重新获得。

皮纳塔策略

当我们为实现目标而制定策略（如创建和管理投资组合用以达成投资目标）时，会考虑许多因素，包括理念传承、机遇、经验和可能性。有些经历特别能够说明问题。对我来说，没有什么比我对皮纳塔游戏[①]的回忆以及我为它而制定的策略更让人印象深刻的了。

我出生在委内瑞拉首都加拉加斯的一个中产阶级家庭。我的父亲是一名飞行员，后来成为航空公司的高管。我的母亲是全职主妇，常说自己很后悔因家人的反对而放弃成为一名物理学家。

---

① 在很多拉美国家，在部分节日或儿童生日上，人们会在高处悬挂用报纸等做成的鲜艳玩偶或动物，称之为皮纳塔，并在其中塞满甜点、礼物等。被蒙着眼睛的儿童将其击破。——编者注

序

我记得，在我大约 6 岁的时候，皮纳塔游戏聚会并不受欢迎，至少对我来说没意思。母亲会给我穿上笨重的衣服，它让我浑身瘙痒，而男孩子们则穿着舒服的裤子。他们可以去撞玩偶，捡起掉出来的糖果。女孩子们因为穿着漂亮的衣服，很不方便捡糖果。

那么女孩该怎么做呢？是第一个冲向击打玩偶的棒子，然后退到一旁安全地观看接下来的游戏（否则很容易被乱棒打中）？是击破玩偶，然后感觉自己像个英雄？是得到最多的糖果？我尝试了上述 3 种策略，得出的结论是，能否获得最多的糖果应该成为我判断自己是否成功的标准。了解了自己的目标之后，游戏就变得有趣且值得继续了。

通过观察玩偶的摆动轨迹，我制定了能够获得最多糖果的策略。我决定在处于倒数第三名到倒数第五名时去击打玩偶。重要的是不要成为那个把玩偶击破的人：把它击破的人被称为英雄，却失去了捡糖果的宝贵时间。排在倒数第二或倒数第三，意味着你可以击破一点儿，满足众人的期待，但在玩偶被最终击破前仍有时间跑到最佳位置去捡最多的糖果。一旦玩偶破了，我就会飞快地跑到糖果掉下来的地方，蹲在地上，把我鼓鼓的裙子摊开。我会抱起裙摆盖在尽可能多的糖果上，然后等其他孩子离开后，再把裙摆下面的糖果拿出来，放进裙子的口袋里。此时口袋已装得鼓鼓的。因此，我把一件又大又蓬松的连衣裙变成了收集糖果的有效武器。

游戏结束后，总会有几个孩子哭鼻子，因为他们没有捡到足够多的糖果。这就让我有机会和他们分享我的胜利果实。无论这是出于懵懂的人道主义同情，还是仅仅是正义感，分享胜利果实给我带来了极大的快乐。对我来说，成功并不意味着我可以带多少糖果回家，而是我赢了皮纳塔游戏！多年后，我在哈佛商学院学到，皮纳塔游戏策略其实是 SWOT 分析法的早期运用模式之一——基于优势、劣势、机会和威胁分析的企业决策分析方法。[2]

随着我的成长，生活显然要比皮纳塔游戏复杂。但我在早期发现的这些核心要素至今仍时刻提醒我：在一个不确定的世界，明确的目标和明确的策略对成功至关重要。

我从中学到的最关键的一点是，可逆转的决定和不可逆转的决定是有区别的。渐进式的决定（比如我在皮纳塔游戏中尝试的不同方法，直到找到了一个最易达成目标的方法），是高度可逆的。在每月都有多次皮纳塔游戏的情况下，我可以尝试不同的策略。我们不用担心那些可逆的小决定。根本性的改变（比如生儿育女或大规模改变你的投资组合策略），是不可逆的或是代价很高的决定，我们应该谨慎对待。

前 言
不可思议的旅程

我们应该抱着学习的心态阅读集合经验教训的图书。任何投资策略的设计都应符合当前的宏观经济和市场环境。我们的经历也印证了这一点。

对投资者来说，20世纪70年代石油危机以来的这段时光是非常特别的。石油危机的冲击使美国经济陷入瘫痪。加上日本公司的竞争，美国公司不得不进行产业重构。这个产业重构是由迈克尔·米尔肯和他的团队在德崇证券推行的，并创造性地运用了垃圾债券（又名"高收益债券"）。通过高收益的融资方式，收购和拆分那些管理效率低下的企业集团架构变得很容易。这些企业集团架构在过去几十年中主导了公司战略。使用高收益债券需要花费的成本促使收购方控制成本和资本预算，并专注于单个目标公司的盈利增长。CEO们被迫成为更专注于公司本身的管理者，而非高高在上的投资组合管理人。

高收益债券导致的管理层被驱逐和更换,结束了美国公司管理层缺乏竞争且自满的时代(我们并不是完全确定)。高收益债券引发的剧变导致米尔肯被判"虚假买卖股票",并导致德崇证券破产。现在,当自满情绪再次出现时,主动的投资者能够获得充足的资金从而替换董事会和管理层,这就会消除管理层的自满情绪(同样,我们并不是完全确定)。有时候,公司激进主义的威胁就足以迫使管理层采取更有效率的行动。

随着微观经济状况的改善,在宏观经济方面,美国经济增长前景因1974年的《雇员退休收入保障法案》的颁布,以及人力资本的形成而发生了转变。人力资本的形成源于"婴儿潮"、职业女性和越来越多的移民对劳动力的拉动。《雇员退休收入保障法案》迫使各公司为其固定收益型的养老金计划提供资金,从而大幅增加了美国的长期存款和投资数量。这为传统市场和非传统市场上资本和金融创新的增长提供了额外的资金,但资本投资的收益因通货膨胀的压力而处于危险之中。当时的通货膨胀可以追溯至石油危机时期和越战中的政府开支过度的时期,因此1979—1987年,政治上和经济上急需一位能够控制住通货膨胀的行政长官对美联储实施革命性的管理工作。最终担此重任的是美国极其正直的公务员之一——保罗·沃尔克。美国和其他国家逐步扩大的通货膨胀迅速得到了控制(对拉丁美洲的债券持有者来说,这个控制通胀的过程则充满剧烈的波动)。1981年,货币政策转变之后,随之而来的是创新低的债券收益率,债券价格也

前 言 不可思议的旅程

因此出现历史新低。基于此,我们的投资组合重点向长期债券倾斜,并在通胀得以控制时获得超额收益。

重构美国公司产业、采取紧缩的货币政策控制通货膨胀、放松管制以增强竞争、打破主要行业垄断、结束越南战争等一系列的努力,最终开创了无通货膨胀的经济增长,显示了自由市场的活力。难怪罗纳德·里根总统在任期间受到了多数人的钦佩,而且反对者极少。复苏的西方经济、强大的军事实力,为贸易和金融资产等前所未有的增长打开了新世界的大门。

当市场表现出持续增长和发展趋势时,新的投资机会就出现了。私人资产实现证券化后,买卖就变得容易了。我们会充分利用新证券化的资产,包括房地产、私募股权、国际市场上的股票、新兴市场、高收益债券以及对冲基金,因为这些资产的价格往往极具吸引力。然而随着时间的推移,当这些资产的流动性越来越强且为大众所接受后,市场会自我调节效率,最后会降低通过主动管理获取资产增值的概率。这会对各类管理资产的选取产生更大的影响。我们想要挑选优秀的资产管理人,需要考虑低效定价情形、发现新的管理模式,以及理解主动型管理人所处的环境。养老基金、捐赠基金或家庭资产的决策者会搜寻新的资产类别以及管理人组合。这一过程将在本书第二、三、四部分详细介绍。

最近几十年是证券化极其活跃的时期。其间涌现了100多个股票和债券市场,衍生品在数量和规模上都呈爆炸性增长,衍生品已成为大型机构投资者的主打产品。包括银行存款在内的可

XV

投资资产从1990年的48万亿美元增至2015年的252万亿美元，25年里增长了4倍多。[1] 自推倒柏林墙以来，全球GDP（国内生产总值）从约28万亿美元增至1990年的78万亿美元，几乎增长了2倍，而全球贸易量也增长至以前的4倍（按当时的国际美元价值算）。全球贸易占全球GDP的比重从39%上升到60%。[2] 对投资者来说，这是一个激动人心的时期。但随着全球最聪明的人都进入这一利润丰厚且不断增长的投资领域，竞争也变得越来越激烈。

如果全球贸易、GDP和可投资的基础资产没有增长，那么想要实现如此诱人的收益就会变得比较困难。而且尽管在收益率较低的时候，资产增值（阿尔法）更为关键，但阿尔法的波动性也可能更大。随着我们走过了牛市和熊市，美国境内外的各种资产泡沫和破产考验着经验丰富的投资者的每一个信念。

那是世界相对和平、财富空前增长的时期，同时伴随着一系列滥用市场地位和管制政策反转的情况。在此期间，极端贫困人口占世界人口的比例从1990年的37%降至2015年的10%以下。[3] 大量财富的增长以及贫困的减少，凸显了自由贸易、竞争的价值，以及投资医疗和教育行业的价值，也加剧了财富管理行业的竞争。竞争是流动性好的金融市场的重要特点之一，它会迫使金融专家对行业保有感知力和创造力。定性经验和定量工具也需要不断更新。

高速增长的好处显而易见，但它同时加剧了收入不公平性，并可能导致政治上和金融上的不稳定。与20世纪90年代至2008年相比，在未来一二十年的投资组合管理中，理解不平等的根源和潜在的政治上和金融上的不稳定可能更为关键。首先，让我们试着理解为什么高增长会导致不平等。正如艾伯特-拉斯洛·巴拉巴西在他所写的《链接：商业、科学与生活的新思维》[4]一书中提出：增长率越高，所有人的收益越多，但最接近这一增长率的人（绝对的和相对的赢家）和那些离这一增长率较远的人（相对的输家）之间存在的差距会越大。互联网可以清楚地解释这个现象，在完全平等的互联网世界，流量可以被均衡分配；但事实上，尽管没有设置准入障碍，但10%的网站很快就吸引了超过90%的流量。

社会矛盾、劳动力转移和被解雇、政治动荡、民粹主义和极端主义等一系列事项的增加，可能是我们为迅速创新和高增长率付出的代价，在增长放缓时尤其如此，这就是2008年以来的大环境。而且在未来一二十年，我们仍可能继续活在这样的大环境中，这在很大程度上取决于生于1980—2000年的人能否享受到他们自己的人口红利，而其是否享有人口红利是指他们在四五十岁时能否实现收入的增长超过支出的增长。这在很大程度上取决于我们如何制定全球人力资源和移民政策。本书第五部分会讨论在政治和资本市场都存在不确定性的情况下的资产管理。

不平等以及社会如何应对不平等并不是唯一的潜在风险。2008年全球市场崩盘后，面对西方自由市场体系越来越激进、民粹主义日益盛行以及具有破坏性的观点，各国央行采取行动，通过向发达经济体提供流动性来保卫经济增长和民主。充足的流动资金降低了利率，并鼓励了投资、消费、经济增长和就业。大规模地提供流动性也迅速提升了政府在经济活动中的作用，并显著降低了债券和股票的预期收益率。全球都将货币政策放松至接近零利率，这对我们来说是一个完全陌生的情形。

目前我们对投资收益、波动性和相关性的预期已经变成较低的收益率以及波动性不太稳定的收益，而不是简单地根据长期历史数据而要求比过去更高的收益。本文第二部分会详细说明这一内容。

一棵树无法变成森林：对增长的威胁

2008年全球金融危机证明，对投资者、借款人和放贷者来说，过高的杠杆都是致命的。金融中介机构和美国购房者借款过多，过高的杠杆引发了抵制监管金融机构政策的风潮，幸好这种过高的杠杆目前已受到严格审查。而且幸运的是，非金融企业没有过度增加杠杆。尽管一些金融中介倒闭了，但非金融企业仍然保持生产能力，并维持着缓慢但稳定的增长。

显见的社会激进和独裁政权带来的威胁已达到过去50年来的最高水平，这对人类福祉以及我们的投资组合提出了真正的挑战。挑战的形式是所谓的"奈特氏不确定性"（我们无法衡量结果的概率——这与风险不同，对于风险，我们无法知道结果，但可以预测概率）。[5] 不可预测性将凸显出识别合理定价资产的重要性。这些合理定价资产与全球不特定因素和我们现有的投资组合"密切相关"。这些资产也会提高抵御政治冲击的能力。本书第一部分和第三部分将解释相关内容。

在 2007 年年中，之前快速杠杆化的全球经济增速有所放缓。这令许多人大失所望，并引发了疯狂的民粹主义运动，以及极端自由派和保守派的反对。尽管这些变化并没有完全改变现有环境，但肯定与 20 世纪 90 年代和 21 世纪初自由市场驱动的全球平衡不同。由此带来的宏观经济发展和政治变化，会引发资产定价和估值的波动，以及利用这种价格调整的机会。重要的是，投资者必须在其投资组合中保有充足的流动性，在很好地分散风险的情况下，才可能抓住这些机会。本书第五部分有详细介绍。

世界主要经济体还面临着其他尚未得到妥善解决的重大挑战，包括发达国家及印度和中国的人口老龄化问题、设计能够帮助欧美国家和日本均衡人口年龄结构的更优移民政策和教育政策的问题、技术发展引发的失业问题、医疗资金和退休资金不足的问题、不断增加的恐怖主义威胁、核扩散、20 世纪中期以来未曾有的流氓政权大爆发、经济缓慢增长、潜在的通货紧缩（对通货紧缩矫枉过正就会产生通货膨胀），以及气候变化带来的长期挑战。

这些因素聚集起来，构成了一个受到低收益、大规模移民和剧烈波动冲击的时代。在这个时代，多元化资产配置尤为重要，但目前这些多元化资产几乎都未被合理定价。不过，市场在自我调整过程中肯定会出现一线希望，即市场会创造机会通过合理甚至诱人的估值确定资产价格，从而分散风险。在这种收益率下降、波动性上升和出现奈特氏不确定性的情况下，本书六个部分所涵盖的各个主题是为增加读者的市场收益率而构建的。本书第六部分所述的治理质量是在一个不确定性日益增加的时代中保持收益率的基本要素。

显然，我们还没有到这个阶段的末期。这个周期需要二三十年，通常是一代人的时间，然后我们才能从上一代人的错误中吸取教训、纠正错误。除了世界大战，随着时间流逝，各国应当寻求自我成长、国际交往和自由。这就是人类在尝试各种极端替代方案并以失败告终后，不断地走向社会平衡并继续发展的方式。但在此之前，我们必须面对一个时期——奈特氏不确定性与可测量的风险一样高甚至更高。本书第五部分会阐述如何看待可测量的风险和不可测量不确定性的形成，以及管理它们的方法。

理念的初步验证

我们在管理世界银行养老基金时学会了最基本的管理技能，并且我们的初始工具和长期理念也变得更好。我们现在仍在使用在世界银行期间所运用的一些方法。它们的准确程度和敏锐度都不断地提高，这得益于经验和智慧。其中大部分工具是我们杰出的后辈开发的，我们为两代人的成就感到自豪。

我们在世界银行期间的优秀表现主要基于以下 3 个理念。

- 为了获取阿尔法，我们把部分资产交给专业化管理的小型外部管理机构，它们完全能够媲美大型金融机构。令人惊讶的是，在1986年之前的3年中，我们的股票资产在这些精品机构的管理下出现缩水。小型主动式管理机构倾向于投资小盘股，而非大盘指数的成分股。这次教训告诉我们，每种投资风格都有其周期，能够预测周期的最好方式就是对这种投资风格进行估值（价值被低估的投资风格有更好的前景）以及评估这种投资风格的受欢迎程度（越低越好）。

- 寻找被严重低估的新证券化的资产，比如对冲基金、高收益债券，以及包括新兴市场在内的国际市场股票。这些投资不仅增加了收益，还有效降低了投资组合的总体波动性。

- 分散投资于更廉价的资产，并进行有效的市场风险管理。我们在1981—1982年重仓了债券，当时的长期收益率为15%。这次重仓投资在不到一年的时间里产生了巨大收益。然后在20世纪80年代中期，我们下了一个更极端的赌注，即看空日本。在之后的几年里，看空日本的决定大幅减少了我们在非美国市场的股票投资收益，但让我们在1989年获得了巨额收益。基于这些经验而来的对风险更为细致的控制与衡量，帮助我们取得了低波动性的投资收益。

我在世界银行工作了 11 年多，在这段时间里，为了运用上述 3 个理念，我需要新的分析工具、强大可信的治理结构，以及注重招聘和培养具有不同教育和文化背景且有洞察力的员工。根据世界银行发布的 1986 年员工退休计划年度报告，与美国前 100 家养老基金的业绩平均值相比，我们管理的基金资产增值每年可高出 330~560 个基点。[6] 这样的业绩使世界银行养老基金成为该领域的翘楚。我们继续开发和运用相关策略、分析工具以及决策程序，为客户保持资产增值。我们一直将完善人员储备视为核心。本书第六部分会提及文化发展和人力资源管理的相关内容，这两项内容是建设更优的治理结构和决策程序的重要因素。

资产增值的来源——费用

当公司的创始人将自己的知识和责任传递给后继者时，保持资产增值的能力才可能继续。如图 a 所示，均衡投资组合收益连续 3 年超过基准水平的时间长达 76%，业绩相对不佳的时间主要集中在市场整体收益率较高的时期，这与 1998—1999 年估值过高阶段的表现相吻合。当时我们在市场达到最高点之前就调整了估值以降低风险。

低波动性的资产增值方式以及更优夏普比率如图 b 所示。夏普比率是用来比较各类风险与收益的指标（波动性）。

前　言　不可思议的旅程

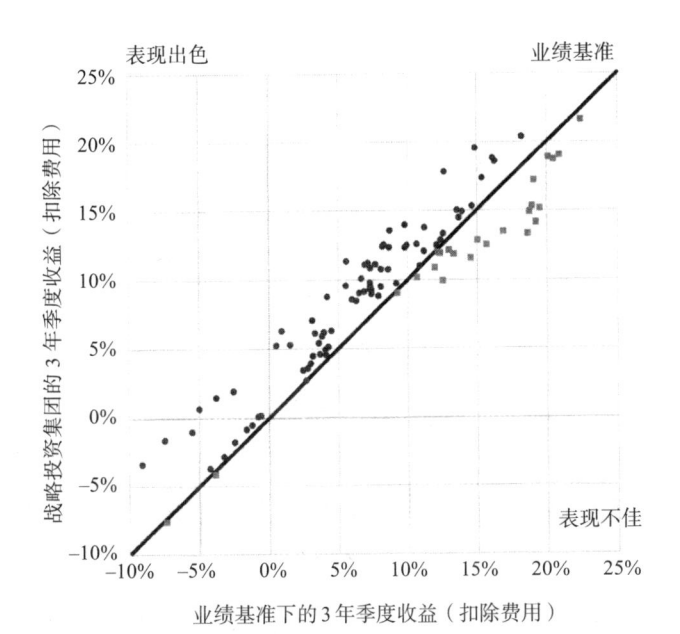

图 a　战略投资集团公司的季度收益对比业绩基准季度收益（1991—2017）

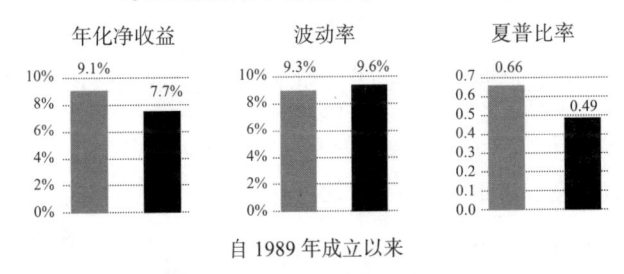

图 b　数十年超额收益且没有增加波动性

自 1989 年成立以来

■ 战略投资集团　　■ 业绩基准

年化净收益：9.1%　7.7%
波动率：9.3%　9.6%
夏普比率：0.66　0.49

资料来源：战略投资集团[①]。

---

① 除另有说明，本书提及的所有业绩和市场基准源于战略投资集团公司和/或客户所认可的基准指数提供商。

XXIII

注：从1989年到2018年3月，战略投资集团的全球均衡投资组合每年的资产增值率（扣除费用）为1.4%，同时没有增加投资组合的波动性。资产增值不仅限于整个投资组合，还涉及各个资产类别。收益是均衡投资资产扣除所有费用后的所得。投资组合包括美国市场与国际市场多元组合的股票、固定收益产品、对冲基金、私募股权、风险投资、房地产以及大宗商品。我们会将投资组合与主流的市场指数产品进行比较，并以客户认可的美元价格为基准进行衡量。

每年的增加值看似很小，但随着时间的推移呈复利增长，对财富创造具有重要意义。我们使用的策略所涉及的风险被调整后，收益会比基准高出35%（0.65对0.49）。在复合收益的魔力下，这种超常表现会产生巨额收益。100美元的投资在经过30年后，最终会变成1 402美元。但如果将其投资于基准水平的产品，那么其只能变成952美元。前者比后者最终多了46%。即使是1%的差距，经历时间的推移，收益差距也会变得非常巨大。在8%的基准水平收益基础上，每增加1%的收益，10年后就能多出20%的收益。

战略投资集团的雇员包括多样化的经济学家、工程师、统计学家、精算师、建模师、金融分析师和投资组合研究人员，他们都毕业于全球以严谨和权威闻名的各大高校。雇员会阅读学者和实务人员撰写的相关研究论文。为表现出众，他们需要理解那些在过去300年中最聪明的人所开发的分析工具——从统计学和概率论到宏观经济学，还需要从古典经济学到凯恩斯经济学再到行为经济学来理解投资组合。智慧和洞察力的获得可能来自最意想不到的地方。我们出入学术大厅、记者和实务人员的办公室,花了数千小时阅读和聆听享有盛名又或者默默无闻的专家们的观点,再分析每天市场热点前后的行情。如果1万个小时的学习是获得各领域专业技能的门槛,那么许多资深投资总监对投资组合增值这一主题的专注时间已是1万个小时的好几倍。随着时间的推移,富有洞察力的专业知识会优于单纯的数据挖掘和任何理论构建工作。对专业知识的钻研可以增强我们所得结论的样本容量与统计数据的相关性。在任何时候,我们都应该保持开放的思维、知识上的空杯心态和好奇心,从而培养自己的敏锐直觉和创造力。对于新奇的事务和新的机遇,我们应当保持开放态度。不要让专业知识影响你的创新力和创造力。

经验会告诉我们哪些是我们了解的、哪些是我们不了解或无法了解的。最重要的是,它告诉我们,专业知识和实证分析非常有益于我们进行自我管理和自我控制破坏性冲动行为。现在,冲动会首先引发我们的分析和思考,包括思索所有的客观事实与观点,然后驱使我们采取更为集中且有纪律性的行动。

我曾在一家经验丰富、纪律严明的投资机构工作,这使我受益匪浅。这家机构会同时雇用主动型外部管理人和被动型外部管理人,并在竞争最激烈的全球资本市场中展开竞争。在管理投资组合的道路上,我们并不孤单。我们就职于一家为复杂、高度竞争性的全球投资组合提供外包服务的公司,我们在业务中经常会遇见各类优秀人才,包括我们聘来管理客户投资组合的数百名专业且优秀的外部管理人。创建一种能够促进获得洞察力并分享洞察力的文化氛围,是形成良好治理结构的关键。

在过去的40年中,我们与成千上万的基金经理会面并讨论了各种资产类别的投资方式。我们见过各种资产类别以及各类投资方式的兴起和衰落。曾经被战争和革命摧毁的市场得以重建并开发。亚洲、东欧、非洲和拉丁美洲的几十个新兴市场也都如此。

我们想在公司和非营利组织中的董事会担任职务的意愿,在培育长期治理文化方面是有价值的。我们看到了最优秀、目标感最强的决策者是如何做决策的,我们也看到了不幸的穷人是如何做决策的。

当我回顾过去40年的经历时,我对那些与我共事的人充满感激之情。我觉得自己理应向同事、同行、客户、未来客户和投资领域的新人好好做一点儿总结,将自己的毕生所学告诉他们。我也试着总结了一些可能永远无解的事情。

我学到了什么

以下是我总结的10条经验教训,我将它们编撰成本书的6个部分。

1. 价格不是价值

对特定投资者来说,资产的价值可能低于或高于市场上资产的价格(或公允价值)。这取决于该项资产与投资者遗留(现存)

投资组合及其需求的相关性。即使投资者认同市场预测，情况也是如此。许多投资组合会包含遗留资产或结构（反映客户的需求），这些资产或结构无法轻易改变或通过低成本方式改变。金融学理论不足以解释市场价格与投资者效用曲线之间的关系。这一关系会使同一资产因投资者不同而拥有不同的"公允价值"（多重均衡定价）。对所有买家来说，资产会有一项市场价格。但对不同的买家来说，该项资产的相对价值是不同的。本书第一部分提供了我认为有用的快捷公式，用以分辨哪些资产更适合你的遗留投资组合。

奥斯卡·王尔德对愤世嫉俗者有非常精彩的道德评判，他抨击这些人"知道所有东西的价格，却不知道任何东西的价值"。投资如同生活，理论可以教会你市场是如何确定资产的价格的，但绝对无法告诉你，当你把这项资产放进自己的投资组合时，它的价格能否匹配它的价值。在市场有效理论的推崇者眼中，第一条经验教训可能是我的所有经验教训中最具争议性的，也可能是最相关的。市场价值和对投资者来说的价值之间的差异，有助于解释在有效市场和低效市场上多重均衡配置之间的差距，这决定了不同的投资者愿意为同样的资产支付不同的价格。

对特定买家来说，一项投资的价值取决于市场价格、预期收益和风险，以及传统投资组合中边际投资的关联性。机构投资组合很少以现金为开端。一旦有人通过现金建立了一个最优的投资组合架构，传统投资组合就会与之竞争。任何进入传统投资组合的新资产都可能会为你的投资组合带来不同的价值，且不同于对其他市场主体的价值。除了市场价格、预期收益与风险，影响资产价值最重要的因素是该资产与投资组合中其他资产的关联性。当特定投资者（如机构买家）一窝蜂地涌入某类资产，以至对其他投资者（如捐助基金）来说，该类资产价格被过分推高了，那么那些对该资产没有战略目的的投资者就应该放弃获取这类资产。

2. 要关注价格

你愿意以什么价格购买一项资产，是你拥有该项资产所面临风险大小的决定性因素之一。我们永远无法知道一项资产的最佳价格，但我们可以知道该资产价格是否被高估了，我们也可以知道，如果资产估值处在历史高位或偏离历史公允价值超过两个标准差，那么风险就会高于平均水平。如果你有足够的时间，那么等待资产价格回调是一个安全的选择。除非你处在战争期间或者市场长期关闭阶段。后现代金融理论认为，市场的价值并不总是公允的，因为行为偏差会影响投资者的理性选择，使市场偏离公允价值。如果时间足够长，或者如果你严格按照既定策略执行，或者如果采取行动的时机不是那么糟糕，那么任何投资管理风格几乎都能够奏效。简单来说，只要你以一个合理的价格买入，并给予足够的时间让它恢复其应有的价值，那么所有的投资管理风格几乎都能奏效。

当然也有些例外。随着时间的推移，资产价格往往会回归总体平均值。基于这一经验判断，我们发现随着时间的推移，单纯动量风格会产生更多的损失而非收益。动量风格是指投资者在证券价格稳定或加速上涨时，加仓买入，同时当察觉到上涨趋势出现逆转时，及时撤出资金的投资方式。动量风格通常用于价格剧烈波动的大宗商品投资。这种投资不适合进行基本的价格分析（现金流折现法），因为其没有现金流，所以无法折现。如果我们能够将其与价格敏感度风格结合起来，那么就可以实际运用动量风格。在这种情况下，动量成了第二层有效的过滤器。

如果你支付的对价是合理的，那么经过时间的推移，你的投资总能相对安全；如果你支付的对价过高，那么你可能永远无法完全收回投资。但此时最佳的做法可能是留着这些投资，除非它们仍然被严重高估。你将来的决策应当参考相对估值。许多学术理论都试图证明，对价格（"价值"）敏感的投资将比动量风格投资更容易获得收益，因为动量风格投资者通常会为所购买的资产支付过高的对价。但有时便宜的资产会在很长一段时间内保持低价（价值陷阱），能够在价值陷阱之外发现新的动量，对于避免长期困于无可救药的廉价资产是非常重要的。

根据罗伯特·希勒的分析，周期性调整市盈率（基于正常的10年实际收益）有助于估算未来长期收益的范围。[7] 以相对较低的 8 倍市盈率作为开端，未来 10~15 年的预期年化收益率应在

8%~18%徘徊，平均年化收益率为15%。如果将市盈率从8倍调整为20倍，那么预期年化收益率会降低0~12%，且降低的均值会高于5%。如果市盈率是30~40倍，那么未来10~15年能否获得正收益就很难确定了。除了股票，其他资产类别所面临的风险也取决于买入时的价格是高估还是低估。

3. 不要押上所有筹码

即使有强有力的证据，我们也不可能百分百确定某件事情。我们在一些小概率事件（极端且意外发生的事件）上的经历验证了学术上的不确定性理论。此类事件发生的概率非常低，但如果你的投资组合没有做好充分应对的准备，结果就可能是毁灭性的。当然，投资组合不应以小概率事件作为管理的核心，因为小概率事件并不是最有可能出现的结果。我们应该好好管理投资组合，这样在极端情况下需要面临的风险就不会过于严重。我们必须为可能发生的事情做好准备，但要确保小概率事件不会破坏我们对可能发生的事情重新进行投资的能力。为此，我在本书中增加了学术界对风险应对的极限与最优应对方式的理解，以及对流动性管理的理解。流动性要么被大大高估，要么被大大低估。正确评估它，对于正确处理不确定性至关重要。本书讨论最优政策、风险及流动性管理，以及资产类别结构的大部分章节（第二、四和五部分）都会涉及不确定性。

4. 遇坑是不可避免的

尽管越是分散投资越容易遇坑，但聪明地进行分散投资仍是控制风险的最佳方式。这种失误对你的投资组合来说，应该只有很小的影响，但会让决策者感到尴尬和羞愧。近年来，通过生物进化的观察而发展起来的关于脆弱结构和稳固结构（弹性结构）的理论很好地解决了这个问题。我们需要关注稳固结构内部那些可控的弱点。关注风险的多样性和多样化是核心。[8] 尽管沃伦·巴菲特可能会有不同意见，但对投资组合的管理人来说，许多小而好的投资机会恰恰是获得高收益和投资组合稳固性的重要源头。多元化投资可以让你增加新资产类别、新投资风格、有所波动但多元化的风险，同时又不会使投资组合受到过大的波动，也不会带来易变化（高度不确定）的结果。60多年来，巴菲特的独特投资技巧是基于在买入资产时可以利用其品牌效应获得较优的成交价格。有时，投资者可能会有机会在估值较低的资产上投入更多的资金（大型逐利游戏），或者远离价格被高估的资产，但这些大额交易（通常在一次交易中会投入总资产类别资产的5%~10%）应该具有特别高的确定性。这种确定性可通过是否偏离公允价值2倍以上的标准来判断。

5. 欺诈也是不可避免的

欺诈在美国资本市场上出现的可能性较低，但欺诈行为是不可能完全消失的，所以任何市场都是危险的。你必须防范欺诈。最好的防范措施是尽职调查和分散风险，从而将其限制在特定资产类别（股票或债券）或特定管理人面临的风险程度内。

6. 我们需要预防波动性

随着时间的推移，年度波动性对投资组合的影响呈几何级数增长，一般投资者往往严重低估了这种影响。投资组合的波动性可以通过计算年度收益率的偏差值来衡量。波动性是由经常波动变化的市场价格造成的。同时，损失是由有效交易或不可恢复的资本减值造成的。不懂复利以及不懂如何调整每年的波动性，可能是造成本金损失的最大原因。管理波动性需要区分预期市场收益和风险（贝塔收益率），这种风险源于过度活跃的收益与风险（阿尔法收益率）。很少有投资者会像自己应该做的那样参与这一区分（见第四部分、第五部分）。

7. 逆境可能是一份礼物

从损失中有效地恢复，需要付出与有效管理风险同样多的努力。许多高级决策者在遭受损失后可能在很长时间内止步不前，这往往超过了必要的恢复时间。更糟糕的是，他们可能脱离了原本坚守但如今受到挑战的投资信念，然后错过了卷土重来的机会。我们的经历证实了行为金融学关于"中断理性"及理性决策的早期发现，也证实了行为金融学关于治理结构在维持纪律上的相关性的发现。通过重新平衡投资组合以维持既定投资策略，从而从损失中恢复过来，这对于最终取得优异的业绩至关重要。重新平衡投资组合的权重以从市场波动中获益的重要性见图 c。本书第五部分讨论了出现损失后，在控制和弥补损失的过程中关于风险管理的关键点。

	收益	标准差	资产增值
美国资本加权指数	9.7%	15.3%	0.0%
重新平衡加权指数	11.5%	17.4%	1.8%

图c 通过重新平衡增加理论价值

注：粗略估计，不论是经过绝对调整还是风险调整，重新平衡后的平等权重投资组合比美国市场权重投资组合的收益率每年多1.8%。(Robert D. Arott, Jason Hsu, Vitli Kalesnik, and Phil Tindall, "The Surprising Alpha from Malkiel's Monkey and Upside–Down Strategies," *Journal of Portfolio Management*, Summer 2013.)

8. 普通人很难打败市场，但专家也许可以

在专家的指导下，主动管理比被动管理的效果好。被动管理市场资产的方式适合缺乏经验的普通投资者。在制定被动投资策略时，投资者应当关注估值，从而避免高位接盘。若你面对的是细分市场，而竞争因监管或其他因素而受到限制，主动管理的方式可能就会让你获益更多。在某些市场中，长期明显的市场割裂产生定价异常问题，而经验丰富、不受僵化治理规则或其他限制（有些是自我强加的）约束的非教条主义投资者正好可以利用这一点。[9]高收益债券市场就是一个例子，但其他市场也面临着供应和需求被分裂，从而无法将价格拉至均衡水平的问题。并购市场经历了持续的分裂，新兴技术市场也是如此。由于没有受到限制的投资者或"优选"中介机构可以以相对低的折扣购买这些资产，所以这些资产可以为其提供中长期的资产优势。这里所指

的"优选"中介机构,是能够为资产的未来提供竞争优势的机构(能够为资产管理提供沟通、协调工作,或具有管理专长)。除了高收益债券和对冲基金,私募股权和风险投资也是相当分裂的市场。在这样的市场上,许多"优选"中介机构可以占据价格优势。本书第三部分会讨论如何利用错误定价的资产以及如何利用不同管理风格的投资策略和投资技术。

9. 阿尔法藏在细节处

"梳理"你所遇到的风险,是另一个简单却能增加阿尔法的方法。例如,一个管理人的选股能力可能会被其持有的大量现金掩盖(他本应在机会来临时利用这些现金进行投资)。在不限制管理人交易权限的情况下,利用股票期货对冲现金风险敞口会增加市场风险敞口。一些投资者可能会错误地放弃这样的管理人,除非该管理人不再继续持有大量现金。因为这将掩盖其果断交易的能力。

10. 当心坏苹果

很多时候,对投资组合来说,糟糕的治理带来的损害比糟糕的管理人更大。市场和管理人可以从周期性损失中恢复(回归均值),但投资组合因糟糕的治理决策程序而受损,从这种损失中恢复过来并不容易。董事会或投资委员会中的治理结构不佳的表现通常如下。

- 频繁更换管理人。

- 频繁更换委员会或员工。
- 盯着过去 3~5 年里似乎有用的做法。
- 在过去 7 年里持续出现负增长或零增长。
- 管理人因在短期内表现不佳而被解雇。
- 录用和解雇管理人的条件过于简单。
- 招聘管理人的过程类似一个连续的选美比赛过程。
- 将资产类别按竖排方式分门别类,而这种方式会忽视资产类别间相互交叉的投资机会。一篮子的排列方式可能是不错的选择,但必须关注篮子之间(某些投资机会并不属于某个特定的篮子)或不同篮子之中存在的投资机会。这里的一篮子是指将价值、成长性、小盘股等因素都纳入其中。[10]
- 相对于资产增值,管理成本过高。
- 受托人之间存在利益冲突。

对于在如此多的地方出现普遍的糟糕治理及补救行动产生的影响,投资组合理论和行业实践还未能充分考虑到。在聘用批准政策和监管治理委员会的成员时,筛选程序通常相当糟糕或并不恰当。这就解释了为什么高层做出的决策质量较差。投资委员会的决定所带来的资产增值或资产减损很少在事后被评估计算。本文第六部分建议筛选较好的治理结构并维持它的正常运转。

"从优秀到卓越"的治理是获取可持续收益的重要因素,恰如"从优秀到卓越"的治理对于约束个人受托人、委员会成员和员工等"坏人"的行为是非常有用的。错误的行为可能源于无知、自大、不诚实。尽管无知是可以被证明的,但自大的人可能会受到当权人士的保护,也可能因他们运用自身极端预防性的影响而受到保护,获得后者的这种保护可能会比前者难得多。优秀的机构也会存在老员工是"坏人"的可能。行为科学应该对此进行深入研究,找出其中的原因和能采取的应对措施。

我们未知的事:4 条安全提示

对那些能够得出确定结论的知识进行提炼很重要,同样重要的是知道自我知识的局限性。有时候,你不知道的事情最终会毁了你。有时,小概率的极端结果会出现,在这种情况下,管理好风险是最具挑战性的。下面我们给出 4 条安全提示,投资者应当时刻牢记。

1. 不要相信预言水晶球

我们对未来不可能有绝对把握,能做的只是预估未来各种情景的发生概率。资产的价格被高估或被低估可能会持续很多年。市场和管理风格周期并没有一个可预测的结局,它们可能会持续 2~7 年,甚至更长时间。这就是为什么投资者只有在极端情况下才可以下注,并将风险分散到不同类型的押注上。

2. 要考虑意外事件——黑天鹅事件和肥尾效应

我们不知道何时会爆发下一次世界大战,也不知道它会以何种形式爆发。对人类本身和金融市场来说，战争是毁灭性的。欧洲的股票和债券公众市场在二战期间几乎全部消失。网络安全风险似乎是更紧迫的威胁，但我们仍不能排除物理攻击，甚至核攻击引发的战争。当"新兴大国挑战老牌大国的统治地位"时，战争就会以令人惊讶的方式爆发。[11]自然事件造成的混乱可以在非常短的时间内摧毁多年的经营成果。这就是为什么你需要多种类型的资产。当灾难来临，在众多资产中，也许有一种资产能为你重新调整投资组合提供资金支持，从而让你适应新形势。假设杠杆工具（如期货）是以公允价格交易，那么将5%的资金配置在一些"安全"的资产上（不论它们是什么），就可以为满足投资组合调整的需求提供足够的杠杆。

3. 打蛇是很危险的

委员会成员、机构领导者和其他以自我为中心的人可能会带来一些混乱。我们不知道如何有效地消除这些混乱。揭发者的命运通常不会太好，因而人们一般不愿意揭露机构中的"坏人"。这是可以理解的。发现"坏人"的人会倾向于等待——所有人都看清"坏人"的真面目后，"某个人"会出手制止。这可能需要很长时间。如果你处于领导地位，一旦发现"坏人"控制了某个环节，你就需要立即止损，要么削弱"坏人"的影响力，要么想办法把他从原本良好的治理环境中移除。如果你不在领导岗位上，那么你可能需要等待。如果你无法改变什么，那么你的受托责任可能会因此大打折扣。你最终可能不得不辞职。

4. 很难对伟大的艺术进行评价

我们不知道专业知识可以在哪些方面战胜理论。我们猜测这与未来的估值有关，也与学习如何创建富有智慧且风险分散化的投资组合有关。大多数现代投资组合理论都与希波克拉底的"不伤害原则"相呼应。它的出发点是正确的，即市场是相对有效的，要给一个被动管理的"市场化"投资组合增加价值比较困难（如果不是完全不可能的），而主动交易、支付管理费和经纪佣金，以及犯错误，则很容易减损资产价值。查尔斯·D.埃利斯给我们提供了一本关于被动管理的名著——《赢得输家的游戏》。[12] 先锋基金的博格为我们提供了一套性价比高的指数基金工具，用以践行这一理念。如果投资者不是艺术和科学投资领域的专家，那么就应该投资与市场挂钩的被动投资组合来管理资产。但被动管理也需要投资纪律和远见，这是普通投资者所不具备的。与溜溜球节食法一样，你因为缺乏自制力，在痛苦的时刻会冲动行事，最终情况会变得更糟。智能被动管理需要具备恰当实施的智慧。

没有什么痛苦比因为表现不佳造成的职业上的痛苦更严重了。输了比赛，你会感到"崩溃、痛心"。安德烈·阿加西输给鲍里斯·贝克尔后就是这样的感觉。[13] 这种痛苦是不可避免的，能让人记住哪里出了问题和为什么会出问题。在接下来的6个部分，我会分享许多富有智慧和经验的投资案例，看他们是如何在多年的投资中积累财富，以及遭受一些惨痛的损失。我会挑战针对"完美"市场的质疑。有时,通过投资组合倾斜,或挑选主动且经验丰富的管理人,确实能增加资产增值的机会。

我们的职业是最高尚的职业之一

历史上,金钱和任何与金钱有关的东西都被认为是带有原罪的。除了严肃且有道德的服务从业者,它还吸引着许多令人讨厌且贪婪的人,而且金钱似乎常常会被不公平地分配。但是,金钱是人类创造的一种极其有益的东西,好好管理金钱就是为人类进步做贡献。管理金钱的人所做的贡献应该得到认可。爱因斯坦认为,复利是宇宙中最强大的力量。"复利的力量是人类最大的成就之一"之所以成立,是因为创新依赖于金融和人力资本(知识)的积累和组合。没有创新,增长就会受限。

我相信敬业的投资管理人会将他们的洞察力和服务奉献给最崇高的专业事业。管理个人储蓄和机构储蓄是为未来带来希望、为人们的生活提供选择以及建设经济的最重要、可持续的方式之一。管理储蓄可以降低我们一辈子可能遇到的风险。积累财富可以推动经济增长和个人成长,并能为所有人创造机会。这对保障我们的未来至关重要。

幸运的是,在几十年的从业经历中,尽管不时会出现令人尴尬的丑闻,但我发现这个行业没有明显欺诈或不道德行为。由于投资业绩会基于基准水平进行月度评估,投资管理行业往往会吸引专业人士。这些专业人士希望证明自己有能力让资产长期增值。相比之下，其他金融行业更适合那些希望在一系列连续交易中抓住一次大交易从而获得收益的人。他们的业绩不是由那些一直向他们授权的客户评判的，他们通常也不是根据长期积累的业绩获得报酬，而是根据每笔交易。连续交易会吸引很多机会主义者，引发更多不太光彩的掠夺行为。

然而，道德良好的行为与业绩良好的投资并没有必然联系。跑赢市场平均水平是比较困难的。与经验丰富、投资规模适中的投资者相比，缺乏经验的大型投资机构处于不利地位。服务客户并满足客户需求会给这些投资机构带来一定的压力。尽管有时客户并没有这些需求，但业绩差距往往源于对客户需求的满足。资产管理人在非流动资产上配置的投资越来越多，这种资产配置并不一定符合客户的赎回需求。非流动资产的增加以及资产管理人不恰当地增加杠杆，会造成系统性风险。美国证券交易委员会在最近的一份声明中确认了这些风险因素。

市场上一半以上的投资者的投资业绩无法超越市场平均水平，这个事实并不仅仅是一个数学结论（因为平均水平是通过加总所有投资者的业绩得出来的）。尽管大量共同基金已非常努力，但它们的业绩仍趋于平庸。这些共同基金服务的对象是散户投资者，散户投资者的占比几乎为一半，至少是40%以上。即使投资者追逐那些顶级基金经理，最后所得收益也并不等同于这些基金经理过往的最佳业绩（见图d）。

前言 不可思议的旅程

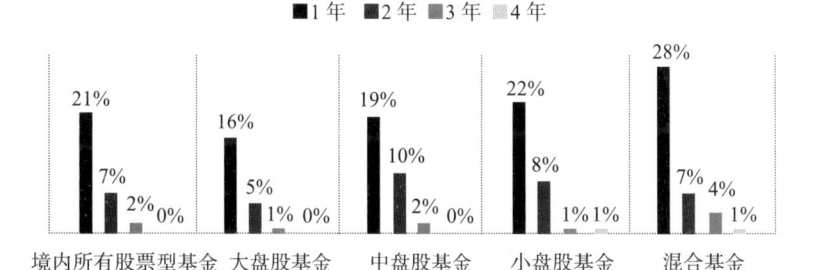

■1年 ■2年 ■3年 ■4年

	境内所有股票型基金	大盘股基金	中盘股基金	小盘股基金	混合基金
1年	21%	16%	19%	22%	28%
2年	7%	5%	10%	8%	7%
3年	2%	1%	2%	1%	4%
4年	0%	0%	0%	1%	1%

图d 前1/4的基金在1、2、3、4年后仍保持排名前1/4

资料来源：Standard & Poor's（2015/9/30）.

看到上述结果，是我写这本书的另一个动因。在全书的6个部分中，除了涉及理论和实践，我还将我们的行为和普通受托人截然不同的行为做了比较。原因很简单：只有你的行为是明智且与众不同的，你的投资表现才有可能超过市场表现。相对于缺乏经验和情绪化的投资者，我们有更高超的技巧，能够获得价值低估的新证券化资产，能够通过创建良好的投资组合并重新平衡以有效地管理风险和波动性，最重要的是能够找到满足客户资产需求和投资组合的各类不同资产。以上这些都是我们获得超过市场平均水平的成绩的原因。

接下来会是什么

本书的各个部分遵循有助于实现投资目标和资产增值的设计和流程。

- 第一部分，投资组合匹配理论：投资组合的价值。通过考察投资者的收益需求、风险承受能力以及竞争优势，你可以了

XLI

解不同资产如何满足特定投资组合和投资者的需求。

- 第二部分,构建正确的政策资产组合。根据投资者的目标、既定竞争压力、市场发展潜力和竞争优势,你可以寻找能够满足这些目标的资产类别。

- 第三部分,构建资产类别。你可以根据自己的能力和管理人的技巧,以及所了解的市场低效性,知道如何以及何时对投资组合的资产配比和管理人风格做出略微调整。

- 第四部分,挑选和解雇管理人。你可以留下最恰当的管理人,并期待资产增值。

- 第五部分,评估和管理风险。你可以根据预期收益和自己管理资产的能力,完成详细的风险评估。

- 第六部分,持续发展:领导特质、创新管理、继任计划和转型。你可以推行适当的治理架构和程序,提高决策者的责任意识以及奖励收益,并改进人力资源管理程序。

第一部分
投资组合匹配理论：
投资组合的价值

许多伟大的真理开始的时候都被认为是亵渎行为。

——萧伯纳

第1章　匹配理论

在生活中的多数时候，我们所做的选择不仅取决于价格和绝对吸引力，还取决于它是否符合我们自身和环境的需求。最具吸引力且聪明的啦啦队队员可能不太适合做你父亲的新婚妻子，但她可能适合其他角色。这就是我们选择配偶、工作、房子、股票和债券的方式。

伟大的哲学家和心理学家都无法解释人类内心经常发出的疯狂呼唤。他们能做的就是警告你，浪漫爱情的持续时间无法超过18个月。我年轻时曾离异，在这之后，直到我把注意力集中到我认为结婚对象应该拥有的基本品质上，我都没有再因爱情的化学反应而沉沦。

我列出了我认为结婚对象应有的品质：聪明、受过高等教育、独立思考、善良、有耐心、彬彬有礼、舞蹈跳得好、有幽默感、有一个热情好客的家庭。外表似乎变得不那么重要。我在 15 岁时，第一次柏拉图式地迷恋上一个年长的秃头男人，这可以证明我认为外表不那么重要。对我来说，最重要的是确定自己不是因对这个男人产生了化学反应而被迷住。我当时的理念是，一个人每年都可能坠入爱河两三次（当时的我相当年轻）。

我想确保当我坠入爱河的时候，我就像一个得了流感的人，而那个对的人就在我身边。每次和别人约会，我都会提出自己的计划：将感觉良好的契合感与浪漫爱情分开，并且以一年为期考验身心相遇的感受。只有少数的几次约会，准确地说是两次，当我提到这个计划时，约会对象认为这个计划是合理的。其中一个约会对象是已婚男子，他认为我们在认识到彼此是否合适之前应该一直同居。我不认为他有资格参与我的这个考验期计划。另一个人是单身男子，叫布莱姆伯格。

在考验期内，我看得出布莱姆伯格是善良且耐心的，因为他会在每天下班后给他的猫——马克斯刷毛。我看得出他是一个独立思考的人，因为他的想法很少与我的想法一致。他受过高等教育，拥有哈佛大学和芝加哥大学的学位。他并不总是彬彬有礼，当他感到后背痒时，他会用叉子轻轻地挠！（是的，他就是这么富有创造力。）他会优雅地打领结，但同时穿着凉鞋和袜子。他没有幽默感，他的舞蹈水平也没有达到我的标准。尽管我看不上他的长相，但他确实长得很帅（长得帅以及他那双动人的眼睛会让我有点儿担心）。

考验期过去了6个月,我突然意识到我爱上了一个自己不太了解的人。他所做的一切只是在世界银行喝咖啡时深情地看着我的眼睛。前不久,《纽约时报》刊登的一篇文章指出,只要一方对另一方的眼睛投以几分钟的热切关注,就能让另一方坠入爱河![1] 我告诉布莱姆伯格我感受到的变化,并让他继续深情地看着我:现在我恋爱了,我可以把这种感觉传递给任何人,包括他。

这个理论听起来即使不可信,也是挺有趣的。不过布莱姆伯格认为它可能是正确的,因为它发生在我们中间。客观地说,另一个男人比布莱姆伯格更优秀:他成功、富有、迷人,还有幽默感。但布莱姆伯格更适合我对这种关系的想法:我想成为一名成功的职业女性,布莱姆伯格会给我成长的空间;我有一个年幼的孩子,布莱姆伯格会好好照顾他;我想要一个大家庭,布莱姆伯格有一个非常有趣、庞大而独特的家庭;布莱姆伯格有一种少有的好奇心,他能在生活中以我期望的方式挑战我,他能以一种不可预测但又不失优雅的方式拓展我的知识和想象力。2018年3月,布莱姆伯格和我一起庆祝结婚41周年。他是我的投资组合中最有价值的资产。不论别人如何评价他,我作为上班族、母亲和女性,认定他是最适合与我一起生活的人。

这个经验之谈,对投资者来说可能不够浪漫,但一定能引起强烈的共鸣。理性地评估现有投资组合中各类资产的匹配度,而不依赖于该资产对所有投资者(全市场)的价值,对获取成功至关重要。一些看似糟糕的资产可能与你的投资组合完美契合，而一些很棒的资产可能与你的投资组合很难匹配。尽管有效市场假说是投资组合构建过程的好起点，但它可能不是分析特定资产对传统投资组合的边际吸引力的最佳指南。

我于20世纪70年代发表了一篇论文，内容是关于当时的现代投资组合理论。它高度赞扬了有效市场假说的倡导者，如我在哈佛商学院的老师威廉·夏普、尤金·法马和约翰·林特纳。当时在经纪商中非常流行的一个观点是，每个投资者都应有不同的投资组合。然而有效市场假说的倡导者们反对这个观点。经纪商的这一观点被称为投资组合管理的"内部修饰"方法。在这种方法里，经纪人或投资顾问将为每个客户提供一个符合个人需求和股票名称偏好的定制投资组合。相对地，现代投资组合理论认为，由市场上所有可投资资产的加权组成的"市场化"投资组合是最有效的。这种投资组合应该由所有投资者持有，不论需求、年龄或其他情况，机构投资者尤其应该持有。这种投资组合还是平均风险最低、收益率最高的投资组合。有效市场假说认为，风险的价格是由市场参与者的集体知识和智慧决定的。

在现代投资组合理论中，所有可交易资产的价格取决于风险的市场价格（全球有效多元化投资组合中不可分散风险的单位价格）以及特定资产的风险。特定资产的风险可用该资产对市场价格的回归系数表达，该回归系数理论上应该由全球化的分散投资组合构成。[2] 我们无法明确非市场风险下的收益预期——它们会因购买市场投资组合而被分散。各类资产的有效组合能够在每单位风险及各风险层级基础上最大限度地获得高收益率，从而产生所谓的有效边界。如图 1-1 所示，如果投资者想获得比最优市场组合 P（市场）提供的收益率更高的收益，那么他必须借钱（加杠杆）才可能获得高收益。在增加收益的同时，风险也会增加。

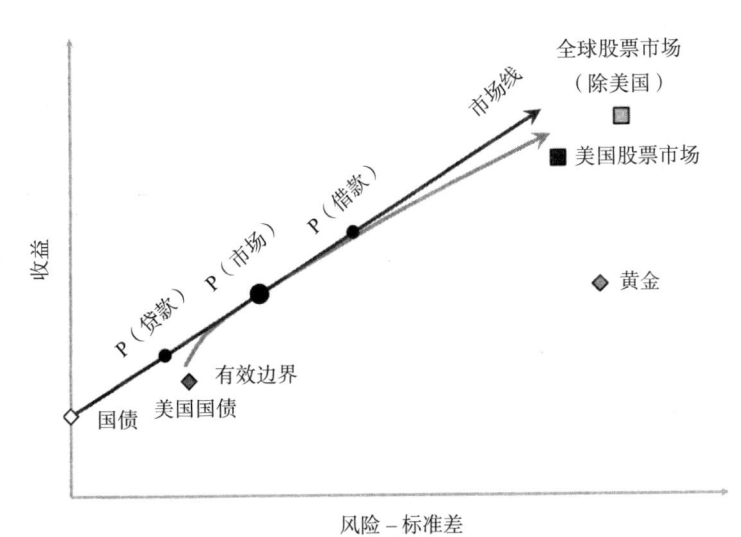

图 1-1　不同风险水平下的资产配置和收益示例

注：根据现代投资组合理论，最优投资组合可以在每单位风险上提供最高的收益，如图1-1所示，P（市场）在两条线相交处。市场的那条线显示了市场风险的选择，随着"无风险"国债利率的上升，市场风险也会随之增加。风险和收益之间最有效的平衡就是沿着有效边界曲线实现的。成为投资组合一部分的各类投资是随着它们的风险-收益组合而分散开来的。

投资者想要获得更高的收益，可以通过给最优组合加杠杆来实现。当杠杆加到能够实现预期收益的水平，风险也随之而来，即图1-1中的P（借款）。如果投资者想要一个风险比最优组合低的投资组合，以满足既定投资范围的要求或满足风险承受能力，那么他就必须让最优投资组合搭配无风险资产组合（如短期国债），从而降低风险，即图1-1中的P（贷款）。随着时间的推移，风险逐步降低，投资者也将不得不接受较低的收益率。

现代投资组合理论认为，市场之所以能公允定价，是因为市场能在特定时点有效地处理所有可用信息，并将其反映在价格中。新信息随机出现，因此收益也会随机且"正好"或"正态分布式"地分布在平均值附近。有效的投资组合应该是市场化的投资组合，包括股票、债券和其他资产，应尽可能广泛且有效地分散投资。为满足预期收益和风险控制目标而进行的偏离最优投资组合的行为，包括借款或贷款，都会导致这个投资组合不那么理想。随着时间的推移，每单位风险上可产生的收益率逐步下降。如图1-1所示，P（借款）等于最优投资组合P（市场）加上预期收益率高于P（市场）所需达到的杠杆水平，再加上约为两倍的波动性。P（贷款）等于P（市场）加上固定收益（贷款）并减去风险和收益。

我了解到，尽管这种理论建构有很多优点，但在实践中，实践之唇与理论之杯的中间存在明显的偏移。基本上，随着时间的推移，伴随着某些资产的波动性、投资者和证券发行人的风险与收益承受能力的调整，最优投资组合会发生显著的变化。市场变量并不是一成不变的，而大多数投资者都会设定明显的风险和收益红线，这迫使他们参与"限定优化"投资活动。而这种"限定优化"投资会偏离现代投资组合理论提到的各种先进理念。生活是混乱而艰难的，最优投资选择也是如此。

或许我应该将对最优投资组合的理念命名为"希尔达不确定性原则"，该理念是基于这样一种认识发展起来的：投资组合优化操作必须同时考虑市场环境和投资者的潜在需求及约束。[3] 但这一理念似乎更适用于理论和实践的需求。不同于最初的表象，它不是投资组合内部设计理论的翻版，尽管投资组合理论在某种程度上是赞同内部设计理论的。过去的投资组合内部设计理论往往是低效的，理论构建也非常糟糕，很难评估并分散市场及主动管理带来的风险，但这种理论在满足投资者需求方面是正确的。今天，思考一个（可能是唯一一个）"最优"投资组合存在的不确定性时，我们应当注意到创建投资组合过程中的风险，例如同行风险（争夺同类型客户的投资机构或管理人业绩不佳的风险），以及投资组合与传统资产和投资者竞争优势的关联性。事实上，机构投资者倾向于选择"最优"政策投资组合，这种投资组合与传说中的"市场"投资组合是不同的（见图1-2）。

投资的原则

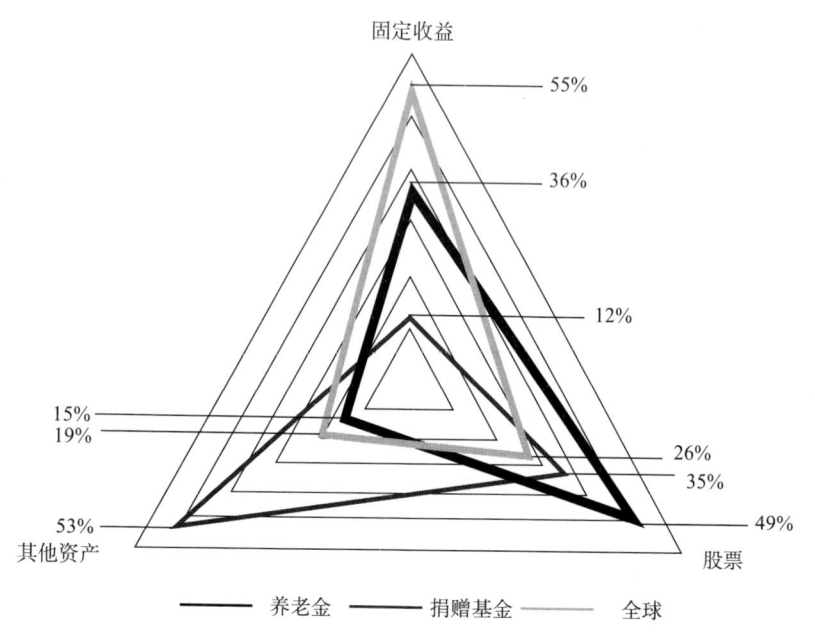

图 1-2　养老金计划和捐赠基金的资产组合与全球"市场"投资组合的不同之处

固定收益 55% / 36% / 12%
其他资产 15% / 19% / 53%
股票 26% / 35% / 49%

养老金　　捐赠基金　　全球

注：图 1-2 展示了企业固定收益养老金计划相对于捐赠基金和全球资本市场的资产分配中值。全球资本市场的固定收益投资显著增加，这些投资产品主要由政府发行，由央行和保险公司持有。养老金对可交易型股票的配置比例仍较大，捐赠基金则倾向于配置私募股权和对冲基金等资产。

"市场"投资组合

让我们看看"市场"投资组合理论的内容，以及为什么这个理论不能很好地反映现实或投资组合中资产配置的真正最优选择。首先，真正的全球市场投资组合所依赖的"市场"，最后可能被证明比最开始出现时广泛得多，变化也大得多。

资本的供需关系存在于世界各地，两者的相对权重关系可能会发生较大的变化，正如过去40年中发生的变化。而投资资本的供需关系恰好得到满足的价格被称为"均衡"价格，这个价格会随着GDP的增长、新信息的出现、投资者和证券发行人认知与需求的变化不断调整。据估计，1980年美国的债务约占全球总债务的56%，而现在这一比例却不到1/3；日本的债务在1980年占到全球总债务的1/3，现在仅占10%；1980年中国的债务几乎可以忽略不计，但现在已占到全球总债务的10%以上。[4]据彭博社报道，1980年美国股市市值几乎占全球股市市值的50%，而到2016年仅占36.3%；1980年日本股市市值占全球股市市值不到20%，1990年的这一比例提升至1/3，而到2017年又下降至不足10%；中国股市的占比从1980年的0到2017年的7%左右。据统计，2016年可投资资本市场总额（包括房地产、私募股权，并排除银行存款）约为170万亿美元，美国以70万亿美元的市场规模（包括22万亿美元股票和37万亿美元债券）稳居第一，拥有最大且流动性最强的市场；其次是欧洲，其拥有45万亿美元的市场规模（包括8万亿美元股票和26万亿美元债券）；日本以20万亿美元的市场规模位列第三（包括3万亿美元股票和14万亿美元债券）。[5]但上述占比排序很可能在未来5~10年里被打乱，正如过去的重新洗牌。

理论上，市场会通过均衡价格来为资产定价，从而满足资产供需平衡。而在均衡价格下，所有可利用资产都是市场参与者自愿持有的。在实践中，市场的定价机制是连续且动态的，反映了当前环境以及参与者的需求和期望。许多"有意愿"的参与者会受到多重监管和限制，这些监管和限制将迫使他们买入某些特定资产而不买其他资产，即使其他资产的价格更具吸引力。

学者会认为市场是有效的，因为既能赚钱又无风险的资产套利策略并不存在。事实是投资者会有不同的投资目标、视野、技能、偏好、担忧、税费、监管限制，传统投资组合也会随着时间的变化而改变。在给投资组合加杠杆时，一些投资者会面临主观障碍和客观障碍。如果他们的最低目标收益率是年化5%，他们就不太可能持有全球市场投资组合。这种投资组合主要投向收益率低于3%的固定收益工具，而达到5%的收益率需要加杠杆。对大多数美国投资者来说，需要增加的杠杆显然过高，并且这种方式缺乏足够的分散投资。设置明确的杠杆相当于将投资组合中的一部分资产区分开来作为贷款抵押品，这会产生不对称性风险：真实的风险大于潜在的风险。放款人可以收回贷款，并强迫你在不合适的时间或以不划算的价格卖出你的投资。

相反，投资者更愿意持有股票而非固定收益资产。对投资者来说，股票本身带有隐形杠杆（标的公司本身负有债务）。一家或几家公司可能会破产，但并非所有公司都会破产，这大大降低了不对称性风险。一些投资者还倾向于投资高风险、高收益但流动性较弱的私募股权，以及一些与股票和固定收益关联性较低的对冲基金中的固定收益投资。如图1-2所示，2015—2016年，固定收益养老金计划和捐赠基金两者所持有的投资组合中值与全球市场投资组合的资产配置非常不同。

处理传统投资组合

投资者已持有的某些传统资产，相对于它们的预期波动性而言，可能是低效的，而且预期收益水平较低。它们的业绩也可能不及最优市场投资组合或其他最优政策投资组合。这些资产应该进行重新组合，以变得更有效率。其他传统资产可能只是需要增加一些能使整个组合更高效且接近最优的资产类别。清理所有的传统投资组合，只留下市场投资组合（带有或不带有杠杆）或最优政策投资组合（带有隐性或明显的杠杆），可能是低效且昂贵的。结果是，相对于现实和期望，这个投资组合会在几年内变得略显过时。传统投资组合可能有明显未实现的阿尔法潜力或有较低的税基，因此继续延迟纳税可能是最有效的选择。即使是免税且可交易的，传统机构投资组合中的一些主动型基金经理所持有的头寸也可能被低估了，因而投资者应继续持有，而不是全部清算。也有一些主动型基金经理的授权受到了限制，但其资产有很高的增值潜力，投资者也应该继续保留。一些投资组合持有大量的非流动性资产，这些资产在投资组合出现前就已存在很长时间。如果以低折扣出售，这个投资组合就会是低效的。根据我们的实践经验，传统投资组合在所有机构和个人投资组合中占有很大比重。当引入新资产和策略以构建最优投资组合时，投资者需要考虑那些受税收或其他投资因素影响而值得保留的传统投资组合。随着时间的推移,这样的投资组合能够有效且动态地进行自我调整,以适应投资者的需求和市场环境(见图 1-3)。

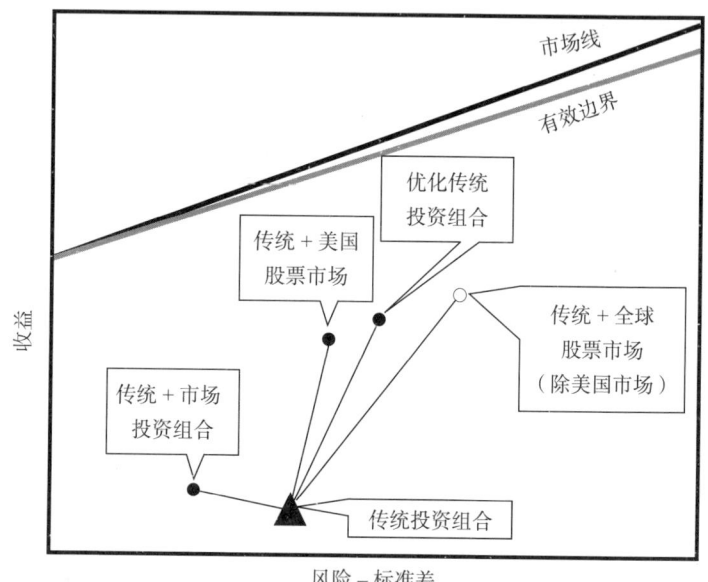

图 1-3　对某个传统投资组合进行调整而非终止

注:具有次优风险收益特征的传统投资组合不应被终止。投资者利用匹配理论可以将投资组合中 10% 的资产换成其他特定资产(如市场投资组合、美国股票和非美国股票),尽管一些新增资产本身可能不那么令人满意,但这个投资组合的风险收益表现仍会明显向最有效的曲线倾斜。最佳匹配资产的关键品质是,它们与传统投资组合的关联性较低。

一旦你认定投资组合中的某些资产值得保留或难以变现,在构建投资组合的过程中就该考虑其他投资组合所选择的资产,并将这些资产以边际资产的形式纳入投资组合,以期获得整个投资组合预期收益与风险的最佳比例。在这个框架中，资产的价值需要根据它的价格、预期收益、收益率的波动性，以及它与传统投资组合的关联性这 4 个因素进行评估。评估关联性时，最重要的是评估资产与传统投资组合的关联性，而不仅仅是它与市场投资组合的关联性。

如果我们运用现代投资组合管理工具，那么找到最能改进传统投资组合的资产类别就比较简单了。但在启动这项优化过程之前，我发现了一个简单有用的程序。我设计了一个简单的匹配比例公式，用以测试那些可能不太适合传统投资组合的资产：

匹配比例＝资产的预期收益率 ÷ 资产波动性系数 × 资产与传统投资组合关联性的平方数

投资组合模式会将不同的资产与低市场波动性进行比较，这个匹配比例公式可以作为非常有用的辅助判断工具。在同等条件下，匹配度高的资产的关键特征是其与传统投资组合能够保持稳定的低关联性。由于缺少过往业绩数据，我们无法基于历史关联性进行判断。而在这个时候，我发现匹配比例公式在测试潜在匹配性方面非常有用。

不论是替换传统投资组合中的资产，还是作为其补充，拟调入投资组合的资产就像是摩托艇上的稳定器。这些拟调入资产能够抑制市场海洋的巨大波动，你因此能顺利且舒适地抵达目的地。通过降低传统投资组合的波动性，你可以提高其复合增长率。另一种选择是，你必须比竞争对手跑得快。理想情况是，你既能提高风险调整后收益，也能降低同行风险。

价值是对个人而言的

对特定投资者来说，某项资产的价值可能比它的市场价格高。尽管单独看这项资产，它的质量并不太理想，但能改进传统投资组合的收益－风险比例和复合收益率。资产匹配性也能解释为什么某些投资者（如机构策略投资者）愿意以比市场售价更高的价格购买资产，因为这些资产能够满足他们让其他资产降低收益波动性和保持竞争性的需求。

当你将一项资产从市场投资组合中分离出来，评估其作为一项传统投资组合的有效稳定器的性能时，你就会发现一个更有利于分散化的投资组合。在这个过程中，即使所有投资者都认可资产的收益率和风险性，你也会发现不同的投资者对不同的资产有不同的估价。换句话说，市场公允价格并不能等同于特定投资者认同的价值。对此，我相信应该没有人会感到惊讶。对投资组合管理人、私募股权买家或机构策略投资者来说，同一家公司的价值是不同的。同一项资产对不同投资者可发挥不同的功能，并以不同的方式作为他们现有传统投资组合的补充。并非所有收购都如批评人士断言的那样，是 CEO 想要延长自己的任期或增加自己的收入所发动的。保留并改进企业传统投资组合有许多正当的理由。

某些资产本身看起来并不具有吸引力（将其每单位波动性所对应的收益与其他资产的收益相比），但对整个投资组合来说匹配性非常高。长期债券期货和高收益债券就是这种情况，本书后面部分将详细介绍这些内容。

假设管理人的风格会长期保持稳定，那么在给传统投资组合安排新的管理人时，可选管理人的阿尔法可以被视为投资组合潜在的稳定器。一旦你发现了一些资产或投资组合能够改善传统投资组合的特性，并计算了初步匹配比例，下一步你就要使用优化程序，即一套分析程序，计算收益、波动性和关联性，从而确认对投资组合来说最优的解决方案。这套程序能够为我们选择替代方案提供更高的准确性，能够评估在现有投资组合中再加入最匹配资产所带来的影响。这套程序也可以确认低匹配度的资产，从而将这些资产卖掉或换取更匹配的资产。

如何让匹配比例变为素描工具

在将匹配比例比作素描工具时，我想到的一个比喻是一张建筑草图相对于最终的建筑规划。将这个比喻扩展到理解最优传统投资组合的概念时，我们可以把它理解为建造房子的过程。素描就像优化过程，而重建就像我们处理传统投资组合的方式。一幢房子从素描草图开始建造，就像新设置的投资组合，在刚刚完工时看起来是不错的，但之后可能慢慢出现不足之处，因而需要我们时不时地进行改造以保证其有效性,从而使其适应当前的需要和不断变化的需求。

在传统情形中,在确认资产能否改进投资组合(其目标资产配置占比是由监管委员会批准通过的)特性时,匹配比例是一项有用的工具。这些情形包括:

- 非流动性资产需要被保留,因为以新的资产替换现有非流动性资产以获得额外收益的交易成本过高。
- 选择配置战略资产,以对冲"肥尾"事件——区域性或全球性的战争、大宗商品价格震荡,以及无法从过往经历中总结出的未来某些特殊情况。
- 需要一个明确的解释,用以说明既然其与投资组合中其他资产有特殊匹配性,为什么这些业绩不佳的资产或管理人仍应当被纳入投资组合或被保留。

我们应定期测试某些资产的匹配比例,以便将来出售或买入。

匹配性理论在起作用

许多年前,我遇到一件令人感到惊奇的事。在分析应税投资组合的最优政策时,我发现对高净值投资者来说,美国政府债券(甚至免税市政债券)在扣除税费及通胀之后的收益为负。这还不算什么,真正令我感到惊奇的是,尽管税后实际收益率为负,但当你选择将税后投资组合进行优化后，优化结果仍是为你选择特定数量和特定风险的政府债券。然而，整个优化计算过程并没有错误。那天，匹配理论总是在我脑海里浮现。

在欧元诞生之前，我们研究国际上的非美元计价债券时也遇到过类似的结果。它们的收益率与美国以美元计价债券的收益率大致相同，因为持当地货币的投资者面临的风险也与美国以美元计价债券的投资者所面临的风险类似。但它们比美国债券的流动性更差且更具波动性，不论是否包含汇率影响。考虑到汇率波动的影响，在美元为主的投资组合中增加非美元债券似乎不太具有吸引力。但如果你将这些非美元债券与多元化投资组合（包含各种股票和债券）进行比较，优化程序就会选择非美元债券，其权重占比将与美元债券相当，从而实现完全对冲。最终你会得到一个波动性更低但收益率相同的投资组合。产生这种与直觉相反的结果的原因是，非美元债券对于整体投资组合的关联性远低于美元债券对于整体投资组合的关联性。这大大弥补了它们较高的波动性和对冲成本。分散化投资再一次神奇地为整体投资组合带来了低关联性。

匹配性分析后的结果可能是意料之外的，常见的例子是在投资组合中用长期债券代替短期债券。如果我们单独进行分析，那么长期债券（如 20 年期）是比短期债券（如 6~8 年期）更差的资产。在正常的债券市场上，长期债券的预期收益只比短期债券高一点儿，但长期债券的波动性是短期债券波动性的两倍多。长期债券比短期债券高出的这点儿收益无法弥补其高波动性的不足。然而，当你将长期债券放进多元化投资组合时（包含各种股票和债券），因长期债券与股票的关联性较低，其可以让你降低总投资组合的风险，而不仅仅是对收益有影响。在经济衰退的大环境中尤其如此。总风险有所下降后，你才有机会将部分固定收益投资转换到其他高风险、高收益的资产上，从而提高收益率，同时又不提升投资组合的总体风险水平。根据利率水平，将5%~10%的资产配置在20年期债券期货上的风险分散程度的影响等同于将20%的资产配置在6~8年期债券的指数基金上的风险分散程度的影响。这可以让你的投资组合配置有多元化高收益资产。基于收益曲线和关联性，假设所有资产的估值都是公允的，那么通过上述操作最终得到的投资组合，相比于最初的投资组合，将在同样的风险水平下获得更高的收益。

匹配理论可以让你以一种全新的、更有洞察力的眼光看待某些资产。这些资产并不能产生有吸引力的收益-风险比例，却能很好地优化你的投资组合。利用匹配性的优点，而不是利用资产固有的优点，可以为你的投资组合增加风险调整后收益。方法是关注资产类别和管理人风格，这些资产和管理人本身可能不太具有竞争力，但能在不增加风险的情况下提高投资组合的总收益。这解释了在选择投资时为何匹配性是所有例子中最重要的标准，这里说的"例子"是指本书第三部分、第四部分、第五部分以及第六部分所讨论的所有案例。

第二部分
构建正确的政策资产组合

良好机遇乃思虑审慎之产物。

——布兰奇·里基

第2章 遇见怀疑论者

对监管委员会来说，在政策资产组合中增加新的资产类别，或减少估值过高的资产类别，是一个重大的博弈过程。逆势而为的决策通常无法由常理来评判。"高抛低吸"说起来容易，做起来很难。任何投资决策都不存在确定性。当市场不稳定时，不确定性就会严重影响理性判断。

在1981年之前，养老金从未涉及过高收益债券或垃圾债券，因为这些产品被认为是充满投机性、破产风险的投资产品。然而，如果你花点儿时间读一读爱德华·阿尔特曼教授对垃圾债券和Z-scores模型的开创性研究（Z-scores模型是阿尔特曼教授开创的一种评估破产风险的方法，主要通过考察不同财务比率得出评估结论[1]），你就会发现，即便违约概率再大一些，这些产品的投资收益率仍然非常可观。这些产品具有风险分散性强的特点，并且能推动新兴产业发展。与此不同的是，已有证据表明，购买铁路等行业发行的低收益、高评级证券的风险可能更高。处于这些行业的公司之后可能被降级，甚至最终破产。破产后，其所发行的债券（已变成垃圾债券）却比之前高评级时更有投资价值。

1981年，世界银行养老基金财务委员会最终同意将垃圾债券纳入其固定收益资产的投资组合。这是一次非常有意义的博弈，像任何艰难推销的经历那样，你不能想当然地认为交易会在争夺最激烈的时候达成。推销工作必须循序渐进地推进，几乎是一对一地进行；在正式委员会会议举行之前，你要让每个决策者能够充分表达他们的忧虑、提出他们可能关心的问题。有时，你可能需要带某些决策者实地考察，让他们能够"看到和接触"他们认为危险的投资产品。我们只建议使用不到总资产0.5%的资金购买垃圾债券，但我们花了几个月的时间，为最后一次商讨垃圾债券对世界银行养老金的好处做准备。是否值得花这么长时间让整个委员会充分理解相关产品，从而使成员们心甘情愿地认同这些投资机会？当时我们并不知道答案。唯一能找到答案的方法就是经历整个过程，做一些小的承诺，然后在我们学会如何更好地执行既定策略后，就可以逐步做一些大的承诺。事实证明，这些努力是非常值得的。买入这些债券以及让业内杰出的管理人管理，成为我们所管理的投资组合中最正确、最持久的投资决策。自1981年以来，不论是基于绝对收益率还是风险调整后的收益率，垃圾债券都贡献了我们基金整体收益的大部分。本书第三部分将进一步阐述垃圾债券能够长期让投资组合产生收益的背后影响因素。这些因素主要包括监管约束条件、细分市场、不同投资者的行为模式和适当的管理方式。

你选择将哪些产品纳入投资策略，以及以何种方式纳入，将影响投资组合中资产增值的效果。在世界银行为垃圾债券纳入投资策略做准备的每个月，资产增值额都达到数百万美元。当你纳入了未知却价格诱人的资产，或退掉了心仪却价格过高的资产时，你会发现做出这种抉择并不容易。20世纪90年代末，当日本还充分享有全球竞争力时，我们将日本从投资组合中剔除，并将高科技产品从投资组合中剔除，这都是艰难但明智的决定。

构建能达到投资目标的政策资产组合，以及容忍波动性和非流动性，可能会让人产生畏难情绪（见图2–1）。政策资产组合一般通过均值–方差分析法来确定。这是一个寻求风险与收益之间最优解的投资组合优化过程（本书第五部分将进一步讨论），这一优化过程应当考虑如下因素：预期收益、收益标准差和资产类别之间的关联性。优化过程会区分不同风险层级上各资产类别组合的最大预期收益。这些候选资产类别组合在绘制成图表后，会形成一条名为"有效边界"的曲线，该曲线显示了风险和收益之间的平衡存在最优解。

假设情况如图2–1所示，明智的最佳投资组合应是每5年为1期，总共持续25年，同时需要满足6项限制条件：

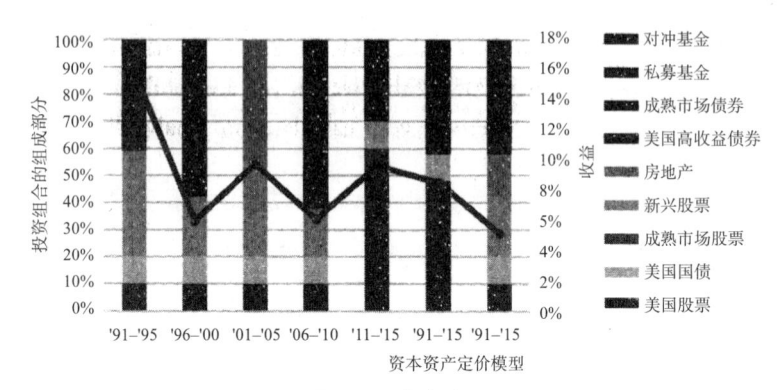

图 2-1 合众为一

注：图 2-1 说明了将各类投资资产组合成表现优异的全球化政策资产组合是相当困难的。左边 6 根柱子展示了富有远见的投资经理在每个 5 年伊始选择的投资组合。收益的不同意味着，依据历史数据进行的分析统计并用其进行投资判断的做法可能最终会失败。因为收益、波动性和关联性都是不确定的。图 2-1 上锯齿状的曲线表明，即使是最优投资组合，收益率也会随着时间的推移产生差异。相较而言，最右边的柱子代表了在没有预测的情况下通过资本资产定价模型测量出的最优投资组合。

- 美股占比不低于 10%
- 美股加上美国境外股票的占比不低于 20%
- 美国国债占比不低于 10%
- 私募股权的占比不高于 30%
- 非流动资产占比不高于 50%
- 每年的波动幅度维持在 12% 以内

图 2-1 清楚地提示我们，历史统计数据是多么不稳定，最终实现真正的最优投资组合是多么困难，以及为资产增值而克服最

优投资政策实施中遇到的障碍是多么重要。这证明了在政策资产组合之上产生风险调整收益以弥补事前最优政策相对于事后最优政策不足的重要性。

政策资产组合不应一成不变，它应该随着你和你的竞争对手专业知识的增长而改变，也应该随着新型资产类别（如新兴市场、对冲基金、房地产和大宗商品）的出现而改变。当新型资产被证券化后，一种新的资产类别就出现了。对于对冲基金，你需要专家来帮忙搜寻恰当的资产类别。买进被动选择的典型对冲基金指数并不能使你获利。将新型资产类别纳入政策资产组合，挑选优秀管理人的能力不断提升等变化，使我们能够通过配置大量资产为基于阿尔法导向的对冲基金及优秀管理人构建几乎完美的投资组合，并使其获得相应的收益（见图 2-2）。

我们得到的教训是，考虑到收益和关联性都是不确定的，只有当你做出的背离投资政策的决定能够实现足够的资产增值时，你才能背离投资政策和你的同事。这里的资产增加值应有助于弥补最优策略的不确定性。换言之，如果你确信能让资产增值，那么你就应该尝试做些改变；否则，你心目中的最优策略可能最后会让你失望。

投资的原则

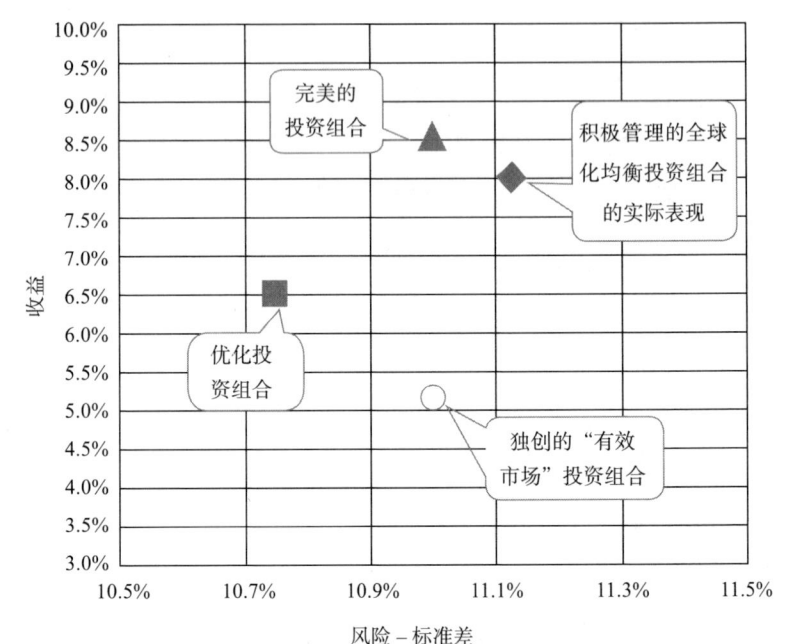

图 2-2 效率更高

注：持续关注不停变化的机会和威胁，使我们的收益表现能够接近一位有先见之明的管理人在 1991 年选择的投资组合的收益表现。主动管理型的全球化均衡投资组合每年的收益率比原先的有效市场投资组合每年的收益率高出 296 个基点。其中，投资政策本身的改进（以"演进式"投资组合为代表）带来 133 个基点的提升，主动管理带来 163 个基点的提升。这项统计只涵盖了 1991 年以来的年份，因为在此之前没有针对全资产类别的可靠市场数据。

第3章 投资政策——目标使命及需求

投资政策是机构管理投资的基本文件。不同于那些为了限制投资管理人的投资权限而制定的详细准则，投资政策的内容更侧重于广泛的投资方针。对新加入投资公司的员工来说，投资政策文件背后的逻辑是很难理解的。理解这个逻辑的一个恰当起点是探究该投资政策的目的是什么。投资政策的主要目的是为委员会成员提供一个合理的框架，以便就管理投资资产做出决定。较好的投资政策可以详细解释目标和指导方针，既有效果又不会过于严苛。实现这种微妙的平衡，需要对投资政策的目标和缺陷的清楚认识。

有时，投资政策是一份综合文件的组成部分，抑或与综合文件同时独立存在。该综合文件会编定该机构的各个组织职能，以及委员会成员、工作人员和其他人员的角色和职责。投资政策的使用被限于特定范围内，其目的是通过建立投资组合策略（一种资产配置方式，由一组包括目标权重和变化范围的基准所定义，用以说明这一资产组合最可能满足机构收益和风险目标），为机构投资决策提供方向、要求和一致性。

政策资产组合有几个重要功能。首先，它是衡量和控制投资政策中短期误差的一个指示标，它帮助受托人避免整体业绩偏离轨道太远，尤其是在市场萧条期。偏离的政策资产组合，就需要对错误的资产定价的合理、清晰、切实的认识。有时候，资产价值确实没有得到公允评估，或者资产类别之间存在非典型性关系。其次，它是测量和评估实际投资组合表现的一个基准，它的这项功能经常被探讨。

编制投资政策为投资委员会与机构就需求和投资目标等达成共识提供了途径。将投资理念、偏好及禁忌编制成册后，投资委员会在讨论时可以聚焦于其中某些内容。委员会成员通过投资政策能够与现在和未来的董事会成员、辅助人员和外部投资管理人交流投资目标及相关限制。

就像宪法那样，投资政策应该相对宽泛，并具有充分的灵活性，否则当环境发生变化时，投资政策将无法适应新环境。即使该政策具有灵活性，委员会成员也应该不时地修订它。它不应被视为圣旨，而应被视为一份活的文件，其相关性和适当性应得到定期审查。构思和编写一项政策时所考虑的因素和数据必然具有历史局限性，它们最终将导致该政策过时。

基本要素

投资政策开篇陈述机构投资的目的（通常是为将来的债务提供资金，如养老金计划，或是为计划支出，如捐赠基金、基金会和家庭基金），然后描述这些未来需求的性质和时间安排。同时，投资政策应明确计划支出或负债结构期望达到的目标及详细内容，毕竟这是资产管理的主要目的。

除了计划支出或负债结构，投资政策还应说明机构的税务状况、经营期限和组织类型。投资政策应该有逻辑地说明收益目标和风险容忍度。在列出这些之后，投资政策应逐项列出各项资产类别（政策资产组合的构建模块）和相应分配权重、允许策略转变的范围及适用的基准。

陈述你的投资理念和偏好

下一步是清晰地阐明该机构的总体投资理念和偏好。为了阐明理念，机构必须真正了解自身的风险承受能力，这通常并不容易。如果团队的理念没有得到所有人的理解和同意，那么机构就很可能因缺乏理念基础而在业绩不佳期间放弃长期政策。所有政策都会不时受到市场事件的严峻考验。

机构应该尽一切努力找出尚未解决的问题，解决它们并阐明投资政策；应特别注意那些被允许配置的另类资产类别，例如私募股权和对冲基金（对一些机构来说，这是"前沿"领域）。对一些机构来说，另类资产具有的特性是它们不熟悉的领域。同样,机构也应该说明衍生品和杠杆的使用。允许配置到稳健发展的可转移阿尔法策略的资金,通常用于对冲基金和衍生品的投资,这也应当进行界定。(更多信息参见第12章关于可转移阿尔法的讨论。)机构应当充分认识杠杆的各种特征,以及在投资组合中如何控制杠杆的使用。

设定收益和风险目标:把可取的和似是而非的结合起来

投资政策各部分的目标必须在正常长期指标条件下可实现,这些指标条件是有先例且会再次出现的。目标之间还必须彼此协调,并与政策资产组合保持一致。在设定目标时,一个常见的陷阱是期望的收益超过了市场能够提供的收益。一些机构在面对可能的低收益大环境时,很难下调自己的预期收益,因为这涉及将来能够提供资金的水平、所需的捐款和支出。为了避免降低预期,它们可能会高估某些资产类别的收益潜力。我观察到的另一个常见的陷阱是增加风险资产的风险敞口,而不是考虑对风险较低的资产施加杠杆,以获得更有效的投资组合。

过高的收益目标有时会夸大机构对风险的承受能力,甚至完全忽视某些风险,比如同行风险。对受托人来说,相较于比市场基准表现差,比同行表现差往往更令人感到痛苦。忽视政策制定过程中对同行比较的真实敏感性,可能导致在一段令人失望的时期之后、在投资组合有时间恢复并恢复其预期的长期收益轨迹之前,在恰恰错误的时间放弃合理的投资政策。

一个解决方案是承认同行投资组合是政策资产组合的额外基准。投资组合优化过程可以通过以增加同行风险维度为约束方式来实现。这种改变让有效边界从风险和收益这个二维结构（见第2章）变成了一个有效的三维结构：风险、收益以及对同行的跟踪误差。

为资产类别设定范围：得益于不均衡

在理想情况下，政策资产组合界定了在理论条件下资产类别的长期配置目标。在理论条件下，资产类别可以被公允地评估，但在任何时候，价格并不能完全反映供求关系——用经济学家的话来说就是需求均衡。对那些和我们一样能理解不均衡定价可能出现并被金融市场利用的人来说，投资政策应该预期到并允许目标组合出现重大策略转变，前提是投资管理人或委员会拥有使这一转变更有效的分析工具。一种常见的错误是，为资产类别设定的范围过于狭窄，过于接近配置目标。因此，机构管理者必须反复审视投资政策，以利用出现的机遇。或者，即使资产配置没有策略转变的计划，投资组合也可能需要重新平衡，因为随着资产价格的变化，它们会偏离目标权重。而过于狭窄的变化范围会导致转换成本过高，并阻碍机构管理者从策略转变机遇中获利。

微观管理的另一种形式是在政策资产组合中明确指定资产类别。列出资产子类并给它一个目标和范围，不仅会限制策略转变,而且会打开关于定义问题的潘多拉魔盒。例如,如果一个定义松散且不断变化的股权类别(如较大价值的股权)及其配置目标被指定,那么定义"较大价值的股权"就会成为一个永远无解的问题。受托人应停留在此,将这一层次的资金配置权留给投资工作人员和相关服务提供者。

对于某些非流动性资产类别,尤其是私募股权,用与流动性资产类别相同的政策进行管理是不切实际的,因为资本经常被返还给投资者,而且当收益实现时,资本往往不可能实现重新平衡。此外,由于这些资产相对不常被重新估值,它们在投资组合中的权重价值会显著受到其他流动性更好的资产类别变化的影响。为了解决这个问题,投资政策的基准可以浮动,以反映这些非流动性资产在投资组合中的权重变化,同时保持总体资金配置与长期政策资产组合一致。就私募股权而言,对市场股票基准权重的调整可以吸收因偏离长期私募股权配置政策而出现的误差,"上浮"私募股权权重。

总的来说,政策资产组合不应过于复杂。资产类别、目标权重,以及所允许的投资范围构成了一个宽泛的战略大纲,而且它们本身就应该是广泛的。政策资产组合是用来划定大致边界的,它不应取代日常监督。

流动性需求:流动性风险溢价是有原因的

在投资政策中,关于流动性的分析往往不多,这会导致流动性过多或过少。对流动性的需求比较高，不论是用于支付返利还是用于管理，在很大程度上都会影响资产配置。一些机构，特别是捐赠基金和基金会，会投资大量的非流动资产，例如私募股权和对冲基金（见表9-1）。一些养老金，尤其是封闭式的（见第4章），每月需要将资产的大部分用于对外支付。在市场严重低迷时期，其中一些机构会发现自己的资产流动性吃紧，因而不得不出售价格低迷的资产以换取运营现金；另一些机构配有专门的人才和管理模式，以处理此类意料之外的流动性需求。这些机构通过将自身杠杆化，并在资产组合严重失衡后利用期货来实现重新平衡，来应对这些意料之外的流动性需求。

政策资产组合应恰当地限制对非流动性资产的配比，以应对机构对流动性的需求。为了找到在各种市场环境中都能提供充足流动性的资产配比，我们可以利用蒙特卡罗法对这种资产配比进行压力测试。利用这种方法，计算机可以生产大规模的收益流，从而模拟投资场景以及其在特定年份所表现的业绩，模拟结果是将流动性耗尽的情况下可能产生的结果。调整资产配置权重可以降低这种风险的水平。

政策并非万能药

一项投资政策是否有效，在很大程度上取决于受托人。因为投资政策是达成共识的工具之一，政策资产组合会受委员会委员个人行为的影响，既可能更好，也可能更坏。有些委员会要花很长时间才能做出决策，有些委员会会频繁地修改投资政策以适应短期趋势，有些委员会会主导政策制定的讨论过程，有些委员会则并不完全理解自己的政策。

这些局限性（本书第六部分会详细介绍）为我们制定投资政策提供了最好的理由。越难达成共识，就越需要一份有助于达成共识的文件。对受托人来说，制定投资政策是一项艰巨的任务，需要大量的讨论、清晰的思考和丰富的专业知识。但由于投资政策有助于投资委员会设定目标并对外宣布其愿景，所以付出的努力是值得的。

接下来我们能期待什么

在资本市场总体状况良好的情况下——既没有世界大战也没有如资本管制之类的其他扰乱市场的事件发生，长期均衡投资组合的收益目标通常是，扣除所有成本后的税前年化收益率为5%。正如第11章解释的那样，理论上，它的年化复合收益率为4.3%，年波动率为12%。这一目标收益率能使投资组合在通胀压力下维持其净购买力水平，并保持长期4.3%的年化复合收益率。但是，许多捐助基金会遇到了高于平均水平的通胀压力。根据HEPI（高等教育价格指数）的测算，在截至2014年的过往53年里，美国各类院校平均每年的捐助需求比全美通常水平高0.8%。而在这53年里，CPI（居民消费价格指数）的复合增长率达4%，自2000年以来，这一复合增长率为2.4%。因此，在这53年里，

HEPI 的复合增长率应为 4.8%，而自 2000 年以来，这一复合增长率应为 3.2%。

有些政策资产组合的实际收益率目标可能略高于 5%，另一些则可能略低于这个数。这取决于风险承受能力、加杠杆是否审慎、其他收入来源，以及管理层是否有能力超越投资政策确定的业绩目标。

目前，如果实际收益率为 5% 的投资组合完成了分散化投资，那么其每年的波动率可能最高为 13%，最低为 9%。这取决于投资组合中所包括的资产类别和投资风格。投资组合的分散化投资程度越高，长期来看，可能的波动性就越低。当波动率为 9%~13% 时，原本 5% 的实际收益率会在此基础上出现以下变化：68% 的可能是出现 −8%~18% 的增减变动，95% 的可能是出现 −21%~31% 的增减变动，99% 的可能是出现 −34%~44% 的增减变动。

你可以运用两项杠杆工具来提高预期收益：一是为贝塔（市场风险）加杠杆，这会在提高预期收益的同时提高波动性，并保证风险调整后收益不会改变；二是为阿尔法（"主动型"风险）加杠杆，在处理得当的情况下，它可以在提高预期收益时，小幅度地增加主动型风险和整体风险。市场风险只有在加入关联性较低的资产类别后才有可能降低，而只有在将市场风险保持在相同或较低水平的同时，增加关联性较低、有效的主动型管理策略，主动型风险才能降低。

表 3-1 涉及 2017 年的一个前期"最优"政策资产组合。该投资组合包括 2~6 个资产类别（NACUBO 投资组合是 2016 年的）。哪个投资组合能更好地满足投资者的需求，这取决于投资者的资产管理能力和不同资产类别的关联性。5~10 年后回头来看，这些前期最优投资政策未必是最优的。事实上，我们绝对可以打赌它们一定不是最优的。

表 3-1　各类政策资产组合对收益和波动性的影响

资产类别	流动性	全球流动性	E&F 投资组合	E&F 非流动性资产	NACUBO 投资组合 1亿~5亿 美元	NACUBO 投资组合 多于10亿美元
股票	60%	60%	40%	52%	48%	32%
美国市场	60%	32%	20%	26%	27%	13%
成熟市场（非美国市场）		22%	14%	18%	25%	11%
新兴市场		6%	6%	8%	6%	8%
另类投资	0%	0%	30%	18%	27%	43%
私募股权			12%		7%	18%
对冲基金			18%	18%	19%	25%
对冲基金（总值）			28%	28%	19%	25%
（可转移阿尔法值）			-10%	-10%		
实体资产	0%	0%	10%	5%	7%	14%
房地产			5%		3%	7%
大宗商品			2%	2%	4%	7%
通胀保值债券			3%	3%		
固定收益	40%	40%	20%	25%	13%	7%
美国固定收益	40%	40%	20%	25%	11%	6%
投资等级	40%	36%	18%	23%	10%	5%
高收益债券		4%	2%	3%	1%	1%
非美国固定收益					2%	1%

（续表）

资产类别	流动性	全球流动性	E&F 投资组合	E&F 非流动性资产	NACUBO 投资组合 1亿~5亿美元	NACUBO 投资组合 多于 10 亿美元
现金	0%	0%	0%	0%	5%	4%
总额	100%	100%	100%	100%	100%	100%
实际净收益	5.1%	5.5%	6.2%	6.0%	5.9%	6.1%
波动性	11.0%	11.4%	11.5%	11.4%	11.7%	12.6%
实际综合净收益	4.5%	4.9%	5.5%	5.4%	5.2%	5.3%

注：正如底部三行所示，资产配置越多元化，复合收益率可能就越高。用对冲基金替换私募股权和风险投资通常会降低波动性。哪种政策更可取，取决于你在挑选资产类别和管理人方面的竞争优势，以及你对流动性的需求。E&F 投资组合列出了包括和不包括非流动私募股权（"ex-"）的情况，该投资组合中包含了 12% 的私募股权资产配置，这显示了经验较少且运行期尚短的私募股权投资组合的预期结果。根据 Commonfund 公司发布的信息，NACUBO 投资组合是全美大学和学院商务人员协会的投资组合。

表 3-1 列出了过去不同组合方式的投资组合收益率，投资组合从简单的 60% 的股权、40% 的固定收益资产，到更加全球化的投资组合；最后以 E&F 投资组合举例，投资组合中配置了对冲基金和其他非流动性资产。如表 3-1 所示，我们可以通过广泛分散化的配置方式提升预期收益，又不会过多增加波动性。收益和风险并不是影响投资政策制定的全部因素。自身的监管工作、竞争优势以及其他特殊条件都会影响投资政策的选择。这些特殊条件包括税收、流动性需求、治理结构的稳定性和品质、资金实力，以及产生额外收益或支出的可能性。

一些资产的收益率几乎是确定的，但通常比较低，例如30天期美国国债。按每年0~2%的实际收益率计算，如果非营利性免税机构每年从投资组合中拿出5%用于支出，那么该机构将在几十年内耗尽投资组合中的所有资产。该机构因此既无法招募或留住专业员工，也无法继续那些几近停工的项目，机构的存在时间进一步缩短。

罗杰·G.伊博森和雷克斯·A.辛克菲尔德在我们的专业领域做出了巨大的贡献，他们承担了一项平凡但非常重要的任务，即记录自20世纪初以来的投资收益历史数据。这些投资最开始仅涉及美国股票、美国债券和现金。[1]在世界银行养老基金工作期间，我们于20世纪70年代和20世纪80年代早期开始在美国以外的地区投资房地产、高收益债券、新兴市场股票和对冲基金。那时，这些资产类别还没有形成长期稳定的历史收益率。我们没有相应的标准化衍生品，也不知道资产类别之间明确的关联性。为了构建一个有效的投资组合，我们必须从各种资源中抽取关于该资产类别的信息。1984年，我们的合作伙伴安东尼·范·阿格塔米尔在世界银行任职期间，创造了第一套可靠的新兴市场均衡收益投资组合。[2]1986年，加里·布林森发布了范围更广的全球资产类别收益精选投资组合。1993年，罗杰·G.伊博森也发布了他的投资组合。[3]

阿格塔米尔使用"新兴市场"这个词，是为了让这些曾经因虚假信息和政治动荡而黯淡的资本市场增加一些亮光。然而，在

第 3 章　投资政策——目标使命及需求

过去 30 年里，受积极的宏观经济政策和对接资本市场的影响，全球贫困地区数量显著减少，特别是在新兴的欠发达经济体中，贫困地区数量减少得更为明显。统计数据无法深入或广泛记录的原因是，一些资产类别并没有存在很长时间，另一些资产类别则在两次世界大战中停止了交易。在严重动荡的环境中，比如战争、恐怖袭击和政府管制，高流动性和可靠的美国股票和债券市场也可能停止交易。事实上，美国股票和债券市场确实停止过交易，只是仅持续了几天。在第 5 章中，我们会讨论调整历史估算以反映特殊情况的合适时间，例如 2017 年如何调整预期固定收益。

之前所选的政策样本都是基于美元计价的投资组合所制定的政策，这些投资组合的设计目标是在一二十年内，经通胀调整后的长期年收益率维持在 5% 左右，每年的波动率为 10%~12%。但在这种波动水平下，真实的年收益率是 4.3%~4.5%，明显低于 5%（见第 11 章）。此外，考虑到目前较为稳定的收益率和预期收益率，一些专家预测未来的实际收益率平均每年至多为 4%，波动性为 12%。如果情况真是这样，那么有效的收益率将是 3.3%，每年 5% 的支出速度会在 10 年内耗尽 20% 以上的本金。

对多元化配置、资金不足的养老计划和其他长期储蓄账户来说，如今一些基金会和捐赠基金采用的这种收益率较低的模拟假定是一种更可持续的风险 - 收益目标。也许投资组合的长期年收益率可能达到 4%~5%，甚至超过 5%，且波动性较低，但这很可能是通过增加流动性风险以及优先选取传统及各类资产类别的卓越的管理人实现的。这里的增加流动性风险是指耗尽手头所有现金，而卓越的管理人通常是普通机构不可能雇到的。

从长远来看，为了满足机构投资组合的开支需求和已募集完成的开放退休计划（这些退休计划仍接受新的受益人）的开支需求，同时又无须额外投入资金，以避免痛苦的支出削减，实际年收益率就必须达到 4%~5%。

第4章 负债驱动型投资

美丽新世界中充满了信托问题

既定福利养老金计划一旦接近达到预期资产与负债的整额比率,并且不再接纳新的受托人,那么公司可能需要考虑对冲未来缴款波动性的影响。这可通过采用负债驱动型投资政策来实现,这种投资政策下的投资组合会配置更多的长期固定收益资产(期限在20年以上),获得的收益基本能应付未来所需的养老金支出。

与开放式养老金计划相比,封闭式养老金计划因相对确定的时间范围和固定负债而需要更低风险的政策资产组合。高风险资产类别(如股票)的合理性在很大程度上是基于这样一种预期,即债务会一直增长,但养老金计划的长期性会冲淡因股票一时下跌而产生的负面影响并实现资产的重新增长。相比之下,封闭式养老金计划的存有时间不断缩短。同时,不断缩小的资产基础会削弱计划支持者的风险承受能力，而且这种限定负债的行为会将负债变成几乎可计算出的固定支出项目。在很多情况下，封闭式养老金计划的风险－收益特性需要配置更多的固定收益资产，减少配置股票投资。

由于常规收益的不确定性、不完善的对冲工具以及企业并购行为，都会给未来的债务增加不确定性，所以完全对冲长期养老金带来的债务是不可能真正实现的。因此，明智的做法是不要试图完全对冲债务，而是留下一些可能产生高收益的资产（同时可能带有高波动性），从而对冲负债驱动型投资政策的风险。你需要根据融资水平和相对估值水平不断地调整高风险资产的占比。

从负债端管理养老金计划

负债驱动型投资完全不同于传统意义上的资产最大化策略，它需要创新组合结构、以客户为本的业绩基准、加杠杆、衍生品，最重要的是改变投资者的思维模式。财务会计准则委员会第158号声明通过了一项新的准则，以回应养老金计划行业发生的这一根本性变化。这项准则规定了养老金融资状况的会计处理方法，定义了计划资产和计划的福利义务之间的区别。准则要求公司在资产负债表上报告养老金计划的融资情况及其变化。养老金计划资金状况的波动不会在数年后被抹平，也无法隐藏在脚注里不被发现。

当公司净收入存在不受控制的明显波动时，这会令其首席财务官头疼不已。养老金计划风险较高的公司大多是那些养老金计划与其业务有密切关系的公司，通常是老牌制造业公司，同时又有大量退休员工。当利率或资产估值发生变化时，这些公司的养老金缴款、财务状况、债券评级和借贷成本都可能有所波动。对一些公司来说，这种风险可能威胁到它们的生存。因此，在破产的情况下，这种风险也会威胁其偿还养老金和其他债务的能力。一些公司选择进入美丽新世界，即采用负债驱动型投资政策，其管理目标是将赤字或盈余的波动性降到最低，而不是保证资产最大化。

尽管第一批转向负债驱动型投资政策的公司通常是财务风险最大的公司，但其实所有养老金计划的支持者都是潜在转型者，特别是其养老金计划还有盈余的公司。惩罚性的"盈余逆转"税严格限制了养老金计划通过累积盈余获得收益的可能性。为投资增加盈余通常并不会给养老金计划的支持者带来明显的好处，只会带来为未来赤字捐款的可怕风险。如果养老金计划是对新员工开放的，而未退休的员工仍可以为养老金计划积累资金，那么最大限度地增加资产以弥补将来负债增长引发的市场风险就是值得的。但如果养老金计划是封闭式的，设置了最高的福利支出，而新员工又无法加入，那么负债就会更为确定。这时，最大化地增加资产就显得缺少正当性基础。对于这类养老金计划，负债驱动型投资政策是一个不错的选择。因为它提高了满足预期开支的可能性，同时降低了公司的开放式财务风险。

负债驱动型投资政策的结构

负债驱动型投资是对冲公司融资风险的一种形式。它对整个投资组合进行重构，以降低融资状况的波动性，特别是由利率波动引发的波动性。在一般的养老金投资组合资产中，股票带来的波动性最高，股票在很大程度上被固定收益资产取代。固定收益表现的持续时间可以抵消负债现值存在的波动，这一现值是与当前利率成反比的。

由于创建并管理一个传统固定收益证券组成的投资组合，以精准匹配债务结构的长期期限（通常是15年以上）是有难度的，因此利率互换和其他衍生品工具会被采用并替代债券。例如，一项养老金计划可能需要通过加杠杆来提升固定收益表现，从而覆盖其负债。即使是资金充足的养老金计划，也可能需要通过加杠杆来提升固定收益表现，以作为固定收益资产以外其他资产的补充，从而保证资产增值。

在极少数情况下，公司才会知道未来养老金负债的确切数字，而固定收益资产可以完全避免利率波动带来的债务变化。大多数养老金计划都无法确定其负债的确切数字。无法预见退休人员的寿命、养老金计划成员持续不断或有附加条件地获取收益、潜在的收益补偿等，都会增加养老金计划的负债的不确定性。这类公司需要在总投资组合中留出一部分资产用来升值，从而应对不确定性。这类公司就是负债驱动型投资政策的潜在使用者。这部分用来升值的资产，既可能是股票也可能是其他投资，比如对冲基金。

需要不同的思维模式

受托人发现，采用负债驱动型投资政策需要彻底改革投资方向。基准水平说明思维转变是有必要的。负债驱动型投资政策下的主要基准点是最适合养老金计划负债的投资组合，其目标是投资这个资产组合，从而使资产组合的价值可以紧紧跟随养老金计划负债的贴现价值。

对受托人来说，最难改变的习惯就是跟在同行机构后面。由于每个养老金计划的负债结构都是独特的，并且负债驱动型投资政策下的养老金计划是以定制方式进行管理，以最大可能减少赤字或盈余波动的，因此这种养老金计划应该是没有同行竞争者的。即使负债结构类似的同行竞争者（这其实不大可能）出现了，作为投资组合必不可少的一部分，市场风险程度也会因不同的资金情况而有所不同。市场风险会增加养老金计划的未来需认缴额的不确定性。举例来说，如果一家公司的养老金负债相对于其资产来说是比较高的，而另一家企业的现金比较充裕且资产远比负债多，那么前者可能比后者更无法承担这种不确定性。

监管及法律注意事项

受《雇员退休收入保障法案》规定约束的受托人应对养老金计划负有忠诚义务，应以实现养老金计划发起人的最大利益为己任。当这些受托人都是公司管理者且想利用负债驱动型投资政策减少公司面临养老金计划波动带来的风险时,他们之间可能就会存在利益冲突。尽管这些受托人扮演着双重角色,但他们采用负债驱动型投资政策的决定必须符合受益人的利益。

幸运的是,2006年,美国劳工部就既定福利养老金计划的受托人在制定投资政策时是否需要考虑该计划的债务责任和相关风险提出了建议。尽管该建议并没有解决所有问题,但它承认负债驱动型投资政策对受益人有益,因为"养老金计划原本需要靠发起人完成筹资义务,而负债驱动型投资政策能够降低这种需求"。因此,负债驱动型投资政策也可以被认为是间接地对养老金计划发起人有益。

律师建议受托人将关于采用负债驱动型投资政策的决定以书面形式记录下来,从而表明决定是基于受益人理由做出的。受托人应该确保记录下来的内容可以证明,他们的决定是为了降低受益人对养老金计划发起人及其偿付能力的依赖。

封闭并不是终止

受托人会发现,将养老金计划封闭起来对该养老金计划的监督和管理会产生重大影响,投资组合构建过程对其产生的影响都没有这么大。将养老金计划封闭起来会迫使投资委员会委员改变他们的习惯,并在投资政策、监管实践和人员配备方面提出新的管理挑战。2001年以来,在美国,将既定福利养老金计划封闭起来的公司数量增长了两倍多。截至目前,关于封闭养老金计划的讨论大多集中在削减福利对员工的影响上，这是可以理解的。然而，很少有人关注到封闭行为对负责管理封闭养老金计划的受托人的影响。

投资组合的治理结构可能变得更为复杂，这取决于受托人如何应对养老金计划目标发生的变化。随着许多公司封闭了养老金计划，养老金行业正在被重塑。内部养老金管理团队的人员配备可能会出现问题，新的管理资产方式（如外包）可能会变得更有吸引力。公司高层可能将封闭养老金计划看作次要事项，但它对受托人来说是首要问题。

这些问题之所以仍然存在，是因为把养老金计划封闭起来并不能解决问题。典型的情况是，公司只是停止为现有员工增加养老金。尽管养老金计划封闭后，负债就不会再增加，但尚未支付的养老金问题仍然需要解决。公司还需要继续管理这些资产，在这期间可能会遇到糟糕的市场环境。一个构架良好的负债驱动型投资政策的投资组合可能会遇到这种情况：股票业绩很好而固定收益资产业绩很差，这使得投资组合难以满足发放养老金的需求。因此，当养老金计划封闭后，它其实只是封闭了，并没有终止。而且，只要养老金计划的受益人还活着，它就要继续存活数年。

眼不见，心不烦

尽管受托人负有法律责任，但投资委员会委员可能会发现，封闭养老金计划会削弱他们履行职责的能力，导致他们无法像以前那样谨慎行事。一旦养老金计划封闭，公司可能就不会过于关注它，而是会考虑其他紧迫事项。投资委员会委员也不会乐于为封闭的养老金计划投入大量时间和精力，特别是在该养老金计划的投资效益已下降的情况下。这种情况可能导致对该养老金计划的忽视。随着养老金计划存续时间的缩短和资产缩水，情况可能会进一步恶化。

某项养老金计划正在清算的消息，可能会对管理养老金计划的内部员工产生不利影响。随着许多公司封闭了它们的养老金计划，管理养老金计划的员工可能会将管理公司养老金视作一种逐渐消亡的工作。这种消亡的情况不仅发生在他们公司内部，还发生在任何地方。随着管理养老金计划的员工普遍认为养老金管理行业的职位缺少吸引力，招募有才华的新员工也会变得更加困难。因此，管理养老金计划的内部员工的专业水平将整体下滑。

如果管理养老金计划的内部员工的素质下降，公司投资失败的风险就会上升，并且公司将更依赖外部专家的建议（而外部专家可能更难找到），因为经验丰富的公司养老金管理人将越来越稀少。与此同时，管理养老金计划的内部员工管理养老金的效率也和资产规模一样——同比例降低。最终，养老金计划中的资产规模逐渐缩小，公司进行内部管理就变得不再划算。

将封闭养老金计划外包出去

投资委员会和公司员工未来几十年将要一直面对既定福利养

老金计划封闭的不利后果。那些考虑封闭养老金计划的公司应该预料到这些后果，因为管理封闭式的养老金计划需要它们采取全新的投资政策和实施途径并打破一些旧习惯。也许第一个也是最难改掉的习惯是，既定福利养老金计划的当前架构以及管理方式可以永远存在。

人员配备问题和成本压力问题可能促使许多公司将管理养老金计划的工作整体外包出去。曾经认为通过内部管理养老金可以掌控养老金计划的公司可能会选择摆脱这个负担。将大公司的养老金计划外包出去已逐渐形成趋势，就如同现在许多公司选择封闭其养老金计划的趋势。

如果大公司的养老金计划外包业务变得更为普遍，那么对资产的争夺就会加剧，养老金外包管理的方式也会增加。如今，对那些希望将养老金计划外包出去的公司来说，最主要的途径是选择"管理人中的管理人"公司，或是外包首席投资官。一些有外包首席投资官模式的公司（但不是所有）愿意担任受托人的角色，并愿意接受《雇员退休收入保障法案》的约束。这种外包首席投资官的模式也许能提供双重受托人优势。或者，公司的既定福利养老金计划一旦封闭就可能面临售出，其资金风险会转移给保险公司。保险公司非常乐意管理这些资产，因为保险公司能够获取诱人的收益。

投资委员会减少利益冲突的方法之一是雇用一个外部独立受托人，例如外包公司。这就在养老金计划发起人和管理人之间建立了运营隔离墙。此外，合格的外包公司可能比养老金计划发起人更适合执行负债驱动型投资政策管理项目中所涉及的关键却不常见的任务，比如资产配置、对冲风险、衍生品管理、聘用和解雇管理人员、风险预算、准备法律协议、监控和报告。熟悉负债驱动型投资政策业务的外包公司可以提供全套解决方案。

在员工层面，这类公司通常不会有负债和衍生品交易与监管的实践经验。如果《雇员退休收入保障法案》下的养老金计划在处理掉期交易时需要外部援助，那么应当寻求合格的专业资产管理人的帮助。合格的专业资产管理人还应当承担谈判掉期交易协议的工作，这通常需要非常专业的法律知识。

这类公司提供的一项关键服务是设计负债驱动型投资政策的策略——利用精算信息制定投资政策，从而将过大的波动性降低到可接受的水平。在不断接近目标时，这类公司可以通过几个步骤建立调整股票配置和风险水平的触发机制。例如，如果股票配置占比调整是可行的，并且有利于降低风险，那么股票配置的占比第一次可能从60%降到30%，第二次可能从30%降到15%，最后一次则是降到0。进行这种调整的时机取决于许多变量，比如利率水平、市场环境、债务结构、现有盈余或现有赤字水平，以及养老金计划发起人的财务状况。

负债驱动型投资政策中涉及的大量资产重新配置，通常需要重组投资组合、终止账户，以及签订新的管理人协议。这些方方面面的变化可能显著影响到与外部管理人的长期关系和费用协议，特别是在大量资产被管理而只需支付给管理人少量费用的情况下，这种影响更为显著。一般来说，由于股票资产管理人被固定收益资产管理人取代，负债驱动型投资政策下的管理人费用可能比传统资产增值策略中所需的费用更低一些。但这里节约出的成本可能被因使用可转移阿尔法策略和另类策略而增加的成本抵消，因为使用这两个策略需要高额的成本。

负债驱动型投资政策并非不可逆转

受托人可能对负债驱动型投资政策有所顾虑，因为它对投资策略来说是很大的转变。但由于它并不是永久性的，所以受托人也不必过于担心。当公司出现了不可预见的情况时，回归资产增值型投资政策可能是明智的。例如，如果两家公司合并，一家公司采用了负债驱动型投资政策的养老金计划，另一家公司采用了传统养老金计划，那么合并后的养老金计划可能需要更多的资产增值。或许，对养老金赤字和养老金盈余的会计处理方式的改变，可能有助于降低波动性对财务报表的影响。也许政府的新监管规则会有所改进，让公司愿意承担养老金计划存在的风险，例如，用养老金计划的盈余部分来补充资金短缺的退休人员的健康保险计划。这种利用养老金计划盈余部分的方式目前在美国是不被允许的。如果美国政府监管新规确实有所改进，那么就会鼓励一些公司回归到资产增值型投资策略。

不过就目前而言，负债驱动型投资政策仍是许多受托人的现实选择。它是基于风险的投资方式，定制化的资产管理策略可以降低负债波动产生的影响，形成独特的利率驱动下的政策业绩基准，给固定收益互换产品加杠杆，以及不再比较同行的安全性或满意度。对持有"传统养老金计划是为了超越市场基准"理念的投资委员会而言，负债驱动型投资政策确实打开了一个美丽新世界。

第 5 章　从理论到实践

我们对收益和风险的预期肯定会受各类事件的影响,而我们又无法准确预测这些事件,只能笼统地以概率来预测。寻找真正的最优投资组合(见图5–1),不能仅靠历史数据,还要依赖识别资产类别和所信任的管理人的能力。我们借助这种判断力,才能在可控波动范围内获得预期收益。

表 5–1 列出了主要资产类别的预期收益和波动性。这些估算修正了历史统计数据,将一些过度高估的资产类别的估值拉回到平均水平。例如,表面上,政府债券的收益率为 2%~3%,但实际收益率几乎为零。此外,保守估计的阿尔法会被计入收益(因对资产的积极管理而增值)。这些估算仅仅说明了潜在阿尔法的影响。投资者应当对收益率、波动性、关联性和阿尔法做出合理估计,并且至少每 3~5 年就重新估算一次(加入新出现的资产类别)。

投资的原则

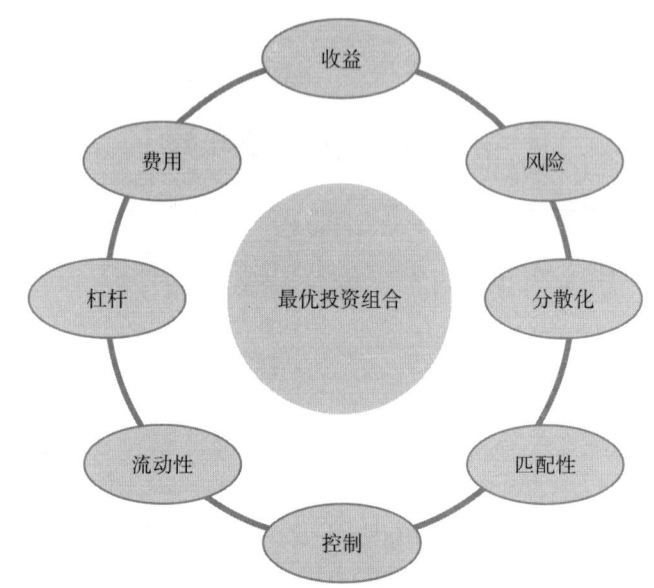

图 5-1 最优投资组合

表 5-1 预期收益和波动性

资产类别	预期实际收益	预期阿尔法值	调整后实际收益	预期波动性
股票				
美国市场股票	6.8%	0.4%		16.8%
非美国市场股票	6.9%	1.0%		17.1%
新兴市场股票	8.3%	1.1%		21.5%
另类投资				
私募股权	8.5%	1.5%		23.6%
定向对冲基金	4.2%	1.5%		9.8%
市场中性战略对冲基金	1.4%	1.5%		7.9%
实体资产				
房地产	2.8%	0.5%		10.8%
通胀保值债券	1.5%	0.0%	0.2%	4.4%
大宗商品	5.0%	0.0%		24.6%

（续表）

资产类别	预期实际收益	预期阿尔法值	调整后实际收益	预期波动性
固定收益				
美国固定收益	1.9%	0.3%	1.1%	5.9%
美国高收益债券	3.9%	1.0%	2.8%	11.2%
非美国固定收益	1.7%	0.1%	（1.3%）	5.3%
现金和外汇				
美元	0.0%	0.0%		0.0%
外汇	0.2%	0.0%		7.6%

注：预期收益已按通货膨胀率调整。预期阿尔法值只是用来解释说明的。

资料来源："Endowment Management for Higher Education," Nicole Wellman Kraus, CFA, Hilda Ochoa–Brillembourg, CFA, and Jay A. Yoder, AGB Press, 2017.

通过估算构建投资组合时，你应知道同行在做什么，从而确保你有别于他们的行为的背后是基于理性分析的结果：为了满足特定投资组合的需求，为了在某些特定资产类别而非其他资产类别中获得非同寻常的投资技巧，或为了构建或维持某种良好稳定的治理模式。如果一家拥有良好业绩的机构的行为最终没有获得市场的奖励，就说明独立特行的行为本身就被判了"死刑"。在不可流通资产类别中形成可持续且有价值的差异化竞争，需要很多年的付出以及艰苦治理。耶鲁大学的投资组合中包含了30%的私募股权和风险投资、22%的对冲基金、8%的固定收益，尽管该投资组合的管理团队对其另类资产类别、管理筛选技巧以及治理结构的信任逐步增强，但该投资组合的发展仍用了15年时间。

修正不切实际的预期收益

2008年全球金融危机爆发以来,如果没有美联储和欧洲央行注入大量流动性,债券市场上的债券价格就不是当时的价格。面对银行信贷危机及其对货币乘数的影响,各国央行都增加了货币供应,以维持经济的可持续增长速度,从而避免20世纪30年代那样的经济大萧条。当商业银行迫于资金压力而限制发放贷款时,信贷就减少了。因此,流动性危机迫使全球经济去杠杆化。各国央行都出手干预,通过所谓的量化宽松政策恢复银行信贷供应,并从公众和金融中介机构手中购买固定收益资产,从而将新的货币投入经济运行。公众和金融中介机构的债务水平都有所下降,而逐渐增加的政府债务填补了这一缺口,从而维持了就业水平和总需求量。从日本的经验来看,1998年以来,日本的10年期债券利率一直处于非常低的水平,但这种不可持续的低收益率何时以及如何恢复到正常水平,则是非常不确定的。

美联储已经明确表示希望利率脱离基准。2015年12月以来,美联储已连续加息25个基点。图5-2展示了美联储为加息所做的努力多么具有挑战性。多年的失望之后,通胀率已逐步接近2%的目标(纵轴)。失业率目前(2018)则远低于近5%的目标水平(横轴)。我们暂时不会面临来自全球其他主要经济体新一轮经济衰退带来的威胁。

图 5-2 美联储的两项目标

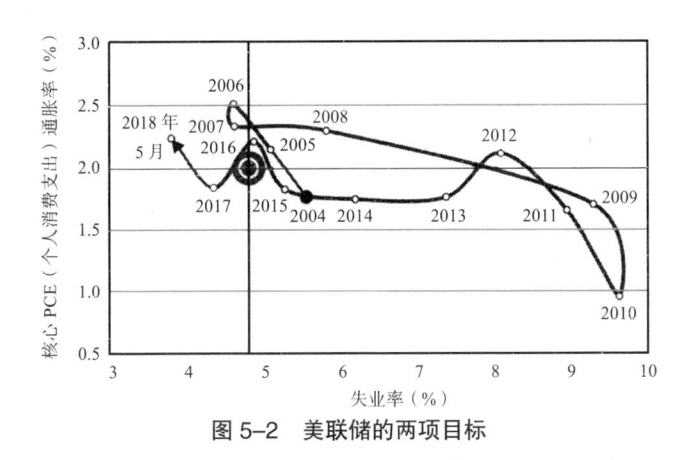

资料来源：U.S. Bureau of Labor Statistics, retrieved from FRED, Federal Reserve Bank of St. Louis.

2017 年年中，估值调整后的债券和股票收益率均低于美国的历史平均水平。考虑到公司盈利仍出人意料地持续增长，股票价值的高估情况就没有债券严重，特别是如果实际利率水平仍保持在较低水平的情况下。因此，在这种情况下，人们在制定投资政策时，不会降低股票的预期收益率。人们可能战略性地降低那些过分高估的美国市场股票占比，而更倾向于提高那些没有被过分高估的股票的占比（例如新兴市场股票和美国以外成熟市场的股票）。

估值调整后的预期收益和风险每天会随着收入、通胀预期、风险溢价和利率水平的变化而变化，这种波动应该不会影响最优长期政策资产组合。特别是，如果机构至少每三年就重新检视一次投资政策，这种波动就更不应对投资组合产生影响。（机构每年重新检视投资政策时，可以选择在政策层面调整预期收益，从而改变投资政策。)但改变当前条件可能会产生战略倾斜(买入的特定资产)。这些特定资产既不同于最优长期政策资产组合中的资产配置,也不同于同行所持有的资产。表5-2显示了围绕投资政策目标的配置策略范围,这个策略范围考虑了价格波动性和投资政策的战略倾斜,还应考虑在做出策略选择时,投资组合管理团队及员工的能力。

表 5-2 资产配置目标和范围

类别	目标	范围
所有股票	40%	30%~50%
所有另类投资	40%	30%~50%
实体资产	5%	0~10%
固定收益	15%	10%~30%

资料来源:"Endowment Management for Higher Education," Nicole Wellmann Kraus, CFA, Hilda Ochoa–Brillembourg, CFA, and Jay Yoder, CFA, AGB Press, 2017, page 36.

如果你的预期收益不在"正常"范围内,而你想要改变投资政策,那么你应该让更短的战略性收益来主导政策变更的时间和速度,而不是让长期估值来主导。例如,当债券的实际收益率接近或低于 0 时,许多既定福利养老金计划可能想通过增持长期固定收益债券对冲一部分长期债务所带来的风险。如果你真想这样做,你就应该慢慢地进行,最好能够增加收益而不是减少收益。(近期美国国债收益率走势见图 5-3,不同持续时间的国债一年预期收益率见图 5-4。）许多中小捐赠基金采用了大型捐赠基金的管理模式，即减少持有的长期债券的数量。如果要保持投资组合总存续期不变（因此利率风险也不变），那么这些中小捐赠基金的转型速度就不应该放缓，但它们应该关注那些用来替换固定收益资产的风险资产的风险与收益。

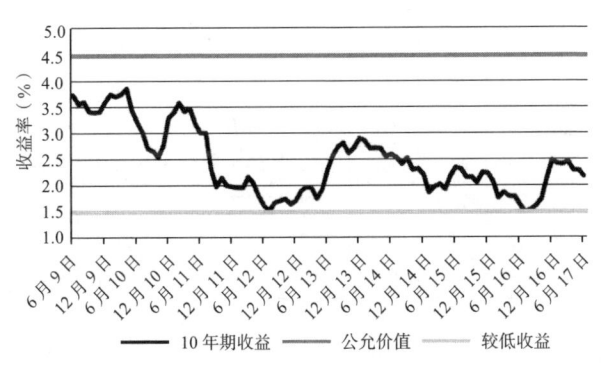

图 5-3　美国国债收益率从底部逐渐恢复到正常水平

注：最上面的那条横线是"公允价值"的长期国债的收益率。

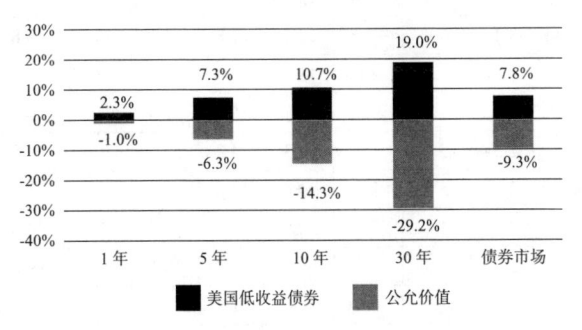

图 5-4　美国国债一年预期收益率的区间

注：如果美国国债收益率回到历史公允价值或近期低点，那么这些数据可能是截至 2017 年 6 月的年度收益率。

股票收益的其他评估方案和范围

本杰明·格雷厄姆和戴维·多德制作了一份有用的表格（见表5-3），以评估利率和利润增长率变化引发的股票价格变化。

表5-3 格雷厄姆和多德的价格–收益率模型

债券收益	预计5年期收益增长率								
	0%	5%	10%	15%	20%	25%	30%	35%	40%
1%	37.4	81.4	125.4	169.4	213.4	257.4	301.4	345.4	389.4
2%	18.7	40.7	62.7	84.7	106.7	128.7	150.7	172.7	194.7
3%	12.5	27.1	41.8	56.5	71.1	85.8	100.5	115.1	129.8
4%	9.4	20.4	31.4	42.4	53.4	64.4	75.4	86.4	97.4
5%	7.5	16.3	25.1	33.9	42.7	51.5	60.3	69.1	77.9
6%	6.2	13.6	20.9	28.2	35.6	42.9	50.2	57.6	64.9
7%	5.3	11.6	17.9	24.2	30.5	36.8	43.1	49.3	55.6
8%	4.7	10.2	15.7	21.2	26.7	32.2	37.7	43.2	48.7
9%	4.2	9.0	13.9	18.8	23.7	28.6	33.5	38.4	43.3
10%	3.7	8.1	12.5	16.9	21.3	25.7	30.1	34.5	38.9
11%	3.4	7.4	11.4	15.4	19.4	23.4	27.4	31.4	35.4
12%	3.1	6.8	10.5	14.1	17.8	21.5	25.1	28.8	32.5
13%	2.9	6.3	9.6	13.0	16.4	19.8	23.2	26.6	30.0
14%	2.7	5.8	9.0	12.1	15.2	18.4	21.5	24.7	27.8
15%	2.5	5.4	8.4	11.3	14.2	17.2	20.1	23.0	26.0
16%	2.3	5.1	7.8	10.6	13.3	16.1	18.8	21.6	24.3
17%	2.2	4.8	7.4	10.0	12.6	15.1	17.7	20.3	22.9
18%	2.1	4.5	7.0	9.4	11.9	14.3	16.7	19.2	21.6
19%	2.0	4.3	6.6	8.9	11.2	13.5	15.9	18.2	20.5
20%	1.9	4.1	6.3	8.5	10.7	12.9	15.1	17.3	19.5

注：你可以利用这个模型计算在不同债券收益率和预期收益增长率下，不同投资（债券和股票）所对应的可买入最高市盈率。这一公式的内在含义是，你以债券收益率加上股票风险溢价，折算出股票的现金流。

广泛且高效的分散化

随着时间的推移，分散化程度较高的投资组合更可能获得高复合收益率。因为加入了额外的、关联性低的资产类别可以降低投资组合的整体波动性。但你也会不可避免地遇到分散化投资并没有降低波动性或增加风险调整后收益的情况。在某些时候，一种资产类别或另一种资产类别的表现远远好于多元化配置的资产组合。例如，2010—2015年，配置美国上市股票和非上市股票的普通投资组合的业绩远远好于配置其他含有国际资产和替代产品的投资组合的业绩。

普遍存在的一个问题是（新兴现代投资组合理论也不例外），你会发现实践中表现最好的最优投资组合与理论上的最优投资组合不同。评估方法带有很强的"始末周期"特征。当然，我们不可能确切地知道未来将经历什么样的投资环境。对未来的看法可以或多或少地被现有的发展现实证实，但这些看法还不是事实，而且最后常常被证明是错误的。例如，在过去20年里，美国股市和债市的关联性系数从0.6变成了–0.6，而且自2008年以来一直徘徊在–0.4附近，因为市场在规避风险（衰退）和愿意冒险（增长）之间不停地摇摆。市场愿意冒险时，股票价格上涨，债券价格保持高位或可能小幅下跌；市场规避风险时，股票价格下跌，债券价格上涨或保持坚挺。在通胀成为最大风险的阶段，例如20世纪70年代，股票和债券的关联性就会增强。

在投资组合中，将各类资产之间的关联性维持在确定比例需要花费精力。在过去25年里,所有资产类别之间的关联性都发生了很大的变化。5年内的不同资产类别之间关联性的变化如图5-5所示,在图上列出的4个资产类别中,只有美国股票和美国国债的关联性由正相关变成了负相关。

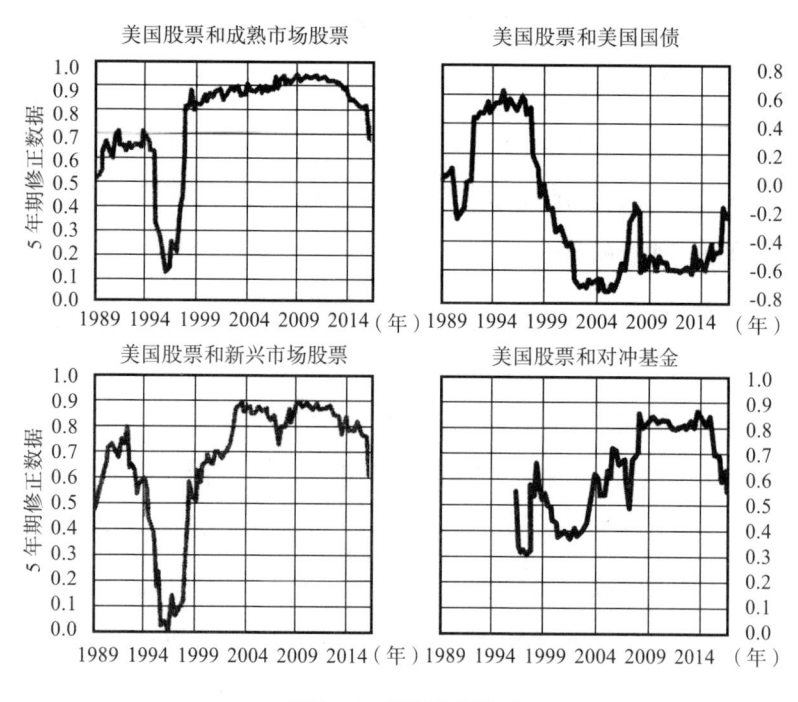

图 5-5 关联性的波动

应对货币风险

尽管在全球范围内分散投资是可取的,但货币风险一直是投资者的障碍,这种障碍给投资者造成的难度往往比其看起来更大。我们强调全球分散化投资是降低投资组合总体风险的有效方式，这没有错，但国际投资确实会遭遇外汇风险。当你在自身基础货币以外区域增加投资，你就可能遇到货币转换风险。这里的基础货币是指向利害关系人汇报时使用的货币单位。在每个报告期间，外币资产按汇率折算为基础货币时都会出现货币转换风险。出售资产并将收益转换为基础货币，也会产生货币转换风险。因此，最优长期政策资产组合的最后收益可能因为投资者基础货币的不同而产生不同的结果。

资产价格和利率会根据汇率的变化而变化。经济学家提出了购买力平价理论。根据该理论，在均衡状态下，交易中的商品在任何地方的价格都是相同的。也就是说，一种货币的商品价格等于另一种货币的商品价格乘以其汇率。否则，商人就能通过将商品从一个国家运到另一个国家销售的方法赚取差价。其观点是，长此以往，经济中的所有价格都会自我调整，以适应新汇率。

但是，由于不同政府会使用不同的货币政策、财政政策和贸易政策来增加本国货币或商品对投资者或进口商的吸引力，从而增加就业和保持经济增长，吸引资金，增加出口，所以货币汇率就可能有所不同。投资组合管理人必须关注货币风险及其对投资组合整体收益的影响。

让我们来看看1999年1月1日欧元问世以来，3种主要货币（欧元、英镑和日元）兑美元的汇率变化（见图5-6）。截至2017年年底，欧元和日元自2017年年初以来都下跌了约3%，英镑则上涨了27%。1999—2017年，3种货币的汇率都出现了大幅波动。例如，欧元在流通后的两年中下跌了30%，然后又暴跌了60%，直到2008年跌入低谷。英国脱欧公投之后，英镑和欧元在几周之内都下跌了7%~15%。

图5-6　3种主要货币兑美元的汇率变化

资料来源：Federal Reserve Bank of St. Louis.

汇率的月波动率折合成年波动率为6%~7%。芝加哥期权交易所提供了一种交易这种波动率的产品——EUVIX。这一波动率约是美国股票市场波动率的一半。自2010年以来，美国股票市场平均年波动率为15%。

应该对冲多少货币风险

货币风险对冲的最佳比率取决于5个因素：

- 历史上，货币汇率波动对投资组合收益率的影响；
- 对冲资产和非对冲资产各自与投资组合剩余资产类别的关联性；
- 理想状态下持有的境外资产规模；
- 对投资组合整体波动性的容忍度，特别是如果在这种波动性下还没有增加额外收益；
- 预计对冲所要花费的成本。

由于货币汇率变动会以多种方式影响资产价格，出口公司竞争力的增强、利润流的增长和股价的上涨可以全部或部分抵消货币贬值及其折算损失产生的影响。一般来说，出口国的股价上涨往往可以冲抵汇率上的损失。对于以国内贸易为主的经济体，商品价格对汇率变动的敏感度较低。因此，汇率波动对投资组合收益的影响更大。承担一些无关联性的货币风险，有助于降低总投资组合的风险。

在境外投资时，如果对发达国家股票市场的非美元投资占比超过总投资组合的30%，我就会选择对冲一半的风险。这种风险可以在投资组合层面对冲，也可以通过管理人为需要对冲的资产部分设定对冲后的本币基准来对冲。新兴股票市场中进行的交易，就不会出现对冲，理由如下：这些公司大多数是出口型企业，配置占比不会超过15%，且对冲成本历来高于成熟市场。如果境外固定收益资产的占比超过了10%，我就会考虑完全对冲风险，因为汇率与利率水平高度关联。最近，随着投资组合资产分散化，越来越多的替代性美元资产进入投资组合，而非美元债券的配置占比很低。因此对冲可流通非美元股票存在的货币风险的必要性就有所降低。

以外币进行房地产、私募股权和风险投资可能会带来特定的货币风险，这些货币风险与相关投资卖出的时点有关。在投资期间，你可能经常遇到汇兑损失或收益，但在考虑卖出资产时，短期的货币风险可能特别高，需要额外关注。例如，如果需要在12个月内卖出资产，你就会希望对冲货币风险，以避免在即将获得最终成果时出现过大的货币风险，从而影响私募股权或房地产等投资。

你为某项资产支付的价格是该资产最大的风险

根据我的经验，预测预期收益和风险的最佳指标可能不是历史数据，而是基于历史数据判断该资产当前的价格是高估了还是低估了。你可能会发现，当某项资产被高估或低估了至少 1.5~2 个标准差时，这些高估情形和低估情形就正好可以合理地预测未来 1~5 年的预期收益。如果估值处于 1.5 个标准差之内，你就可以直接使用关于收益和波动性的历史估算值。如果估值过高或过低并超出了这个范围，你就需要考虑相对高估或低估的程度，以同比例地降低或提高平均收益率的估值。在这种情况下，你可以以 5 年为期，并假设资产价格最终会恢复到平均值。

你可以利用历史标准偏差值估算资产价格，但如果市场上对该资产的需求旺盛，你就需要调整其关联性，以应对分散化资产可能遇到的障碍。在调整之前，你可能需要检测投资政策的结果对这种调整的敏感性。如果由于其他原因，该投资组合已经失去其分散化资产，那么这种历史关联性也可能阻碍资产分散化的发展。这些追寻最优投资政策的实际操作方法，在测试你的投资政策和同行的投资政策的合理性方面很有用。考虑到优化机制对于假设中的小变化会非常敏感，这些实际操作方法的测试会更有用。即使与同行的选择略有不同，你也需要积极地估算结果，以及评估自己是否具备更出众的能力。

你可以对基于历史的最优策略进行合理性测试，从而将其与调整后的最优策略进行对比，并且可以略微调整配置占比。当同行的投资政策对分散化资产配置占比出现了大幅调整时，你对资产分散化的需求也会产生变化。这可以通过从媒体、托管银行和研究机构等发布的报告的变化趋势来证实。随着对资产分散化需求的起起落落，其与流动性最强、持有范围最广的资产之间的关联性也发生了变化。资产分散化所带来的好处也会因此增减。

第6章 修改投资政策

长期政策资产组合可以通过对收益率、波动性和关联性的历史估算分散化和优化，以及对特定资产进行一些调整来修正。当新资产类别或投资者需求和投资环境发生改变时，你就需要经常检视和更新投资组合中运用的估算和资产配置权重。你需要不断地检视投资政策，每三四年就进行一次全面评估。这种评估会引发资产配置权重的变化，提高那些预期收益率更高的资产占比。更新投资政策、纳入新资产类别和管理风格可以带来一系列好处，具体可见图2–2。

1991—2015年，随着投资政策的调整和改进，基准年化收益率提高了150个基点，而波动率逐年下降，从12%降到11%。实际收益率（包括积极管理提升的收益率）比投资政策调整后的基准收益率还高2%，总体年化复合收益率约为8%以上。这是对这25年业绩的最好预测结果。获得这一逐步增长的业绩，主要是靠在投资战术和投资结构上向低估值资产和新兴管理风格倾斜。

一些专业投资管理机构在制定政策时更喜欢通过短期估值来预测收益。这种方法更可能改变投资政策本身,而不是让长期投资政策保持3~5年不变或永远不变。直到出现市场机会和竞争机会时,这些机构就会在投资政策目标附近进行策略上的小幅调整。

理论上,短期调整方法和长期调整方法不分伯仲。实践中,如果投资机构董事会或投资委员会可以依据事实(而非主观想法)积极回应预期收益出现的变化,而投资机构员工和管理人也不太愿意经常处于策略调整之中,那么每年进行投资政策调整的方法就会有最好的效果。在这种情况下,根据最新估值调整投资政策比较容易。

如果投资政策的讨论和调整需要多次召开季度会议,并且整个决策程序复杂且无法预测,那么在这种情况下,投资政策不应经常改变,管理人在其投资组合中小幅调整投资政策以达到战略性倾斜效果的做法更可行。如果管理才能比较缺乏,那么资产组合可能需要根据投资政策进行季度调整。如果资产价格变化更多,如一个季度内浮动超过10%,那么调整的频率可能更高。一般而言,战术性资产组合很少会出现持续短期增值。在这一领域的专业管理人只有在极端估值差异的情况下才会改变政策倾斜策略。

总之，评估投资政策的最佳频率取决于管理金字塔顶端的决策程序。如果投资机构董事会的审批程序是理性的、务实的、简洁的，那么其可以选择频繁地（如每年）预估收益。具体频率需要经过扎实细致的计算得出。如果投资机构董事会的审批程序因层层手续、合同和诸多决策者而变得复杂，那么其应该保持投资政策不变，同时允许适度且风险适当的策略倾斜，然后每3~5年进行一次审慎的深度评估。当然，当金融机构和其他机构的需求发生变化、并购导致债务结构发生变化，或因新的资本支出项目需要且有理由调整为中长期投资政策时，这就有必要进行例外处理。

当机构高层的决策是由经验较少且类型各异的人（包括知识丰富但性格冲动的专家）做出时，机构就需要一些特定的组织纪律。即使机构高层评估投资政策的频率不高，他们也应该避免随波逐流，不要将投资分散到那些在过去3~5年中业绩出众的新资产类别上，除非这些资产价值是真的被低估了。相反，他们应该利用评估的机会更新事实背景，并让所有决策者（尤其是新决策者）认同所选择的投资政策。新资产类别只有在大量证据证明其增值能力的情况下才能被纳入投资组合。在一段高速增值的业绩表现之后，该证据才能被认定为充分。然后，投资组合才能纳入少量此类资产，最好是在此类资产的价格下跌之后。用这种做法来要求投资委员会实在太难了。如果决策者在市场行情较差的时候有所行动，那么24个月平均成本法（定投该资产类别）就可以在低价情况下达到扩大此类资产规模的目的，而不是逢高加仓。这就是减速带能减少事故的原因。

泡沫期间的相对价值损失可以迅速恢复

在管理均衡投资组合时，我们所见的最大失误发生在分散化资产类别取得了良好业绩之后，当时盛行分散化投资。20世纪80年代末，我们的一些做法使某些客户流失。当时我们将他们挡在估值高得令人发指的日本股市之外，而其他投资者则在估值几乎是最高点时将日本资产纳入自己的投资组合，以"分散风险"。价格上涨推动日本股市占据发达国家股市（不包括美国市场）60%以上的份额。（2017年的这一比例仅剩23%。）在高市盈率、低收益和公司高债务的重压下，日本股市在1990年崩盘，至今尚未恢复到此前的高点。把日本挡在我们的投资组合门外（这是一种让相对价值缩水长达5年的策略倾斜），为我们日后的资产增值做出了巨大的贡献。我们因为看空日本而使得投资组合在5年多的时间里业绩不佳，但业绩在短短21个月的时间里就得到了修复（从1989年3月到1990年12月），而且直到2000年，这一战术型投资政策仍然在使我们的资产增值。然后我们才将日本股市的占比重新调整至投资政策的水平，因为它不再被高估，而且具备了风险分散化和低关联性的特点。

同样，1998—1999年的科技泡沫让我们失去了一些客户。这些客户不顾我们的极力反对，执意选择在美国股市采取完全指数化策略，甚至是增长型战略。[1] 由于一些差劲的咨询师站在他们那边以及他们受到媒体宣传的影响，他们想要在我们已砍去科技股的投资组合中纳入更多的科技股。在他们看来，这样做可以以创纪录价格纳入科技股，从而降低遭遇业绩不佳的风险。但在我们看来，这样做本身就会显著增加风险。简而言之，你不能通过购买高估的资产来分散投资或降低风险。那些只看过去的收益率的客户很难完全理解或相信我们关注的是未来收益，他们盲目地把过去的事当作将来会发生的事。2000年3月中旬，科技泡沫破裂。我们则在之后不到一年的时间里就修复了之前表现不佳的业绩。

我的建议是，当资产偏离当前公允价值的范围为一个标准差之内（68%），政策资产组合就应做出一些调整，以增加未来的收益或降低未来的风险。并且，你在估算正常范围时，应尽可能多地运用你所能找到的公允价值测量方法。你应当避开过高的估值。这种过高估值常常出现在夸夸其谈的管理人那里，他们热衷于在行业期刊上出名，却不懂得审慎交易。

在投资领域或其他领域，你都要提防只说不做的人。如果某人能够说出一项资产的绝对价值，那么你应该对此持合理怀疑态度，除非该资产价值相对于历史平均水平来说高估或低估了两个以上的标准差。如果该资产价值确实高估或低估了两个标准差，那么他所说的就是真的，只不过他话太多、太高调了。

第 7 章 选择适当的业绩基准

在政策资产组合中,业绩基准是一种工具,既可以确定预期收益,也可以控制可能遇到的风险。业绩基准也是将你的表现与那些被动管理、低成本、分散化投资的基金进行业绩衡量的标尺。在理想情况下,业绩基准应将可选的全球资产类别和在追求收益时需应对的风险考虑在内。广泛的全球多元化比狭隘的多元化更优。

典型的长期投资组合会在投资政策基准中确定一个可实现的收益目标。对捐赠基金和基金会来说,假设每年基金对外开销率约为 5%(扣除成本和通胀),那么它所设定的收益目标在一二十年内可以实现的概率应该会超过 50%。养老金计划的对外开销率则遵循不同的轨迹:新设的养老金计划的对外开销率会低很多,而运行时间较长的养老金计划的对外开销率则会高很多。

达到业绩基准是比较困难的,但也不是完全不可能的。过于激进的业绩基准可能不太合适。因为根据市场环境，达到这个标准可能异常困难，甚至是完全不可能的，但也可能极其容易。例如，一些投资者选取实际收益率的绝对值（比如3%~5%，因投资风格不同而不同），作为对冲基金的理想收益目标，因为给对冲基金确定一个恰当的被动管理业绩基准比较困难。然而，在对冲基金中，这个收益目标是相当激进的了。对冲基金在短期或中期内可能无法达到这个收益率，除非非常走运。管理良好且分散投资的对冲基金应该与其他大多数资产类别呈现低关联性，而且几乎没有任何可投资资产可以在与其他资产类别呈低关联性的情况下实现稳定的3%~5%的绝对收益率。你可能需要等10年甚至更长的时间，这些目标才能实现。因此，为了达到3%~5%的业绩目标而将对冲基金纳入投资组合并不是一个好的理由，因为这些经过精心挑选的对冲基金具备相对较低的关联性（但非零关联性）及降低风险的能力。沃伦·巴菲特曾高兴地宣布，他赢得了一个10年期的赌局。他赌的是指数基金会打败一众对冲基金[1]，但他可能忽视了均衡且无税的股票债券投资组合需要持有分散化对冲基金的主要原因，即进一步分散股权投资风险，并使总投资组合达到更高的复合收益率。

在理想情况下，资产类别业绩基准应该具备以下条件：

- 涵盖广泛的可交易投资领域；

- 有被动、低成本、流动性强、可投资的投资工具，包括期货和期权，以帮助管理该基准的风险敞口；
- 经过一轮市场周期，打败该基准比较困难，但绝非完全不可能；
- 是由独立的业绩基准提供者发布的，不是由资产管理人发布的；
- 有一大群主动型管理人愿意且能够达到这一业绩基准。

随着时间的推移，在流动性和新兴资产有所增加的情况下，更好的业绩基准可能会出现。投资者应定期评估现有基准和新基准，并在每次评估时将其纳入政策资产组合。

什么是资产类别？对冲基金是一种资产类别吗？

资产类别是指依据相似类型对围绕着投资的投资决策进行组织和分类后的结果，目的是在给定波动水平、与其他资产类别关联性的情况下，这些资产能够有相似的预期收益。投资管理人可以专长于某一类资产类别。同一类别的资产应该囊括所有高度相似的资产类型（至少有 0.7 的关联性），并以一个广泛接受的市场业绩基准进行管理。在理想情况下，基于业绩基准，一组资产类别应该有可复制、可投资且被动管理的投资品种。这种投资品种的管理费用较低，并且可以根据每日流动性衡量主动型投资策略的效果。更好的是，其应该涉及流动性良好的期货衍生品，这就可以实现高效交易，获得低成本投资组合并实施流动性管理。

大多数美国股票的关联性都超过了0.7，也就是说，其49%的波动性都可以由广泛股票市场的行为模式来解释，其通常是对类似外部因素做出反应：经济增长、通货膨胀、市场波动、利率，以及风险溢价（投资者在任何时候愿意为波动性支付对价的大小）。相比之下，政府债券会因通胀预期和美联储政策变化产生波动，而很少因经济增长和利润增长产生波动，除非这种增长加大了通胀压力。因此，股票和债券之间的关联性是 –0.6~0.6（见图5–5）。

关于如何构成一组资产类别并没有一条硬性规定。除了收益和风险特征，投资组合管理人如何定义一组资产大类中的子类别，并将其与其他子类别进行比较，也是确定资产类别的重要因素。一个特定子类别区别于其他子类别的表现，有助于确定该子类别为哪一组类别的资产。确定资产类别的目的仅是管理符合预期收益和风险偏好的投资决策，并且在同一资产类别内及市场条件下评估主动型管理人的相对业绩。管理和理解资产组合的另一个方式是将其视为收益与风险的"集聚桶"。

对冲基金可能被视为有别于股票和债券的资产类别，其表现得不像股票或债券，尽管多多少少会持有股票和债券（以及其他投资品种）。大多数对冲基金是新型衍生品的聚集池，是由各种不同类型的金融产品组成的。其目的是在缺少平均长期预期收益的情况下，有效分散股票和债券资产的风险。新型衍生品聚集池的运营时间最长也不会超过二三十年。它们通常可达到收益目标，因为它们相比于典型的股票或债券较少受到约束。相比之下，典型的股票或债券管理人一般不会卖空或加杠杆，他们更普遍的做法是努力将一类资产类别的业绩做到超过市场业绩基准，保持与同行资产类别配比同步，并且遵循该资产类别的收益和风险特征。即使是资产类别配比不恰当的对冲基金，其资产类别间的关联性也不超过 0.7。关联性超过 0.8 的资产可以被纳入最相关的资产类别，尽管它们可以以主动管理风险的形式加大该资产类别的收益波动性。

在理想情况下，分散化的对冲基金组合所带来的名义收益率和风险会介于股票和债券之间（例如，实际收益率是 3%~5%，波动性可能为 8%~10%），其与股票和债券组合的关联性相对较低（低于 0.7）。对冲基金经理利用多种管理工具（不仅包括卖空和加杠杆，也包括期权、期货和互换合约）改变了公共股票和债券的收益 – 风险特征。一些对冲基金还在所谓的"侧袋账户"中持有非公开交易资产。

一些对冲基金的收益率和波动性都比股票和债券高。喜欢分散风险的人当然应该避开这种情形。除非这些对冲基金中的资产类别的关联性很低，而这种关联性本身就很少见且可能具有危险性。当你发现两项负相关的资产时，如果其中一项资产很可能面临破产或清算，那么它就不能很好地分散风险。我们在 1981 年

081

首次投资对冲基金时，发现只有两只基金留存了超过5年的投资记录，因为自20世纪70年代中期的市场动荡以来，大量原先存在的对冲基金都在这个过程中消失了。

当你因为对冲基金具有不同的收益和风险特征而将其作为单独的资产类别时，你并没有认同它们具有更高的品质。它们必须证明自己具备高品质。一些投资者将对冲基金纳入其股票和债券投资组合，而我们倾向于将它们单独分组，因为将这些资产放在一起会使整体风险管理和确认收益来源变得困难，也会使输出阿尔法的过程（加杠杆或放大）更加难以控制（详见第12章）。

为了便于说明，表7–1涵盖了历史收益率、波动性和关联性的内容。相关数据来自对冲基金研究公司。我们自己在这一领域的业绩高出平均水平很多。

当对冲基金投资组合被用来降低市场风险或资产类别风险时，一种强烈的观点就会出现，即对冲基金应该作为一个单独的资产类别。从我们在世界银行管理投资组合中的资产类别开始，我们就坚信要寻找一个阿尔法值为正、贝塔值较低的分散化投资组合。通过对冲基金获取低贝塔值的结果可能是支付最高2%的基本费用以及以收益中的20%作为激励费用；相对于为被动指数市场贝塔风险敞口支付不到5%的费用以及协调其与可靠的阿尔法来源，前者显然是一种昂贵的方法。

表 7-1　对冲基金研究公司采集的主要对冲基金类型的历史收益率、波动性和关联性

类别	历史收益率		关联性			
	年化收益率	年化波动性	股票多头/空头	市场中立	宏观	兼并
股票定向	4%	8%	1.0			
市场中立	3%	3%	0.6	1.0		
宏观	5%	5%	0.4	0.4	1.0	
兼并	4%	3%	0.8	0.5	0.4	1.0

资料来源：对冲基金研究公司。

人们应该关注对冲基金对投资组合整体风险的贝塔影响，并将整体风险控制在目标水平。我们的对冲基金组合中有 9 种不同风险因素（包括股票、利率和信贷风险）的贝塔风险敞口，如图 7-1 所示。

10 年期，截至 2015 年

阿尔法值 72%

收益 - 风险因素 28%

图 7-1　对冲基金策略中的贝塔值和阿尔法值

注：随着时间的推移，我们每年的对冲基金的收益主要来自阿尔法，而市场风险因素所占的比例要小得多。

2~8 种资产类别?

根据我们创设政策资产组合的经验,除非有特殊情况,否则投资组合中囊括 8 种以上的资产类别是不切实际的,但少于 2 种也是极其草率的。

例如,如果你的投资期限很长,对每年的波动性完全不敏感,并且假设收益率最终将回归均值,那么你就可以只投资股票。如果你没有流动性需求或支出需求,那么理论上这些资产甚至可以是私募股权。然而,即便如此,配置少量的固定收益资产品种(如 10%)对于均衡投资、抓住新的投资机会以及应对流动性需求的变化都是有必要的。即使你让投资组合 100% 配置了股票,也应该在其中加入国际市场股票和新兴市场股票、私募股权以及风险投资,前提是你有能力或你能找到专长于细分领域的管理人。指数基金适用于国际市场股票甚至新兴市场股票,但不适用于非市场转让的私募投资。显然,如果投资者想要进行期限少于 10 年的短期投资,就不应该投资波动性较大的资产。

投资组合中的资产类别数量超过了 8~10 种,管理就会变得非常困难。过于局限于策略模式,会降低管理的灵活性。无论资产类别的数量有多少,每项资产都应该广泛地分散风险,并包含所有与其他资产相关联的可交易工具。市场为每个资产类别创设了恰当的业绩基准和指数,业绩基准和指数可以随着新型证券市场和其他市场的发展而完善。即使在一个资产类别中,分散化也像免费的午餐,可以产出预期收益,又不会增强波动性。

一个资产类别能小到什么程度且还能发挥作用？

投资者通常不愿将低于总资产 5%~10% 的资产类别纳入投资组合。耶鲁大学的大卫·F. 史文森建议，纳入投资组合的资产类别最低不少于总资产的 10%。[2] 但是目前耶鲁大学的政策资产组合中有 3 个长期资产类别的占比远低于 10%（见表 7–2）。[3]

表 7–2　2015 年 6 月 30 日，耶鲁大学的政策资产组合

投资组合	耶鲁	超 10 亿美元的养老保险（平均值）
境内股票	4.0%	13.0%
外国股票	14.5%	19.0%
固定收益	8.5%	11.0%
绝对收益（对冲基金）	21.5%	21.0%
实际资产	13.0%	7.0%
私募股权和风险基金	30.0%	22.0%
自然资源和大宗商品	8.5%	7.0%
总额	100.0%	100.0%
流动性资产（少于 30 天）	27.0%	43.0%
非流动性资产（多于 90 天）	73.0%	57.0%

注：私募股权中包含 3% 的不良资产固定收益。流动性资产是即使在流动性受限的市场上也可以公开市场价格出售而无须大幅降价的资产。大卫·F. 史文森最近提到，耶鲁大学将流动性资产的占比保持在投资组合的 50%。这可以通过在单独账户中设立对冲基金策略来实现，该单独账户可依据耶鲁的需求自行注销。

资料来源：NACUBO-Commonfund Study, 2015.

有观点认为，当占比低于 10% 时，该资产类别对投资组合

整体收益没有实质影响，反而会使决策程序和管理变得更复杂。更糟糕的是，本来管理人应该将注意力集中于更重要的决策上，而小占比的资产配置会分散管理人的注意力。这些都是合理的观点，但我们仍发现了一些例外，支持将占比低于5%~10%的资产类别纳入投资组合的理由有两个。

第一，它们可能是很特别的或是波动性非常大的资产，但与投资组合中其他资产类别的关联性非常低。大宗商品就属于这一类，大宗商品就像菜里的盐，有些人宁愿不吃盐，有些人则会在菜里加很多盐，使这道菜变成了非常不健康的菜。实际上，一小撮盐就可以让一道菜变得美味。同样，少量的大宗商品可以有效地降低均衡投资组合的风险，又不会在大宗商品崩盘时（就如它们往常的情况）拖累整个投资组合。

第二，小占比的资产配置可以为你近距离观察新兴资产类别提供滩头阵地。它们让你能够在成熟公司中发现技能高超的员工和新兴投资风格，你不会因为对此类资产缺乏经验或运气不好而在错误的时间选择了此类资产，从而避免使投资组合遭受重大损失。新的资产类别和风格为经验丰富的管理人提供的选择机会较少，因为这些资产和风格是全新的。但由于缺少竞争，它们更容易实现资产增值。缺乏经验的投资者不应该费心于新兴资产类别或投资风格，因为他们可能难以在操作失误中保全自己。但对经验丰富的投资者来说，如果他们能控制风险（经验不足和流动性不足带来的风险），将可能的风险水平控制在可承受的范围内，那么即使出现了近乎完全的损失，他们用在错误定价证券中增加配比的机会来换取一些教训也是有意义的。

当市场上出现了新兴资产类别，其能够为相对低效的市场提供有吸引力的投资收益机会，且具备适应能力的开创型管理人正在学习如何交易这些资产时，我们就会配置少量该资产类别。这样的例子包括高收益债券、私募股权，以及1981年的对冲基金和1984年的新兴市场股票。我们在这些证券上完成了早期、适度（占总资产2%）且高利润的投资。随着时间的推移，我们掌握了相关技能，追加了投资，并越来越有信心。其中一些资产的占比已增长到投资组合的5%~10%，有时甚至超过20%。多年来，各种资产类别，比如新兴市场资产和前沿市场资产、高收益债券、大宗商品、投机资本、对冲基金、风险投资、私募股权、期货及其他资产，都是从投资组合占比2%的配置水平开始的。

涉及人力资本和个人资产的公司（例如住房领域的爱彼迎和汽车领域的优步）的证券，将成为其他非交易资产证券化的新领域。有观点认为，投资者可以直接配置或通过风险投资池少量配置这些难以估值的新型证券。

第 8 章　重新平衡对比战略倾斜——次数及原因

我们的大多数客户都采取了月度重新平衡策略或季度重新平衡策略，这意味着我们将根据政策资产组合的既定配比权重考评其月度或季度业绩。在每个重新平衡的间隙，政策资产组合所设定的配比权重会因指数中价格的变化而"浮动"。真实的投资组合也是如此，除非我们想进行战略交易。

在大卫·F. 史文森所著的《机构投资的创新之路》中，他提到耶鲁大学投资组合的投资政策每天都会进行重新平衡和调整。我们必须假设，进行重新平衡的仅是那些可销售的资产，而此类资产占耶鲁大学投资组合的份额不到30%（因为非出售资产的份额会有所浮动）。我们也必须假设，每日进行的重新平衡都是通过期货或场内基金来完成的，否则它可能会增加不必要的交易成本，并可能减损主动型管理人潜在的阿尔法值。为了进行恰当的风险管理，我们必须对非出售资产的价格和贝塔值做出假设。投资者可以按天为投资组合定价，但需要按月或按季度进行重新平衡（特殊情况除外）。如果市场因非基本面原因（比如市场对政治事件的反应导致人们表现出贪婪或恐惧）而出现价格错位（比如超过10%），重新平衡的次数就得增加。贪婪或恐惧导致的价格波动更容易在短期内回归均值。你也可以仔细评估和控制与投资政策相关的战略倾斜事项。

在主动型管理人精心挑选的投资组合中频繁进行重新平衡操作，会增加不必要的交易成本，也会损害该主动型投资组合中的一些资产增值项目。我喜欢用园丁的比喻来解释为什么过于频繁地调整头寸会毁掉一个投资组合：激进的园丁可能会在冬季砍掉嫩芽，这样，春季就不会再有花开。我曾经就像一个激进的园丁，但从中吸取了教训，学会了在调整客户的投资组合时多些耐心。如有必要，我可以利用固定收益资产和股票期货快速实现重新平衡以及战略倾斜工作。

权重市场化还是平均配比权重

在政策资产组合中，每个资产类别的权重配比以及每个资产类别中持有量的权重配比，通常会遵循以下3种方法。

1. 资本资产定价模型。在政策资产组合层面，理论上的最优路径是寻找各类资产的权重配比，从而实现预期收益和预期风险间的最优均衡。以下是资本资产定价模型提供的一种方法。当全球所有资产被套利（由所有市场参与者进行买卖从而表现出相对价值）并且风险调整后的收益是由所有市场参与者平均享有时，风险的理论价格是由这些资产的相互作用决定的。在这种方法中，每个波动性单元都有一个由所有市场参与者确定的加权平均均衡价格。这个价格是分散化的全球均衡投资组合中每单位非分散化风险对应的收益。预期收益会不停地调整，最近徘徊在每单位波动性 38 个基点（标准差）。[1] 这种投资组合构建方法通常导致该投资组合倾向于对各类不关联资产进行平均配置，而非市场化配置。

2. 风险平价模型。另一种方法是由风险平价模型提供的，即通过将债券的持有时间（波动性和利率敏感性）延长至与股票市场波动性相当的水平，从而拉平两个主要资产类别（股票和债券）中存在的风险。这些被拉平风险的投资组合旨在具备比那些未被拉平风险的投资组合更优的收益-风险属性，经济衰退期间尤其应该如此。[2] 被拉平风险的投资组合试图在投入每个资产类别的每一块钱中都能实现机会成本均等化。在股票和债券以外的其他资产类别中，这个过程很难完成。

学者和从业人员将这种普遍的风险均衡过程称为风险平价方法。风险平价方法常用于各类捐赠基金和长期负债驱动型投资政策的投资者实现其自身的需求，即将美国债券资产类别的持有时间维持在 20 年及以上。持有时间如此之长，其波动性与美国股票资产类别的波动性相似，但其比 6~8 年期的主流债券市场指数要好。风险平价方法可以充分利用债券的分散化力量，而无须将投资组合中超过 5%~10% 的资产配置在低收益、低风险的资产类别上。人们可以利用债券的这种力量将其变成经济衰退下更为有效的风险分散工具，同时可以配置更多的高风险、高收益证券类资产，例如私募股权和对冲基金。

这种方法在很多情况下都能起作用，而且是匹配理论的一种实际应用。单独来看，长期债券并不会有特别大的吸引力，但对充满股票风险的投资组合来说，它可能是一个分散风险的有益补充，显示出了吸引力。此外，你还要注意买者自负情况：有时候，债券的价格也会被大大高估，会在股票投资组合中引发损失的因素也会在债券投资组合中引发损失。例如，通货膨胀预期的增加，或是美联储不太宽松的货币政策导致利率上升。因此，当股票和债券的关联性有所增强时（如同当前情况），你必须小心，不要在错误的时间延长债券投资组合的持有期限。评判实现风险平价的标准是，债券在持有期限内被高估后，能保持投资组合的总持有期限不变，并确保配置的较高风险资产没有被高估。

3. 平均配比权重。 配置股票资产时，投资者可以根据美国市场、非美国的成熟市场、新兴市场的情况进行平均配置，同时平衡其相互之间的波动性和不太完美的关联性。在资产类别上进行平均配比权重，可以通过让主动型管理人替代被动管理市场配比策略来实现。主动型管理人倾向于在每个组合中均衡配比其资产。

最后，投资者会选择那些将上述 3 种方法融会贯通的政策资产组合，以达到自己对非传统资产类别的满意度和经验要求。考虑到当前主要资产类别的流动性，对大多数机构投资组合来说，规模并不是一个制约因素。但一些资产规模在 2 000 亿美元左右的国有基金试图平均配置那些小型、流动性差的资产类别（如对冲基金、私募股权和大宗商品）时，就会面临很多规模限制。

在特定资产类别上配置 10%~20% 的资产，可能需要 10 年甚至更长的时间，尤其是在私募股权和风险投资市场上。随着时间的推移，你可能希望分散私人投资的开始年份，并分散流动性风险。按年份分散风险非常重要，因为私募股权和风险投资的收益对进入和退出资本市场时的定价非常敏感：它们退出时的价格通常受到创新周期和首次公开发行的影响。假设每个资产类别都配比了 20%~30% 的资产，从而与股票的权重相等，那么你可能需要 15 年或更长的时间来完成这一逐步配置过程。

20 世纪七八十年代，在全球范围内进行分散风险投资并未被广泛接受，以美元计价的投资组合更倾向于配置美国市场股票。那些在全球范围内分散风险的投资组合可能会受到国际市场上资本化规模建议的相对权重的影响。而当时的国际市场的规模远小于美国市场的规模。现在，不同类型机构的投资政策也出现了有趣的分歧，我们将在下一章中讨论这个问题。

第 9 章　投资政策变得越来越不同

　　机构投资政策变得越来越不同，同行之间的比较也越来越复杂。随着投资者寻求更广泛的分散化投资，政策资产组合之间的差异逐步扩大：养老金计划的支出逐步增加并趋于稳定，形成了不同的资产对冲需求，新资产类别和新投资风格不断出现，以及投资者逐步掌握了不同的管理技能。最显著的差异是捐赠基金与那些稳定、资金充裕且封闭的既定福利养老金计划之间的差异。这些既定福利养老金计划中的大部分已经通过增加配置长期负债驱动型投资政策的策略来实现对冲负债风险。根据韬睿惠悦的研究，封闭式的既定福利养老金计划将 50% 的资产投向长期负债驱动型投资政策下的长期固定收益资产，从而降低融资风险。与此同时，捐赠基金配置固定收益资产的比例从 1993 年的 35% 降到 2017 年的 15%（那些资产总额超过 10 亿美元的捐赠基金已将其固定收益资产配置的比例降到 7%），其将大量资产配置转向另类投资，包括对冲基金、房地产、私募股权、风险投资、能源和大宗商品。在平均配比权重的捐赠基金投资组合中，另类投资的占比从1993年的5%激增至2017年6月的28%。截至2017年6月，资产总额超过10亿美元的捐赠基金所配置的另类资产占比已超过57%。

尽管有证据表明，更广泛的分散化投资可以提升经风险调整后的长期收益率，公司也在努力推进多元化以实现海外销售和海外业务，但大多数美国的养老金计划投资组合仍以美国市场股票为主。是公司决策者在认知上的不一致，还是不愿意面对外汇风险？相比之下，大多数捐赠基金倾向于配置更多的非美国市场股票（美国市场股票占13%，而非美国市场股票占19%）。

捐赠基金和基金会的投资组合更倾向于分散化投资，也更倾向于平均配比权重。因为相对于支出需求，它们更关注投资组合的整体波动性。与养老金计划不同，捐赠基金为其运营机构每年的运营开支提供了大部分资金。对所有大学来说，捐赠基金为大学每年的开支提供的资金约占总开支的9.7%，而大型机构的这一数字平均可达到16.5%。[1] 在哈佛和耶鲁两所大学2015财年的运营收入中，超过30%的资金来自捐赠基金，而学费、食宿净收入仅占10%，这使得它们对市场波动性更敏感。[2] 此外，大学的捐赠基金、学费和其他收入可能不如公司收入那样多样化。

表9-1深入分析了公司养老金计划、捐赠基金和相关基金会

15~24年的变化趋势。

表9-1 机构投资组合资产平均分配比

类型	年份	股票 总额	美国	非美国	固定收益	另类投资策略	短期证券、现金及其他
资产平均分配:固定收益计划、教育捐赠基金和附属基金会							
固定收益计划							
开放	2016	47%			41%	6%	6%
封闭	2016	43%			41%	9%	7%
冻结	2016	42%			46%	7%	5%
教育捐赠基金和附属基金会							
超过10亿美元	2017	32%	13%	19%	7%	57%	4%
	2002	45%	29%	16%	21%	32%	2%
各机构	2017	51%	30%	21%	15%	28%	6%
加权平均	2002	57%	47%	10%	27%	10%	6%
平均值	1993	53%			35%	5%	7%

注:与20世纪七八十年代那种传统的固定收益组合(60%股票、40%债券)相比,1993—2017年的捐赠基金投资组合的最大不同在于,不可售出的另类投资占比增加了5倍。对大型捐赠基金来说,另类投资占比已超过57%。在开放式的既定福利养老金计划和长期负债驱动型投资政策下的既定福利养老金计划之间,固定收益资产的持有期限也有差异。另类投资包括对冲基金、私募股权、风险投资、大宗商品和房地产。固定收益资产包括美国市场债券和非美国市场债券。

资料来源:(1)https://www.towerswatson.com/en/Insights/Newsletters/Americas/Insider/2018/01/2016-assetallocations-in-fortune-1000-pension-plans(2)https://www.nacubo.org/-/media/Nacubo/Documents/EndowmentFiles/2017-NCSE-Public-Tables-Asset-Allocations.ashx?la=en&hash=63C84937673C6A0ECB083B98C6E3BD4B05D106E5.

对各类主体来说，配置的另类投资占比都有所提升，但捐赠基金在这方面的配置占比显然更多。这就需要更好地理解另类投资中存在的风险因素，如流动性、通货膨胀、经济衰退、经济增长、规模、动力和价值。这些另类投资中的风险因素不同于可出售证券存在的风险因素，后者好理解得多。重要的是，与可交易证券相比，另类投资中的风险分配可能更不均衡。这种不均衡源于一个事实，即不可售出资产不一定需要回归均值，在极端情况下，它们可能会破产。

机构政策资产组合中越来越多的差异可能会导致资产更分散。分化的投资政策和低至负值的利率有助于解释为什么在资产配置和竞争的压力驱动下投资者对估值不那么敏感，从而使一些资产的定价出现高估。

新事物的诱惑

随着捐赠基金更多地配置了非流动性资产以分散风险，其对收益的预期就会有所增加，但收益在极端情况下的潜在波动性也增加了。投资组合理论告诉我们，历史上的收益波动性和关联性比平均收益率平稳得多。考虑到其在一定期限内相对稳定，对投资组合的定量分析往往会维持收益、标准差以及相关性与长期历史估值的相对稳定。实际上，正如我们所见，这3种措施也可以随着相对估值水平、资本市场的国家化和证券化，以及宏观经济和流动性的变化而发生重大变化。

2017年年底，随着债券收益低于通货膨胀率，美国市场债券的真实预期收益率将不会高于通胀保值债券所提供的0.5%~0.7%的收益率，而非根据历史数据得出的2%~3%的实际收益率，并且在未来10年内，真实收益率可能变成零，甚至是负数。2010年以来，债券的波动性明显下降，从均值8%~10%下降到均值4%~8%。但如果通胀加剧，波动性就会有所上升。我们认为，在未来10年内，债券的波动性会上升至8%~10%，回到均值，而债券与股票的关联性系数将从负值变成正值0.2、0.3，甚至更大。

当外部或内部事件造成市场震荡，并且所有风险资产的价格同时上涨或下跌时，这就对关联性的变化产生了巨大的影响。在经济危机中，所有风险资产的关联性都趋近于1。与早已成熟、更具流动性的资产类别相比，新证券化的资产之间的关联性较低。但随着投资者开始投资此类新资产类别，并且该资产类别在全球投资者中越来越受欢迎，该资产类别与传统资产类别的关联性也会越来越强（见图5-5）。投资者在最初投资时所依据的一系列预期收益、风险和关联性会发生恶性变化，预期收益会降低而资产价格会上涨，波动性可能保持不变，但关联性会逐步增强。

作为关联性增强后的结果，分散化投资仍能带来好处，但好处小于预期，且如果分散化投资的资产是被高估的，那么这些好处就会被完全抵消。另外，这些资产的流动性会增加，关联性和流动性往往会发生同向变动。所有这些变量都将结合在一起，推动资本市场提高效率。新兴市场股市的情况就是如此。20世纪80年代，新兴市场股票首次对外国投资者开放时，其股票市场的实际预期收益比现在高得多，达到10%~12%。有一段时间，该股票市场甚至比免费午餐还诱人，因为其有更高的收益。尽管其收益的波动性略高，但与其他股票市场的关联性相当低。随着投资者配置此类新兴市场股票的占比逐渐提升，收益率和关联性都升高了，而波动性则有所降低。当趋势反转时，价格下跌，关联性下降，预期收益则上涨。

如今，新兴市场股票不再是同类型的资产类别。一些国家是大宗商品净出口国，另一些国家则是大宗商品净进口国。对于公开交易资产，国家的所有权也不相同。储蓄偏好型国家和储蓄不足型国家有着不同的投资收益前景。一些出口导向型经济体已逐渐转向推动更多的国内消费，一些经济体对大宗商品周期性波动的敏感度有所下降，而另一些经济体尽管对大宗商品周期性波动仍非常敏感，但拥有非常有吸引力且无关联性的收益。一些政府已经摆脱控制，具备较好的收益 - 风险特征和拥有更广泛的分散化投资机会，可以控制行业风险和其他因素风险。新兴市场之间的差异如此之大，而近期又再次出现了高预期收益和低关联性的机会。

尽早为投资组合甄选一些新资产类别（直至它们在投资组合中变得较为普遍），可以带来更高的收益和更低的波动性。随着投资者在全球范围内分散化投资，这些非传统的资产类别带有的风险溢价会逐渐下降,它们的价格会逐渐升高,而关联性也会逐渐升高。没有什么东西是比一直维持低关联性和高收益更好的。不过,新资产类别和新独立资产(投资者在业绩下滑后退出的资产)的关联性会逐渐降低,以合适的价格纳入非关联性资产的机会也会出现。例如,经济增速放缓,对未来宏观经济前景的担忧,以及贸易量减少,都会降低新兴市场股票的价格,同时也会降低这些股票与成熟市场股票之间的关联性,从而强化其分散化投资的优势。

对于日本市场,你永远不要说"不"!日本市场是唯一与其他多数股票市场呈现低关联性的市场(2000年以来,关联性仅为0.5)。虽然日本股市不是特别有利可图的,但相对于其他股票市场的关联性如此之低,使其成为非常受欢迎的分散风险的投资工具。而且,尽管其收益不高,但可以在任何一个投资组合中扮演稳定器的角色。当然,价格也很重要。20世纪80年代末的日本股市绝不是分散风险的好工具,当时的日本股市市值在除美国以外市场市值中的占比超过60%,其大盘指数的市盈率高达60多倍。

你能为不稳定的波动性和关联性做什么?

首先,如前所述,你可以略微调整那些原本具有分散风险功能的资产,以"惩罚"或限制它们。目前尚没有科学方法可以限制那些统计历史较短的资产。你要多注意资产价值出现相对高估的情形，也要多注意是否出现了"拥挤的交易"（过多的投资者投资于同一资产）。如果"拥挤的交易"出现了，你就要避免配置或减少配置此类资产。

其次，当你对投资组合进行压力测试时，你可能认为流动性较差的资产类别会比流动性较好的资产类别带来更多损失，但实际情况并不总是这样。由于流动性差的资产并不是完全按市场价值定价，在危机发生时，投资者会以较低的折扣出售那些可以出售的流动性资产。在2007—2008年的流动性危机中，高质量的银行优先级债券带来的损失比低质量的垃圾债券带来的损失更大。银行优先级债券是有市场的，但垃圾债券的买卖价差非常大，以至于潜在卖家最后都没有出售。

对投资组合进行压力测试的目的是确保投资组合及其受益人能够在极端情况下坚持下来。如果投资者无法存活，那么就必须采取措施，确保投资组合和客户能够尽可能多存活一段时间——将风险降低到投资者能够承受的水平（假设投资遭受严重损失），并重新平衡投资组合，以期待回归价格均值。如果有稳定且流动性好的另类投资对投资组合进行重新平衡，并以低廉的价格购买优质资产，那么在危机过后就有可能获得相当好的收益，并实现资产增值。

第10章 责任投资——另一个产生分歧的因素

政策资产组合中产生分歧的另一个因素是，捐赠基金和基金会越来越倾向于在制定投资政策和筛选管理人的过程中加入多重社会责任目标和治理质量标准。美国监管规则禁止公司的养老金计划设置此类限制。《雇员退休收入保障法案》和劳工部规定，投资组合应该以退休人员的利益为唯一的管理目标。

"责任投资"一词是最近几年流行起来的，部分原因是联合国"负责任投资原则"（我们公司在2014年成为该原则的缔约方）越来越受欢迎。对我们这些几十年来从事投资管理的人来说，这个术语本身就存在一点儿小问题：正如我们的一位客户所观察到的，如果只有这种新模式才称得上责任投资，那么我们这些年来做的又是什么？本章将列明各种责任投资的方法，以及我们在长期运用这些方法的过程中学到的关注点。

责任投资有时也被称为"可持续性投资"，通常会将非传统且非财务的指标纳入投资分析过程。责任投资试图广泛评估基础业务及其长期可行性，以此作为对传统财务分析的有益补充。从我个人来看，在公司价值评估中，环境、社会和治理因素之间的关联性非常重要。对近期公司丑闻所进行的非正式调查也表明，广泛评估公司文化和行为的能力对区分未来投资的成败至关重要。

基于使命的投资

尽管我们认为，整合责任投资的投资实践对所有投资者都是足够有益的，但许多机构还想将投资组合与使命结合起来。这被称为基于使命的投资，是责任投资的一部分。现在，美国的基金会、捐赠基金和医疗系统对这种投资的接受度越来越高，也在试图避免机构核心价值与其投资组合之间出现不协调的问题。几种不同的基于使命的投资方法已经出现。

社会责任投资

出于道德原因将某些证券或投资类别排除在投资组合之外的想法，可能从人们在资本市场中投资的那一刻起就已经存在了。如果公司的产品与投资者的使命和价值观不符，那么社会责任投资就会禁止这类投资。几十年来，社会责任投资已成为一种普遍的投资方式。1989年以来，我们在特定客户的投资组合中增加了社会责任投资这一考量因素。负面清单上常常有烟草公司、武器生产商和煤炭制造商。事实上，社会责任投资适用于其他任何投资。社会责任投资是将道德准则应用于投资的最早、最直接的方式。

环境、社会和治理投资

环境、社会和治理投资会倾向于投资具备环境、社会或治理方面的优点的公司证券。特定投资者能够对这些优点产生共鸣，因此重点不是排除那些与本机构价值观不同的投资机会，而是强调投资必须与机构使命保持一致。具体代表包括那些能够帮助解决气候变化挑战的公司，以及那些能够支持多元化工作环境和管理模式的公司。

影响力投资

影响力投资是一种关注社会和环境的投资方式，典型的情形出现在私募股权结构中并且是在业务成长的早期阶段。具体的例子包括可替代能源领域的风险投资。影响力投资通常会寻求有竞争力的投资收益，同时实质性地推进其他与使命相关的目标，即具有"双重"目标。

责任投资对投资业绩是有利的，还是有害的

如果你在做出投资决策前考虑了更多的信息，那么这当然会改善你的决策。与所有投资分析一样，高超的技术可以帮助你获得良好的业绩。如果你在评估公司的可持续性时，出现了失误，其所产生的伤害就会与错误评估利润所产生的伤害一样。如果责任投资能够被有效地执行，那么这个方法有可能帮助你提升业

绩。一项新兴学术研究正致力于进行相关分析。实际策略在这一领域的实现效果仍有待观察。

社会责任投资方法对业绩的影响并不明确。理论上，排除潜在投资只会损害公司利益；实际上，排除特定投资可能与未来收益有关，也可能无关。社会责任投资方法的微妙之处在于，其目的是使那些不受欢迎的公司丧失融资机会，提高它们的资金成本，从而削弱它们的业务表现。由于证券发行人的资金成本就是投资者的资本收益率，所以如果此方法成功了，公司业绩就会变得不好，就会让为这些公司提供融资的投资者遭受损失。

根据我的经验，每个机构的使命都是独一无二的，都需要量身定制投资方案。我们发现，即使满足责任投资和基于使命的投资的要求，具有明显共性的机构最终也没有朝着共同目标趋近。例如，尽管大多数投资者对生态环境有所担忧，但对"零碳足迹"这类概念的定义仍因人而异。

由于存在定制的需要，责任投资及基于使命的投资等解决方案，需要就条款和目标得到更广泛的共识。在考虑这些方案对投资组合业绩的影响时，如果机构采用基于使命的投资方案，就可能不会雇用那些无法提供定制化投资过程的主动型管理人。虽然一些机构的规模足够大，可以为数量众多的管理人提供单独管理的定制化账户，但在某些细分市场上，混合方式占据了主导地位，这就意味着这些机构至少需要排除一些主动型管理策略。一些机构得出的结论是，因排除了主动型管理人而损失的阿尔法值，会超过实施基于使命的投资方案所能带来的好处。

所有这些方法及其定义都会随着时间的推移而发生变化，并在定义和具体应用方面继续经历变化。我们支持消除客户的道德顾虑与投资目的之间不匹配的内容，然而我们也认识到，要协调这两个目标，我们需要进行权衡。在提出合适的解决方案时，我们需要让客户明白这些权衡背后的信托义务。

第 11 章　利用波动性

如今有很多关于波动性的无稽之谈。许多缺乏经验的投资者（个别投资者甚至可能是投资委员会的成员）相信，证券价格的实时波动能够引起交易员的兴趣，而长期投资者对此则不太关心。前者的论据是沃伦·巴菲特宁愿赚取 15% 的波动性增长，也不喜欢 12% 的稳定性增长。但随之而来的问题是，你愿意赚取 12% 的稳定性增长还是 12% 的波动性增长？这种波动变化常常是非常消耗成本的。

举个例子，一个价值 100 美元的全球分散化投资组合的平均年化收益率为 5%，平均每年的波动性为 12%。两者综合后，其每年可实现 4.3% 的收益率（而非 5%）。10 年后，其总价值变成了 154 美元。20 年后，其总价值变成了 237 美元。如果相同的投资组合、相同的年化收益率经历了 20% 的波动，那么 10 年后，其总价值仅达到 137 美元；20 年后，其总价值变成 188 美元。尽管平均年化收益率仍为 5%，但与 12% 的波动性相比，20% 的波动性会导致 10 年后的财富少增长 11%，20 年后的财富少增长 21%。

波动性不容忽视，因为它是摩擦成本，会随着时间的推移降低你创造财富的能力。不了解复利、不知道如何降低每年的波动性，会成为损失投资本金的主要原因。对捐赠基金和养老基金来说，本金的不稳定会成为一个突出问题。因为这些基金需要按月、按季度和按年度向受益人支付款项。

如果你想让累计的投资收益在一段时间内超过通货膨胀，那么必须控制波动性。波动性并不是你的朋友，除非你是能够在波动中自由冲浪并高抛低吸的主动型交易者。随着时间的推移，波动性会拉低复合收益率。大多数投资组合管理人的目标是建立能够抵御波动性且状态良好的长期投资组合。如图 11-1 所示，不论平均年化收益率如何，波动性越高，复合收益率越低，最终积

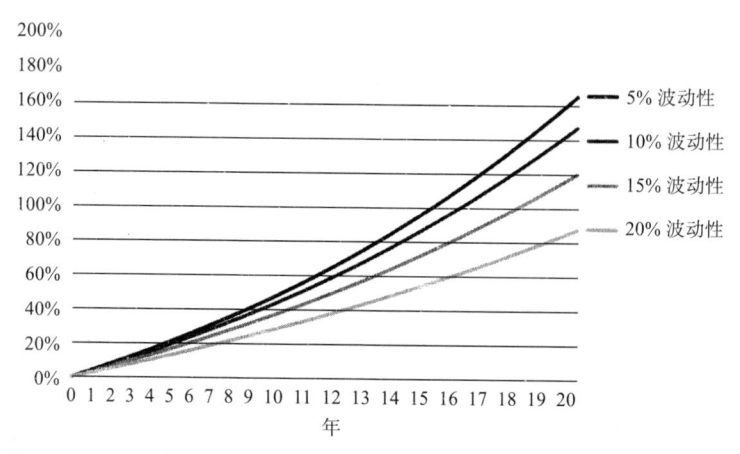

图 11-1　不同波动性之下，5% 的平均年化收益率最终产生的累计收益

累的财富就越少。

我们可以用几个简单的公式以及算术平均收益率和标准差计算波动性对复合收益率的影响。[1] 表 11-1 展示了随着时间的推移，波动性对财富积累的重大影响，以及 10 年期的波动性和 20 年期的波动性形成的累积负面阻力（尾盘下跌）。

表 11-1 波动性对复合收益率和最终累积财富的长期影响

算术平均收益率	波动性				
	5%	10%	12%	15%	20%
	复合收益率				
4%	3.88%	3.52%	3.31%	2.93%	2.13%
5%	4.88%	4.53%	4.32%	3.94%	3.15%
6%	5.88%	5.53%	5.33%	4.95%	4.16%
	1 美元经过 10 年后的累计本息				
4%	$1.47	$1.42	$1.39	$1.34	$1.24
5%	$1.63	$1.57	$1.54	$1.48	$1.37
6%	$1.80	$1.74	$1.70	$1.64	$1.52
	1 美元经过 20 年后的累计本息				
4%	$2.17	$2.02	$1.94	$1.80	$1.53
5%	$2.65	$2.47	$2.37	$2.20	$1.88
6%	$3.24	$3.02	$2.90	$2.69	$2.30
标准差	累计的收益减损*（年）				
	1	5	10	15	20
0	4.4%	24.1%	54.1%	91.2%	137.3%

111

投资的原则

（续表）

标准差	累计的收益减损*（年）				
	1	5	10	15	20
−1	−7.4%	−5.1%	5.4%	20.1%	38.8%
−2	−17.9%	−27.4%	−27.9%	−24.5%	−18.9%
−3	−27.2%	−44.5%	−50.7%	−52.6%	−52.6%

* 5%的平均收益率/12%的波动性

注：随着时间的推移，过高的波动性会降低复合收益率，因而也会降低所投入本金的预期收益。表11-1中的"累计的收益减损"显示了最坏的情况：在不同时期、不同的波动性水平下（其他条件不变），本金会损失多少。

针对波动性对投资收益的影响进行的可视化分析如图11-2

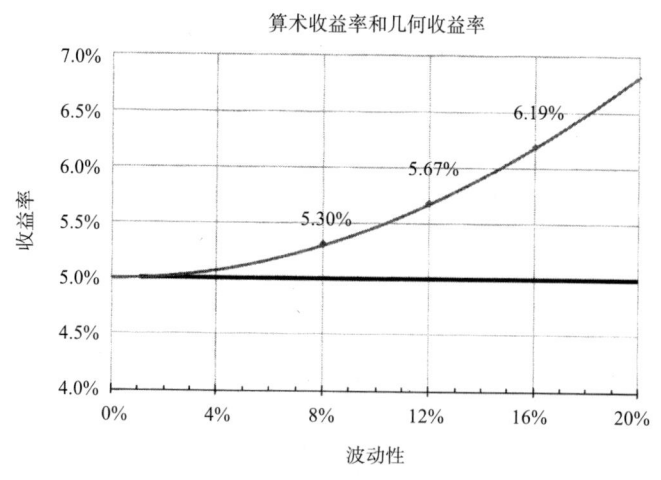

算术收益率和几何收益率

图11-2 波动性如何使5.7=5.0

注：如果每年的波动性为12%，那么每年的实际收益率只有达到5.7%，复合收益率才能达到5%。

所示，它呈现了在不同的波动性水平下，实现 5% 的复合收益率所需要的年化实际收益率。

另外，较高的波动性对收益的负面影响如图 11-3 所示。在波动性为 12% 的情况下，如果每年的实际收益率为 5%，那么复合收益率会被拉低至 4.3%。

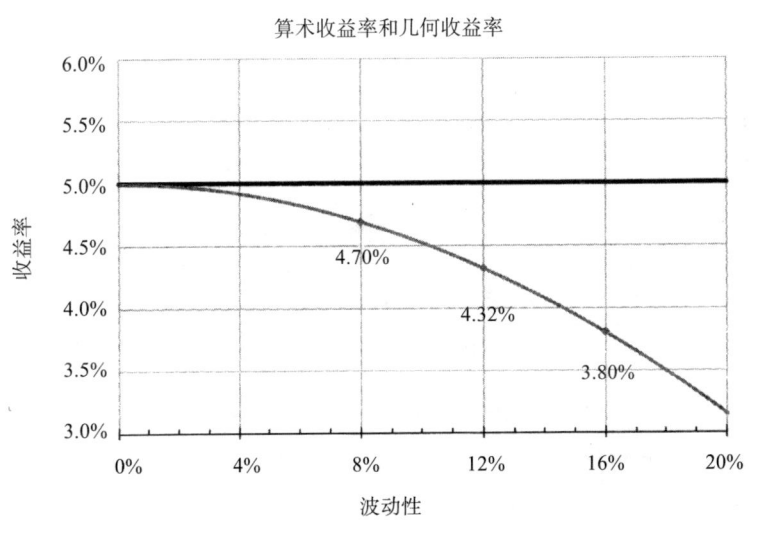

算术收益率和几何收益率

图 11-3 波动性如何使 5.0=4.3

最后，图 11-4 描述了一种最坏的情形，一个典型的机构投资者期望通过 20 年的时间使财富翻倍，但如果波动性在 12% 的上下 3 个标准差内浮动，那么其初始财富甚至可能会损失一半。

图 11-4 累计收益

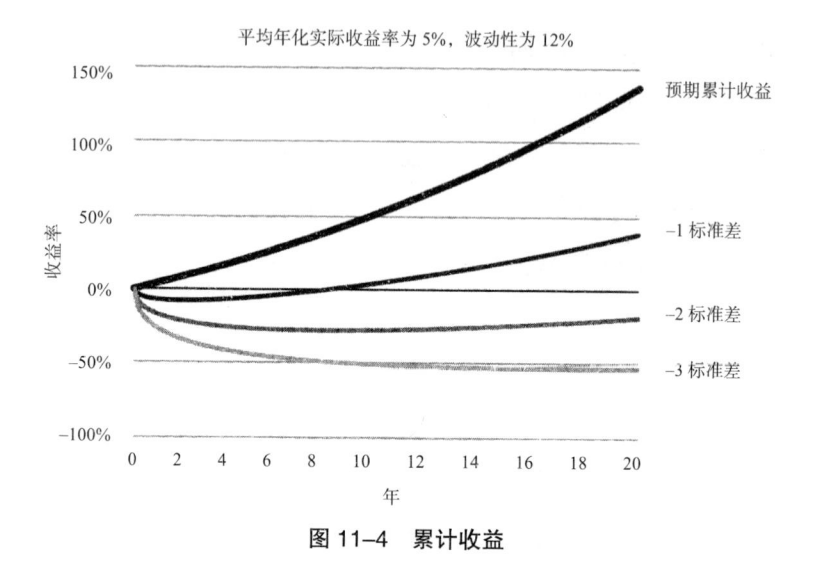

让波动性成为进攻及防守工具

投资组合管理人面临的挑战是,在不牺牲长期收益的情况下降低波动性。如果投资组合管理人想做得更好,就得利用波动性,将其转化为优势。在市场崩盘后,许多投资者过于关心如何在波动中生存下来并保障资产不受意外损失,以至错过了当时出现的投资机会。没有人喜欢崩盘,也没有人知道下一次崩盘何时发生——可能是今年,也可能是之后的任何一年。在美国股票市场上,每一二十年就会出现损失超过 20%~30% 的年份,而在均衡投资组合中,每 15~20 年就会出现损失超过 20%~30% 的年份。当然,更大的损失也有可能出现。

最符合人性且会让人受损最多的反应是惊慌失措、四处逃逸(在损失发生后才开始积累现金),或多配置一些抗风险的资产。

另一种反应是退入无为与沉思的状态。这两种反应都很常见。在金融危机中，当你已经失去1/3或更多的财富时，没有人能保证事情不会变得更糟，你也许还会失去财富。如果你以较低的价格买入资产，你的财富就可能重新增加，但在收复损失之前，你可能还会损失20%~30%的资产。重新投资于那些刚刚遭受重大损失的资产，就像玩俄罗斯轮盘赌那样诱人。我们都知道这一点。因为我们有过这样的工作经历。这正如巴菲特的投资原则——在别人恐惧时我贪婪，在别人贪婪时我恐惧。[2]

经营投资组合并在市场价格暴跌时能够果断在市场上扫货，这是投资组合流动性管理政策的一个关键要素，但许多捐赠基金管理人可能低估了其作为一个防守工具的作用。为了追求更稳定、更高的长期收益，投资者往往过度寻求非流动性，这种做法并不明智。许多经验不足的捐赠基金都想实施备受推崇的耶鲁模式，但并未成功。耶鲁模式在极端情况下对非流动性的容忍度超过了这些基金的处理能力。2008年，耶鲁模式甚至加大了耶鲁对流动性不足的容忍度并增强了其信心，而耶鲁稳健的治理模式和对管理团队能力的充分信任是该模式取得成功的关键。耶鲁已经安排各类资金以应对某些极端情况，例如20世纪90年代初，耶鲁为了满足运营资金需求，启动商业票据进行融资。这产生了巨大的影响，因为其拥有了重新平衡并配置某些高风险（且价格便宜）资产的独特灵活性。当其他人出售非流动性资产时，耶鲁会买入。当流动性很少或没有流动性时，少有机构能获得短期融资。而耶鲁建立了相应机制，可以在需要时获得 50% 的流动性。

相比之下，其他投资资金池（包括许多既定福利养老金计划）夸大了投资组合中的流动性水平，可能过于分散地投资于流动性差、投资期限长、预期收益率高的另类资产。波动性并不总是敌人，但人们需要借助流动性和规则将其变为朋友。

波动性和非流动性之间的权衡

正确权衡波动性和非流动性需要基于以下 3 点：

- 发现非流动性资产提供者的能力，指数除外。
- 能够利用平均预期收益和收益波动配置政策资产组合，且在极端的市场条件下仍能保持足够的流动性以进行重新平衡。
- 对于配置了大量非流动性资产（特别是私募股权配比 35% 或以上）的投资组合，应关注非流动性资产以更好地理解关键风险因素。许多非流动性资产属于盲池——没有进行明显、可衡量且分散化的交易的股票市场。投资者完全依赖管理人的能力，相信他们能以正确的策略应对高压。

外包服务提供商（包括外包首席投资官、Strategic 公司），或投资机构内部员工，需要把握投资组合整体波动性，需要充足的流动性储备，以满足运营需求和重新平衡需求。对服务提供商而言，在当前市场条件下，如果其具备管理保证金和期货产品的适当的能力，那么适当的流动性水平可能就是资产的50%左右。尽管最近外包首席投资官的数量大幅增加，但只有少数人拥有超过10年的可核实审计的投资业绩记录（自上次流动性崩盘以来），这些人其实不太具备在巨大的市场压力下应对流动性严重不足这一情况的专业技能。

流动性需求必须随时根据市场发展情况、保证金要求和投资者情况的变化重新评估。拥有完善的内部管理结构、强大稳定且纪律严明的治理模式，以及受到大量客户青睐的投资组合，会有更多的回旋空间。其流动性需求在极端情形下可能占总投资组合的30%~40%（但不会少很多），这取决于支出和借贷的灵活程度，以及资产负债表上的可计算债务总数。它们可能会给债券持有人带来恐慌（在流动性受限时，这些人可能会要求偿还债务），或者让那些潜在投资者意识到危险而不再投资。实际上，在2008年的流动性危机中，尽管一些捐赠基金的捐助人在大学最需要资金的时候削减了捐赠额度（因为他们自己的慈善资金也受到了冲击），但捐赠基金的债权人并没有感到恐慌。事实证明，市场、私人资产净值和捐赠之间有较高的关联性。最重要的因素（因经常发生变化而被高估），就是机构投资者在危机期间可以信赖的善意以及治理结构的稳定性（详见第六部分）。

耶鲁的出色业绩应归功于其称职的员工，更应归功于其稳定的治理结构和监督人面对极端情形并维持纪律的能力。熟练的员工和良好的治理结构是相互促进、相互依存的关系。但我们也看到了一些看似强大的治理结构,其管理模式被意想不到的事件及相关人员摧毁,最终崩溃。

风险分散投资可以降低整个投资组合的波动性,还可以带来少有的稳定良好的收益。那些想稳定捐赠基金收益率对其年度预算影响的精明投资者关注的是非流动性另类资产的质量。对那些对流动性要求不高的长期投资者来说,用流动性换取年度波动性具有明显吸引力。牺牲一些并不需要的流动性,同时降低了投资组合的年度波动性,在某种程度上是一种完美的取舍。持有资产至到期日,并避免按季度进行市价定价,是降低流动性并增加长期复合收益的有效方式,但这必须确保资产最终可以获得预期复合收益,并且无须放弃过多的流动性(有助于在极端情形下满足运营及重新平衡的需求)。

2007年之前,这种取舍并没有引发捐赠基金管理人过多的讨论。那些分散投资于非流动性或流动性较差的资产的捐赠基金的业绩,要比那些专注于传统股票和债券等流动性资产的捐赠基金的业绩好得多。然而,主要持仓为股票和债券的投资组合在股市波动中所承受的波动性占比,远高于其配置的股票占比。股票－固定收益资产配比分别为60%和40%的投资组合,尽管只配置了60%的股票,但承受了90%的股票市场波动性。原因很简单,因为股票市场风险比固定收益资产风险高得多。在其漫长历史中,股票波动的年标准差为17%，而债券波动的年标准差为6%~8%。

非流动性资产产生的更高的收益率，可以弥补其流动性不足的问题。它们的短期波动性常被忽视，因为它们在被实际售出之前一直没有按市价计值（理想情况是在接近峰值价格时售出）。从理论上讲，引入对冲基金、私募股权和长期固定收益产品，可以分散公开股票市场的风险。这很有益处。在股票-固定收益资产配比分别为60%和40%的投资组合中，股票风险贡献了投资组合总体风险的90%。如果投资组合引入20年期的债券，就可以让股票风险降至75%，而收益保持相对不变。如果投资组合引入50%的对冲基金，就可以大幅降低股票带来的风险。如果含有对冲基金的投资组合能够很好地分散投资，并且保持与股票的较低关联性，那么该对冲基金就可以使投资组合维持同样或更高的收益率。

所谓的捐赠模式就是将更多的资产配置在另类资产上。20世纪90年代开始，捐赠模式为许多大学和学院的捐赠基金管理人所采用，并且随着另类资产在总资产的占比达到53%~57%，捐赠模式就成为捐赠基金的标配（见表9-1）。非流动性资产提供了非流动性溢价，其合理性不仅在于较长的持有期限，还在于民营公司有机会更好地管理相关公司。民营公司可以用更长远的投资眼光管理基金的运用，而不必受限于每季度达到或超过分析师预期的考核要求。它们的管理人可以更有建设性地关注长期发展。此外，由于它们的规模相对较小，因此它们可以考虑做出有价值的投资和运营决策，以推动创新和可持续增长，无须实时对标市价,让杠杆对波动性的影响被隐藏了起来。

无论如何,流动性都是被高估了,尤其是在股票市场。一旦股票的价格暴跌,卖出其实没有任何好处。政府债券是具有流动性的,但其剔除通胀因素后的历史平均收益率为2%~3%,完全无法与那些流动性稍差但收益率高达7%~10%的资产相比。如果非流动性资产比流动性资产更好,并且流动性的需求已被夸大,那么为什么持有的非流动性资产不足70%~80%?为什么持有超过需求的流动性资产才能满足运营现金需求?

基于某些理由,流动性资产占总资产的比例不应低于50%,在一些情况下,流动性资产的占比应该更高。2007年年初,在华盛顿特区举办的年会上,我们提出了一个警告,即在如此高的非流动性情况下,如果证券价格崩盘,那么许多投资者将无法对其投资组合进行重新平衡。与会者并没有牢记这个警告,以至他们甚至无法理解一项调查中的问题:"如果股市下跌50%,那么你认为你的投资组合需要多少流动性才能实现重新平衡?"经过我们的调查,我们得到的答案如表11-2所示。

表11-2 不同股市下跌幅度对应的流动性

股市下跌幅度	流动性
少于5%	11%
6%~10%	5%
11%~20%	37%
21%~50%	32%

（续表）

股市下跌幅度	流动性
大于50%	11%
不知道	5%

在那次会议以及旧金山的一次会议上，我们还提出了另一个相关问题："在极端情况下，那些将50%以上的资产投资于非流动性产品的机构投资者，对投资组合进行重新平衡可能存在问题。"我们得到的回应如表11-3所示。

表11-3 对投资组合重新平衡的回应

	华盛顿特区	旧金山	综合情况
强烈同意	41%	56%	49%
同意	41%	17%	29%
中立	6%	11%	9%
不同意	6%	17%	11%
强烈不同意	6%	0%	3%

此外，杠杆和流动性涉及的重要风险如表11-4所示。

表11-4 杠杆和流动性涉及的风险

	华盛顿特区	旧金山	综合情况
投资者没有充分利用手中的杠杆化期权工具	22%	24%	23%
投资者过度使用手中的杠杆化期权工具	4%	0%	2%
投资者低估了潜在的流动性需求（当市场混乱时）	66%	71%	68%

（续表）

	华盛顿特区	旧金山	综合情况
投资者尚未开设大宗经纪人账户	4%	0%	2%
其他	4%	5%	5%

许多捐赠基金仍然没有关注这些风险。2005年，非流动性资产占比高达57%，因此几乎没有人开立保证金账户或在管理金融期货方面有任何经验。投资组合应该保证将50%的资产广泛分散投资于流动性资产，因为坏消息可能会带来超过3个标准差的波动性，而人们不希望客户承受多数捐赠基金近些年所面临的压力。客户的治理结构和积累的口碑很少能够达到应对极端逆境的标准。

一些复杂的大型捐赠基金也许可以应对流动性极度不足的情形，因为他们可以将投资组合中5%~8%的债券作为保证金，以购买对冲整个投资组合近100%资产风险的股票期货或债券期货。他们可以利用期货重新平衡投资组合或是满足开支需求，而不用以低价处理资产。这种做法相当于给5%~8%的流动性资产加上了20倍的杠杆。杠杆的倍数取决于重新平衡的目标和开支需求。过程中存在的障碍是，多数捐赠基金和基金会的内部团队可能没有加杠杆的安排，可能在危机来临时无法得到其董事会或核心成员的支持。许多将债券作为保证金来加杠杆的捐赠基金所发行的债券也可能是可赎回债券，这就会产生不太好的影响。

那些拥有良好的治理结构且对内部投资管理充满信心的大型

综合大学捐赠基金在陷入流动性危机时，拥有宝贵的选择权。它们可以推迟支付，动用捐赠资金来满足运营开支（尽管是在最糟糕的情况下），或者以其他方式借入资金。在最糟糕的情况下，其他机构的治理模式和决策程序可能陷入崩溃，不得不放弃长期投资政策。机构遭受巨额亏损之后，投资政策的转变可能阻碍该机构在市场行情恢复时重新收回损失。

用非交易性资产进行风险再平衡

在2008年的流动性危机中，一些大量配置非流动性资产的捐赠基金只是简单地改变了其衡量标准，即调整了投资政策，以确认更多的非流动性资产，便于与其他资产相匹配，而不是重新平衡投资政策、配置更多廉价资产。这种冒险的政策最终奏效了，因为私募股权和风险投资在接下来的数年中得到了非常好的价值恢复。货币宽松政策、低至负数的利率，以及科学技术的发展，使得私人投资环境相当适宜。尽管这可能会有所变化，但更重要的是，2008年配置在非交易资产上的占比比今天所配置的50%的占比要低得多。

在没有对机构造成极端运营压力的情况下，如果机构已经高比例配置了非交易性资产的投资组合，就不能进一步提升这种配置比例。在利率上升、风险资本和私募股权成倍受损的情况下，处理60%~80%的非流动性资产是一种非常危险的行为；即使机构的治理结构很健全，员工技术水平很高，这也无法减少该行为的危险性。当大部分资产是非流动性资产时，这些资产的组成及形式特征都应该被纳入考虑，因为它们对于市场条件变化的反应对投资组合的正常运转非常重要。

投资私募股权和风险投资，以及少量的实体投资，都是通过合伙方式进行的，需要几年时间才能收回成本。其2%以上的费用用于支付未兑现承诺（投资者已做出承诺但尚未完成支付的投资金额），只有在有吸引力的资产将被收购时，这些承诺才能够兑现。支付承诺的投资金额通常需要3~5年的时间，并且一些合作伙伴在支付期结束之前就开始分配收益，投资机构可能会在其政策资产组合所确定的金额之上适当提升投资金额。例如，捐赠基金或基金会想要持续运营，如果其把20%的资产配置给私募股权，这就需要其承诺总资产的25%~30%来维持这20%的资产配置。这个比例取决于总资产的收益和私募股权的分配额度。既定收益养老金计划较少交易私募股权，因此除非打算扩大交易量，否则承诺过多投资金额的必要性就小得多。既定收益养老金计划配置了3%~5%的资产给私募股权，其可能根据投资政策设定标准做出投资金额承诺，或在此承诺基础上多配置1%~2%的私募股权，并在不会对风险或流动性产生重大影响的情况下延迟兑现承诺。

这些未兑现的承诺在功能上类似于加杠杆。在某种程度上，捐赠基金和基金会像是"借用"了合作伙伴的隔板空间，并向其支付相应的利率，该利率等同于未兑现承诺所需要的费用。假设近四年来分步兑现承诺的比例为10%、20%、30%和40%，那么向未兑现承诺收取 2% 的费用会使私募股权合作伙伴将已支付部分的固定费用提升至 8%。除此之外，这些超额承诺还能为运营需求融资或满足亟须兑现的承诺资产，除非市场崩盘而投资组合中又缺乏流动性资产来重新平衡。2008 年，对私募股权、风险资本和对冲基金（隔板空间有限却很抢手）的超额承诺导致了非常严重的后果。大学和基金会都悄悄地劝阻其私募股权普通合伙人不要兑现承诺。管理人默许了这种做法，因为他们自己也受到了冲击。资产难以定价，也缺少交易市场。管理人明白，在这种情况下，用没收资产的方式惩罚忠诚的客户是多么可耻。在这种相互依存的时刻，几乎不会有什么恶言恶语。

在内部管理政府债券、ETF 和期货，以增强流动性

在 20 世纪 70 年代中期，我们进入资产管理业务领域后不久就认识到，为了在复杂的全球资本市场中有效竞争，将资产管理外包给外部专业管理人是有意义的。在内部进行资产管理的唯一理由是，可以建立一个官僚机构，并在世界银行内部扩展我们的职业发展。在内部进行资产管理可以降低外部管理费用，但也会牺牲高额收益和管理灵活性，因此这是一种因小失大的策略。我们更专注于为投资者提供竞争优势。这些投资者会在新资产类别和投资风格间轻松转换，并挑选出全世界最好、最聪明的管理人。因此，我们致力于组建一个有能力、凝聚力强的小型团队，成员有建模师和各类资本市场分析师。我们不仅希望能够有效管

理团队，而且希望能够有效管理资产。我们想在除去费用后还能使资产增值。我们对管理大量员工不太感兴趣，因为要找到并留住大量的优秀员工比较困难，且在应对不断变化的投资需求方面，大多数员工几乎不可能适应或会被解雇。投资选择过程中的灵活性以及人事决定对于全球市场竞争至关重要。

当许多成功的同行开始在内部管理资产，并专注于挑选股票和债券，降低管理成本，以及深化公司业务时，我们正在招聘少量外部管理人，并推出一批具备竞争优势和费用适宜的投资组合以使资产增值。我们培养了20多名战略分析师新人和新兴管理人，比如桥水的瑞·达利欧团队已取得了相当大的成功。当时我们并没有完全意识到这一点，但在某种程度上，我们作为这个领域的创新者，正在创造一种新的商业模式，即投资外包模式。像戴尔这样采用外包生产方式的制造公司被称为"平台公司"，平台公司与许多技术服务提供者合作，这些技术服务提供者可以改善平台公司的分销网络，例如优步和爱彼迎。

尽管大多数客户的资产都是由外部专业管理人打理，但政府债券投资组合多年来都是在内部进行管理，以控制投资组合的总体期限和流动性风险。在内部进行管理的其他投资包括交易型开放式指数基金、掉期合约和期货，它们大约占总投资组合资产的10%~20%。这是在不向客户收取额外费用的情况下完成的，能够确保重新平衡投资组合，并且动态、高效地管理投资组合的风险。

第 12 章　转移阿尔法值或贝塔值

投资收益有两个来源：一是每单位不可分散市场风险乘以特定资产风险系数（贝塔值）所得的风险，是投资者自愿为其支付的溢价；二是主动型管理人通过高抛低吸赚取的差价，以及通过构建投资组合降低管理风险的能力。投资组合理论、分析工具和各种投资工具的发展与演进，使得投资者可以区分市场收益（贝塔值）和主动管理收益（阿尔法值）。

区分阿尔法值和贝塔值

我们可以区分并构建单纯的基于贝塔值的全球均衡投资组合（非常便宜）和基于阿尔法值的全球均衡投资组合（非常昂贵），并将它们组合起来，以适应投资者所能承受的市场风险和主动型风险。区分市场收益（贝塔值）和主动管理收益（阿尔法值）非常重要，其不仅能在构建投资组合时合理分配风险，而且也能有效地、合比例地分配管理成本，以使资产增值。

市场收益可以通过购买指数期货，以极低的成本获得，而主动型阿尔法值的成本高达2%及以上，外加20%的利润。你应该努力确保自己不会为那些本可用很少的费用得到的市场收益支付高额管理费。

要构建有高费用阿尔法目标敞口的投资组合，你可以将纯阿尔法投资组合与纯贝塔（低费用）敞口重新组合。这个过程被称为"可移植的阿尔法"。可移植的阿尔法是这样一个过程，即你将纯阿尔法投资组合叠加在纯贝塔敞口（股票或固定收益）上，以获得一个新的政策资产组合，该组合可以在成本和执行方面尽可能地实现市场收益和主动管理收益的目标。

股票期货和债券期货非常适用于可移植的阿尔法策略。在内部进行管理的投资组合在持有期间的风险（利率敏感性）应得到严格控制，流动性和资产类别风险也应得到动态控制和成本效益控制。

20世纪90年代初期，在最初将贝塔值和阿尔法值明确而有效地结合起来的过程中，我们和其他人一样，要求阿尔法（对冲基金）管理人购买市场上的证券（股票或债券），并应在基金公司本身的阿尔法收益基础上，获取股票、固定收益、大宗商品和其他资产类别的市场收益。无论当时还是现在，很少有对冲基金管理人愿意为客户这么做。随着各类其他对冲基金策略的出现，我们可以用指数期货敞口（股票或固定收益）来打包代表各类非关联性对冲基金，以形成市场收益加上阿尔法收益的综合收益。这个综合收益会超过管理人管理单一资产类别的收益，并且能控制好贝塔敞口下的流动性。图12–1展示了构建"可移植的阿尔法"的过程。

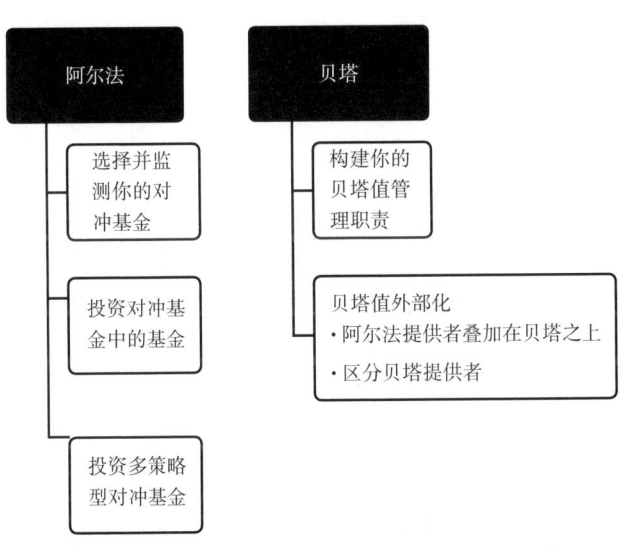

```
阿尔法                          贝塔
  │                              │
  ├─ 选择并监                    ├─ 构建你的
  │  测你的对                    │  贝塔值管
  │  冲基金                      │  理职责
  │                              │
  ├─ 投资对冲基                  └─ 贝塔值外部化
  │  金中的基金                     · 阿尔法提供者叠加在贝塔之上
  │                                 · 区分贝塔提供者
  │
  └─ 投资多策略
     型对冲基金
```

图12–1 构建可移植的阿尔法项目时的一些主要选项

我们选择了最优的管理结构，这样就可以控制好阿尔法敞口和贝塔敞口，并获得流动性。在优秀员工的支持和期货管理能力的帮助下，我们筛选了一批能够提供正阿尔法值的分散化对冲基金，并附加了符合我们的投资政策和风险管理目标的贝塔敞口。这个过程使我们能够获得一个市场收益和主动管理收益相结合的目标组合，以作为对其他主动型股票管理人和固定收益管理人的补充。

在整个投资组合中,"可移植的阿尔法"的值可以低至 0,也可以高出 20%,它受限于流动性需求、有吸引力的长期经营策略、对冲基金机会和对主动和被动管理波动性的容忍程度。相对于长期经营策略,如果 10%~20% 的可移植的阿尔法敞口执行得当,这就可以为整个投资组合带来更显著的风险调整后收益。

因素驱动的政策资产组合

任何资产能带来多少收益不仅取决于这个资产为该资产类别所带来的机会和风险,而且取决于影响收益的宏观经济因素,比如通货膨胀率、经济增长与衰退、通货紧缩、加杠杆、流动性、波动性。学术研究提供了一个基于因素的投资政策制定过程,以分解这些因素,从而找到能够获取收益的真正驱动因素。例如,在对冲通货膨胀风险方面,股票可能比债券更好一点儿,但不如房地产或大宗商品。因素分析可以揭示在不同宏观经济条件下各类资产类别的预期收益,但当投资组合管理人仍旧过多地关注市场和资产类别而非单个因素时,单纯的因素敞口是比较难实行的。投资组合管理人应当根据充分考量的因素进行资产配置,但单个因素尚未成为构建政策资产组合时的真正的替代性选择。

对强调以因素为主投资政策的投资者来说,一些管理人,比如桥水基金、AQR 资本确实可以提供基于均衡因素的投资组合。

它们有时是有效的，有时却是无效的，但它们都与某些政策资产组合呈低关联性，也能以较低的风险维持长期收益目标。但是，这些基于因素的管理人和其他基于因素的使用人一样，必须将因素敞口转换为可投资工具，比如股票、债券和大宗商品。

第三部分
构建资产类别

> 创新的精神一般都是一种自私的气质和局限的眼光的结果。凡是从不向后回顾自己祖先的人,也不会向前瞻望子孙后代。
>
> 埃德蒙·柏克,
> 《法国革命论》(1790年)

第 13 章　价值的新地图

如果你是一位创新者，且恰巧埃德蒙·柏克不是你的投资委员会委员，那么你就应该暗自庆幸了。几年前，我们参加了一个大型基金会客户的投资委员会会议。房间里很暖和，自助餐台周围的盘子整齐地码放着，食物已准备好，但纸质文件占满了桌面，与会者中约有 8 个人已经奋战了好几个小时。临近中午不是讨论复杂的投资组合重组方案的理想时间。

这个方案下了很大的赌注。首先，我们计划改变该委员会过于陈旧的被动－主动的管理结构，将其 10% 的美国股票投资组合投资于一个分散化对冲基金组合旗下的股票期货。该对冲基金组合本身能够产生 6%~8% 的年化实际收益率，而波动性不超过 6%~7%（当时的对冲基金业绩要好于现在）。相对于分层纳入指数基金，我们预计这一改变可为该基金会的总投资组合提升约 60 个基点的年化收益率，同时风险并不会显著增加。这是在维持其传统主动型管理人的基础上做出的有效改善。随着该委员会对该结构的信心有所增加，我们预计该资产组合可实现资产增值。

我们相信，这一方案将使委员会更接近长期投资目标。若该方案因复杂性而被客户拒绝，我们只能寻找更传统但相对不可靠的方法来提升客户的收益率，后者的风险真的很高。我们非常希望我们最先提出的方案能够获得认可。

我们认为，相比于一群主动型股票管理人，我们的方案可以带来更高、更稳定的风险调整后收益。尽管对冲基金所要求的费用更高，但基金每单位的资产预期增值所对应的总成本与此前是相同的，甚至比此前更少。主动型管理人对所有资产类别都收取管理费用，而其中大部分资产其实是跟随指数基金的，主动型管理资产基本上不超过总资产的10%。尽管对冲基金的费用看似较高，但考虑到主动型管理的资产范围和所预期的资产增值，主动型管理的费用实际上更低（假设两类管理人都能实现收益和风险目标）。

委员会中的一些成员心存疑虑，其中一人表示："那是将投资组合中10%的资金杠杆化，我们不喜欢加杠杆。"

"是的，购买股票期货是一种加杠杆行为，"我们中的一个人回答，"但我们不会在你们的主动型股票管理人自有的波动性之外增加波动性。我们将运用你们的主动型股票管理人常用的波动性控制工具，控制好因对冲基金带来的阿尔法波动值和股票期货

第13章 价值的新地图

波动值。"

接下来的对话表明，我们并未成功推进这一方案。委员会的另一位成员问："为什么我们不能要求自己现有的对冲基金管理人在其持仓中增加股票期货呢？"

还有人问道："你们是否只用低风险的对冲基金来控制风险？"

我们回答："在将股票期货视作整个资产组的情况下，相较于纳入单个对冲基金，纳入分散化对冲基金投资组合会更好、更透明且风险更低。如果现有管理人增加股票期货，那么其基金会比在分散化基金中纳入股票期货显得更具波动性。这就会增加投资组合的风险，而且风险大到令人害怕。此外，将股票期货纳入分散化的对冲基金组合，可以更好地控制其股票市场风险敞口的规模。两种方式对整个投资组合的影响是相同的，但在你的业绩报告上，风险会被明显地标出，因而你可以对股票期货的规模做出更多直接干预。"在选择低风险对冲基金的问题上，我们认为，投资组合最好让对冲基金分散化，以获得尽可能高的阿尔法值，而不是仅局限于投资低风险、低收益的基金。

讨论的过程充满了曲折。毫无疑问，委员会中的一些委员已感到无聊。是的，当你需要一个生动的均衡观点来使双方达成共识时，委员们的这种状态是毫无帮助的。我们正低着头，耐心地等待着他们的讨论结果。额外的好处是，我们可以更好地管理对冲基金管理人的风险敞口,并在危急时刻有更多的流动性来重新平衡投资组合。讨论还在继续。与过去相比,更有效地构建投资组合,需要对不同资产类别下的收益来源和稳定性有更深刻的理解。哦,如果我们能停下来吃午饭就好了……

最终,我们的方案得到了批准。而且,我们的方案确实在客户原本计划基础上,为投资组合带来了60多个基点的额外收益。但关于投资组合是否需要一个复杂结构的争论仍不停地出现,特别是当有新的委员会委员加入时。

当构建投资组合过程中的创新会带来更复杂的投资组合时(如纳入股票期货),出现这样的冲突似乎也是值得的。为什么会有冲突呢?我们可能夸大了风险程度,以至于看不到盈利的可能性。埃德蒙·柏克的典型论点:小错误比大错误更容易改正,我们在爬梯子时应该慢慢地爬。我们知道这一点。在仅有10%美国股票的投资组合中,将股票期货纳入对冲基金对依赖传统主动型管理人的基金来说是跨越了很大一步。我们实际上是创造了一个梯子。

正如埃德蒙·柏克证明的那样,革命的代价是高昂的,其结果却很难预料。人类害怕革命性的变化,除非他们已处于绝望之中。柏克关于历史进程的观点是,最有用和最可持续的创新是随着时间推移不断演变产生的,绝不是突然变化的产物。投资委员会就像一个社交网络。尽管某个想法可能是富有想象力和创造力的,但它需要以现有的思维结构和恰当的框架为基础。在现有的治理结构中,渐进式创新比破坏性创新更容易实施——除非人们(和委员会)真的处于绝望之中。绝望中的人们就会谋划一场革命,而传统理念将被送上断头台。

管理各类资产

委员会会议上的争论虽然让人伤脑筋,但能准确地将问题聚焦在纳入对冲基金的期货的概念界定以及其组成部分上。每个资产类别的管理结构和资产配置可以依据情况进行调整。你可以雇用通才型的管理人(不论擅长追踪指数还是擅长主动管理),也可以挑选出那些需要专才型管理人管理的资产类别——这些资产可能更为复杂且低效,也会因不同的宏观经济事件和机遇产生不同的反应,而且它们可能会实现更高的资产增值。

对冲基金几乎是所有投资方式中最特别的一种。投资者将它们组合在一起,是因为这可以让它们成为分散风险策略的一部分,否则投资者就很难运用这种开放型工具(尽管有些对冲基金并不能很好地分散风险,且不应被纳入组合,但所有长期主动型管理人都可能会经历负阿尔法值的时期)。对冲基金与其他基金不同,可以实现真正的风险分散化,而其中的每个具体基金都有固定的行为模式。这是它们与其他资产类别的管理人共同拥有的品质,这种品质也使其与众不同的投资策略更具可行性,使结果更具可预测性。

利用已纳入股票期货的对冲基金,是对所构建的投资组合的

一种改进。但可改进的地方还有很多,在管理各类资产时,你需要就以下事项做出决策:

- 你是否会使用被动型(或主动型)管理策略,以及配置多少比例。换句话说,你会在多大程度上偏离市场基准所确定的权重配比?偏离的频率是多少?为什么?
- 你计划如何管理所配置的资产类别,这是关于结构的决策。
- 你是否会对资产类别管理做一些倾斜性安排,以利用分散化投资的机会,这是资产类别战略性倾斜。

主动型管理风格根据资产类别的不同而有所不同。表 13–1 通过细分市场、管理风格和投资策略区分展示了各资产类别的特征。

表 13–1　结构化资产类别

细分市场	管理风格	投资策略
美国股票		
大盘股	被动型	自上而下
中盘股	价值:价格敏感型	自下而上
小盘股	增长/动能	定量风险控制

（续表）

细分市场	管理风格	投资策略
	品质：高且稳定的收益，低杠杆率	集中
	GARP[①]策略	
	轮换/机会主义	
非美国股票		
成熟市场	被动型，价值	自上而下
新兴、前沿市场	增长/动能/GARP策略	自下而上
区域性、地方性市场	轮换	定量
固定收益资产		
美国政府债券，企业债券	被动型	自上而下
高收益债券，银行贷款	持有期内主动型	自下而上（证券选择）
美国抵押、资产支持型证券	积极信贷	
非美国市场，新兴市场	套利	
对冲基金		
股票	市场中立	定量/风险控制
债券	指向性，宏观	证券选择
国际市场	套利	价值
大宗商品	分散化，受损	动量
期货	商品交易顾问	量化交易
私募股权/风险基金		
从公募到私募	经营杠杆化	行业专业化

① 价值策略和成长策略混合的股票投资策略。——译者注

（续表）

细分市场	管理风格	投资策略
早期，首次公开募股之前	财务杠杆化	分散化
后期	业务参与	
新经济，旧经济		
美国市场，国际市场		
房地产		
办公室、商业用地，酒店	产生收入	低杠杆率
住宅，专业用地	主动型资产重新开发	高杠杆率
非美国市场	主动型，经营参与	开发风险
大宗商品		
石油和天然气	动能	运营
矿产及其他	价值	资产管理人

股票类型

股票管理人可能对价格很敏感，他们会寻找那些资产负债表或贴现现金的估值（账面价值或收益价值）或动量（增加收入、收益或价格）低于公允价值的投资。他们可能关注小资本和大资本，或关注世界不同地区。随着时间的推移，多数经验丰富、严于律己的管理人都倾向于价格敏感型投资风格。动量式投资风格会一直起作用，除非已经失效；当动量转变时，损失可能大于先前的收获。因此，一些管理人最终会综合采用价格敏感型投资风格和动量式投资风格。当两者相互矛盾时，管理人会紧盯基准——与指数相匹配；如果两者一致，管理人就会积极地投资。他们还可以使用定量方法。分析师的专长就是定量分析（基础分析），即通过控制损失概率来控制风险。两种方法都适用于分散化投资组合，但定量方法更适合流动性强、效率高的市场。基础性非定量证券更适合效率较低的领域，因为这些领域的买卖价差更大。

固定收益投资风格

在固定收益领域，投资风格通常会将持有期限（债券对利率变化的价格敏感性）与行业投资结合起来。持有期限的"信息比率"往往较低——该投资所带来的增值部分小于其所带来的波动性。持有期限可长可短，其没有被设定为多种类型。与轮盘赌桌上可多次使用红色或黑色的筹码不同，在持有期限内，你一年只有几次有效的下注机会，收益也低得多。除了关注持有期限，你还可以区分信用风险的差异（这可以使投资分散化），或寻找政府债和高评级公司债之间的收益率曲线差异。资产支持性抵押贷款和结构性信贷领域的各类固定收益资产为我们提供了很多投资机会。这些资产组成了按信贷风险划分的证券投资资产池。在评估各类固定收益投资政策的吸引力时，最重要的是了解当人们因利率改变而有所行动时，投资策略该如何进行相应调整。例如，当利率下降时，抵押贷款的提前还款就会增加；在信贷风险方面，当利率上升，或特定行业收缩，或企业杠杆率高时，违约风险就会增加。

另类投资风格

在另类资产类别中，你会发现越来越多的复杂差异。许多投资风格都能奏效，除非你以此投资风格成功运营了很长时间且该投资风格的效果已被高估。经验丰富的投资者也经常犯这样的错误：他们以市场趋势或客户需求为判断依据。随着时间的推移，通过不同投资风格和管理人来分散预期阿尔法值，是增加总阿尔法值的一种方式。

分散化的标准：指数基金、ETF以及智能贝塔值

投资理论规定了一套广泛分散化投资的资产类别结构，因为分散化可以降低资产类别和总投资组合的波动性。现代投资组合理论认为，持有广泛市场投资组合可以有效地分散风险。持有广泛市场投资组合的有效方法是持有被动型管理基金。被动型管理可以通过简单持有指数类产品（如ETF）来实现。对于较大的投资组合，你可以开立综合或单独的期货账户，但应该注意管理费用和其他成本，以及在金融危机时市场指数产品对业绩的影响。对指数型投资组合来说，单独开设账户的主要好处在于，如果你需要流动性来重新平衡投资组合或达到其他目的，它可以让你自身的投资组合（而非ETF）成为保证金。综合账户的流动性不是

由资产所有人控制的，而是由管理人控制的。大型管理人也许可以与经纪商签订独立的保证金合同，以从综合账户中获取保证金承诺，但达成协议需要耗费大量时间。对规模较小的机构来说，这些协议可能是不恰当的。许多综合工具能以极低的成本提供单日流动性。目前，对流动性最好的美国股市和高评级固定资本市场来说，投资于其中的指数类产品所需的成本包括管理费，每年占总资产的比例低于2个基点。

为了在投资组合中综合资产并控制风险，我们会持续持有10%~20%的流动性资产，比如ETF、掉期合约和股票期货。全球ETF市场已呈爆炸式增长，资产规模从2008年的5 000亿美元增至2017年年初的4万亿美元。[1] 流动性强的ETF的投资费用很低且一直在降。流动性差的ETF的投资费用则相对较高，并且可能高于平均水平。持有流动性股票和固定收益资产的一种比较经济的方式是持有期货，但期货需要更复杂的管理安排，包括在经纪商那里开立保证金账户。如果你想每日对投资组合进行重新平衡和控制需求，而又不想打乱主动型管理人的投资计划，那么期货是非常有用的工具。但管理期货需要有经验且合适的人员，衡量和控制资产配置、管理风险的分析工具，以及商品期货运营商资质。

尽管我们知晓投资理论，但直到2006年，当我们将投资组合向估值偏低、高市值、高质量的成长型股票倾斜时，我们仍倾向于平等看待同一资产类别内的各资产，而不会因市值不同而区别对待。

这样做可以放大分散化的好处,更重要的是,让投资组合经重新组合后产生的资产增值效应得以通过固定权重来实现。在过去的 10 年里,新的准市场指数以"智能贝塔值"投资组合的名义推出,这让其比许多包含基本价值和规模因素的纯市场投资组合更具优势。智能贝塔值的方法有大量的统计研究支持。最值得注意的一篇文章出自罗伯特·阿诺特和贾森·许等人之手,他们指出,所有智能贝塔值方法背后最难的解释变量是,它们会强制性地定期重新平衡投资组合。[2] 重新平衡的影响巨大,以至于由排名垫底的股票组成的投资组合的表现也强于资本加权指数基金的表现,因为这些很差的股票会经常进行重新平衡。它们会被高抛低吸,资产增值的速度远高于其基本面所展现的预期增值速度。相比之下,市场加权指数的重新平衡频率会低得多。[①] 如前言中的图 c 所示,通过简单的重新平衡达到均衡权重,可以为美国股票市场的市场加权指数增加 180 个基点的收益率。

标准普尔 500 指数中的任意一只股票的权重都会随着股价上下波动。市场加权指数会随价格"走向"而发生变化。在这样的"走向"市场,当价格持续上涨时,其业绩很难超过资本加

---

① 指数基金委员会每年召开一次或多次会议,讨论增加或减少投资组合中的持股比例,或根据适当性分析来调整各国资产的占比权重。调整方案会在实行之前向大众公布,以便指数基金投资者可以根据需要调整投资组合。大众通常都不喜欢意外。

权指数的业绩。后者将随着资产价格的上涨而实时波动（不需要交易），而固定权重方法将浪费时间和金钱进行重新平衡。相反，在无走向或波动性的市场中，固定权重方法的表现将优于资产定价加权方法。在市场下跌时，市场加权指数通常会起到提醒主动型管理人的作用，因为主动型管理人持有一些可交易的现金，而当高风险的证券逐渐失去它们的价值时，现金仍能保持其价值。

今天，一些雇用多个外部管理人的机构投资者的标准做法是，在每类资产中，根据每个管理人的投资风格分配固定权重，并按季或按年重新平衡，或是在有现金进出投资组合时对其进行重新平衡。我们称之为"投资风格集合器"。根据资产规模的大小，你可能需要多种投资风格来分散管理风险。

将主动型管理人的风险限度控制在效率较低的资产类别上是明智的做法。一般来说，大盘股和政府债券可以运用被动式管理，但小盘股、新兴市场和前沿市场股票、高收益债券、对冲基金、房地产、私募股权和风险投资都会采用主动式管理。更重要的是，如果我们发现了错误定价的证券从投资风格集合器的裂缝中下跌的证据，我们就不会回避那些放弃坚持特定投资风格的机会主义投资经理。

简而言之，在构建投资组合时，不一定要使用固定权重法或市场权重法。相反，权重可能会根据定价效率发生改变。超过历史公允价值的一个标准差的偏离就是低效的定价效率。我们可以根据预期价值增值情况来决定雇用主动型管理人还是被动型管理人。第五部分将介绍按资产类别在主动管理方法和被动管理方法之间分配风险的方法，详细解读资产类别、管理方式、波动性带来的预期资产增值情况，以及资产类别与管理人投资风格之间的关联性。

倾斜政策的艺术

所有资产类别都有机会使投资政策向低风险、高收益的资产倾斜。战略性倾斜会根据过去12~36个月内的资产增值机会做出相应的调整。结构性倾斜会根据持续时间超过投资组合重新审视时间的低效定价做出相应的调整（如超过36个月）。结构性倾斜可以纳入政策资产组合的权重考量。多数情况下，偏离公允价值的差值相对较小，例如处于历史平均价格与公允价值之比的一个标准差内。处于历史平均水平一个标准差之内的价格差异可以被那些外部主动型管理人利用，而你也应该相信他们确实会充分加以利用。

根据我的经验，对想在管理人证券选择和交易技能基础上再额外获取资产增值机会的机构投资者来说，只有当价格差异超过历史均值的1.5个标准差时，机构投资者才有必要采用额外的投资风格倾斜。机构投资者要想发现这些战略性倾斜的投资机会，就要定期跟踪估值情况。就像小鸟搜寻食物那样，我们也追踪了全球资本市场上的50多种投资风格。投资者应至少按季审视资产估值偏离历史平均水平的情况，寻找至少10个政策倾斜机会

（每个资产类别应有两三个）。其倾斜程度不太大（维持在总投资组合风险的 10~20 个基点）；政策倾斜机会很少出现，政策倾斜的时间长达 3 年。因此，你必须确保它们是资产类别分散化、投资风格分散化的，从而避免时间成本和随机风险。

跨资产类别和资产类别内部的政策资产组合倾斜的例子已经出现。随着时间的推移，投资风格和细分市场之间可能会出现更多的例子，如表 13-2 所示。新的投资风格和细分市场可能会在未来为投资者提供更多机会。

表 13-2 战略性倾斜的一些例子

美国股票	对冲基金
小型 vs 大型	市场中立 vs 定向性
价值 vs 增长	分散化 vs 专业化
非美国股票	房地产
日本 vs 发达市场（日本除外）	房地产投资信托 vs 封闭式基金
新兴市场 vs 发达市场	房地产投资信托 vs 开放式基金
小型新兴市场 vs 新兴市场	封闭式基金 vs 开放式基金
拉丁美洲 vs 亚洲新兴市场	区域性资产 vs 资产类别
前沿市场 vs 新兴市场	
美国固定收益资产	私募股权和风险投资
美国债券 vs 非美国债券	晚期 vs 早期
高收益债券 vs 政府债券	私募股权 vs 风险投资
高收益债券 vs 公司债券	分散化 vs 专业化投资风格
高收益债券 vs 股票	美国市场 vs 非美国市场
抵押/资产支持债券 vs 高评级债券	

通过一系列专业化投策策略和隐形干预来"刻画"投资组合的微妙艺术（在有必要时，或是在较短时间内，通常是 18 个月以内）形成一种管理投资风险的方法。它可以替换不灵活且成本高昂的投资产品，终止原有投资策略与管理人的合作关系。这是一种风险管理艺术，类似于专业园丁修剪和培植树木的手法。在不削弱管理人责任的情况下，缩小管理人的风险敞口，可以让你以更精确的方式管理复杂的投资组合，还可以让你在一系列主动投资上选择投资类别。在任何时候，多个管理人管理的投资组合都可能会有 15~20 个小且分散化的"自上而下"投资。它们的范围是从你所期望增加 20~30 个基点资产增值的投资，或降低 10~20 个基点风险的投资，到总体投资组合。战略性投资中有如此广泛的分散化，并且是高于所有主动型管理人的主动头寸，会使资产增值的潜力随着时间的推移逐渐抵御市场意外变化产生的影响。

更多的资产增值投资支持了这一理念。理查德·C.格林诺德研究出了一个深刻的公式[3]，用以证明主动式资产增值投资的确定性会增加，其伴随着每个投资中的技能发展以及投资组合中投资的分散化本质。这就是为什么单个资产类别投资（偏重于某一资产类别）的收益会在短期内相对较低，而 15~20 个资产增值投资组合会有相对较高的预期收益。对某些客户来说，这些投资是多重的且规模很小的，有时与想象不符，他们更希望看到有说服力且更勇敢的投资行为。这种投资行为当然会成功。多年经验告诉我们，格林诺德的公式是在市场发生激烈冲突时的有效威慑力量。如果市场发生了冲突，那么冲突的缓解可能需要多年的时间和大量的耐心。

我们过去非常自信于"职业投资"[4]（躲过了20世纪80年代末日本经济泡沫和20世纪90年代末的互联网泡沫），却损失了很多客户，主动型管理的风险也有所增加，尽管我们因遵守自己的投资准则而赢得了更多的收益。1999年以来，我们学会了在承担风险时更加细致入微，在寻找更多不相关的机会时更加积极主动。相对收益率和绝对收益率的小幅波动性令客户受益匪浅——一场更舒适、更赚钱的旅途带来了更高的复合增加值和最终财富。

资产类别内部的结构性倾斜

除了每个资产类别上的1~3年战略性倾斜，投资组合中的资产类别还可能需要3~10年的倾斜——结构性倾斜。这是由相对于预期风险的预期收益，以及投资组合中其他资产的关联性机会来确定的。1981—1998年，这些结构性的、长期的机会最多。通货膨胀率和利率的下降、贸易壁垒的减少，以及新兴国家机会的增加，为全球打开了新的市场并提供了新证券化的资产。

在20世纪八九十年代，我们见证了多轮激烈的非流动性资产货币化和证券化过程，也见证了各种金融工具的诞生。金融期货于1982年进入美国资本市场。随着通货膨胀得到控制、国际贸易越来越活跃、经济快速增长和机构储蓄激增，期权、掉期合约、信用违约互换、抵押支持证券等数十种相关的衍生品、对冲基金，以及各种各样的新资产和投资机会得到了蓬勃发展。从20世纪80年代初到2008年全球金融危机，财富得以迅速扩散，世界上非常贫困的地区也享受到了这种财富扩散的好处。最近，对银行业信贷和监管的限制，以及更多的资本市场活动，使得投资增速、对冲工具创新增速都有所放缓，同时增加了被动式低成本流动性投资产品的运用，如ETF。但随着利率和市场波动性的上升，精选的结构性倾斜机会可能有所增加。

第 14 章 结构性倾斜在哪里

当市场进行新一轮的证券化时,我们可以抓住机会有效利用这些新证券化资产带来的低效市场现象。这样的机会往往可以持续三五年,直到它们被广泛利用、所带来的每风险单位的收益与其他证券的收益相同为止(见图 14-1)。新证券的流动性较差,在某种程度上,其相对低廉的价格就体现了这种风险。一开始,新证券的价格很低,与其他市场的关联性也很低,这就降低了其风险。如果你能确认新证券在一段时间内被投资界广泛运用的概率,及其在增加流动性情况下的预期收益,那么你就能获得巨额收益,并且风险相同甚至更低。

在这些机会中,我们很少会让初期投入资产超过总资产的 1% 或 2%,但随着经验有所增加(如增加了 6~12 个月的经验),我们会追加这种投资,但每次进行主动倾斜时,我们始终将总投资组合风险维持在 10~20 个基点。在某些情况下,这些小额交易

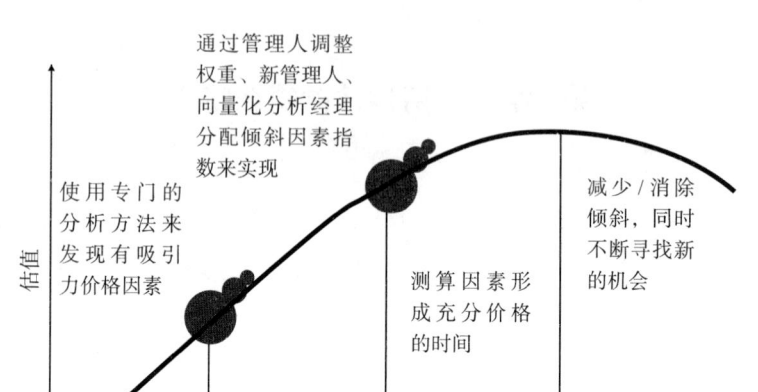

的年化收益率可以高达30%，占收益总额的30~60个基点。

```
估值
  ↑
  │         通过管理人调整
  │         权重、新管理人、
  │         向量化分析经理
  │         分配倾斜因素指
  │         数来实现
  │
  │  使用专门的                        减少/消除
  │  分析方法来                        倾斜，同时
  │  发现有吸引                        不断寻找新
  │  力价格因素      测算因素形        的机会
  │                 成充分价格
  │                 的时间
  │
  │   识别    实施      成熟     减少/消除
  └─────────────────────────────────→
                                    时间
```

图14-1 结构性倾斜的循环过程

几年前有一个与上述情况形成鲜明对比的资产类别战略性倾斜案例。当时，一个境外市场为投资某些限制性证券提供了窗口期。限制性证券的交易价格低于非限制性证券的价格，我们买完了所有待售的限制性证券。由于这些资产的流动性并不好，所以当限制性证券的价格达到无法继续上涨的水平时，我们不得不进行风险对冲。我们做空其关联的期货，直到流动性较差的证券具有流动性为止。

与以往的证券化周期不同，2009年以来，大多数证券化资产都是从致力于新技术研发的风险投资机构那里获得融资。投资于这些非流动性证券产品会比以前受到更多限制——只能通过风险投资的合伙协议进行收购。购买时的溢价很高，其前景又很

难估算。2017年，电动汽车制造商特斯拉的市值超过了通用汽车（500多亿美元），但前者的汽车销售额远不及后者，且尚未盈利。投资者必须对特斯拉在未来主导交通技术的前景给出一个现值。我们发现，要通过这类投资形成可靠的资产增值，即使不是不可能的，也是很困难的。或许，进入这些高风险、难以评估的新市场的谨慎方式只能是向优质风险投资关系基金分配少量资金。

细分高收益型投资者

我们通过专家和不受约束的主动型管理人，在美国高收益债券市场上找到了结构性倾斜的长期投资机会。在适当的息差下，由于许多因素限制投资者的参与，高收益市场继续为主动型投资者提供机会。市场被监管限制或投资者的特殊偏好分割细化，投资者本可以交易这些资产却没有真正出手。

- 法律规定，不管高收益市场的价格有多吸引人，保险公司都必须持有一定的高评级资产，使其成为准备金。
- 投资高收益债券的共同基金会根据收益率而不是总收益来宣传基金优势。其倾向于选择风险更大、收益更高的证券，而不是价值被低估、流动性较差的证券。共同基金在被赎回时会评估流动性影响。当价格因受到威胁或实际违约，或投资者的兴趣转向其他资产而开始下跌时，

- 散户投资者就会不合时宜地申请赎回变现。在共同基金约束之外，专注于总收益而不仅仅是收益率的投资策略，可以被合适的管理人利用，产出更好的收益。
- 专注于总收益的养老金计划、捐赠基金和基金会的员工或外部顾问通常会建议，投资组合中的任何固定收益资产只是用于对冲通货紧缩的环境风险，或是为了满足现金需求。因此，投资者应远离固定收益市场的高收益资产部分，因为这些资产的流动性可能较差或很难有逆周期表现。如果这些机构专注于增加阿尔法值的机会，并计算预期收益、风险和关联性（高收益债券如何适应它们的投资组合），它们就会发现，相较于高评级公司债券或其他资产，在高收益债券这类市场上获得的收益会更高（只要不是在利差异常低的情况下进入市场）。

小盘股与大盘股

流动性较差、波动性较大、资金相对不足的小盘股会迫使管理人频繁操作，以重新平衡投资组合，但这些股票也使股市中的结构性倾斜成为可能。2007年之前的许多年里，我们都很好地利用了这种倾斜。当时，美国的大市值、高增长、高质量的股票都被低估了。随后几年，在我们向规模较大的成长型股票倾斜的过程中，收益率有所增加，收益波动性却降低了。这一机会使我们在相当长的时间里远离了小市值股票，这比2006年时我们所设想的时间要长一些。

新兴市场

市场长期厌恶某些类型的证券，最终却为结构性倾斜提供了机会。当其每单位风险下的收益率、与其他市场的关联性开始为投资者提供免费午餐时，机会就出现了。在这种情况下，这种免费午餐是高收益率和低关联性相结合的结果。2015年和2016年年初，全球投资者对新兴市场股市的厌恶之情日渐增加，并显示在股票价格上。于是，这些股票的收益率再次高于平均水平，与期货的关联性却更低。正如第9章所解释的那样，新兴市场不再是2007—2008年流动性危机爆发时的那个市场了。

不可流通性

在不太容易交易和不可交易的资产类别中，战略性倾斜很难形成。这些资产中的投资进出时间会受到承诺、付款和分配拖延的严重限制，也会受到投资者在付款和分配方面缺乏控制的严重限制。对冲基金的流动性高于私募股权，但一些管理人可能会将投资进出限定在不太恰当的时间内或预先设定的时间内。在标的资产被严重高估的时候，投资者可能会延迟做出承诺，但得冒着失去从优质供给方中获得隔板空间的风险。获得投资时机的最佳方法是，保持一个相对稳定的投资流，并随着时间的推移分散资金风险和管理风险，同时管理好其他投资组合的流动性需求，并关注合作伙伴提供的定价更优、更有前途的非交易资产的投资机会。

这些非交易资产类别确实会形成更长期的结构性倾斜。这些倾斜应该回应各资产类别的预期收益和相关风险,并与资产类别和管理者相关联,也与投资者的战略利益相关联(匹配理论在起作用)。一些投资者在特定技术领域或行业拥有战略利益,并以此作为其公司收购目标的基础。另一些投资者可能通过"影响力投资"来推动公益事业:通过做好事来做得更好。更多的投资者可能会选择更分散、更稳定的资产。

投资于非流通股存在两种相对不同的方法,一种是管理人专长于私募股权投资,另一种是管理人专长于风险投资。他们试图在竞争激烈的公共股权领域之外寻找投资机会,并从运营效率、市场效率、更高的杠杆率(私募股权)或新兴技术、新兴产品和服务(风险投资)等方面获益。与公开发行的股票相比,这些不可流通的股票在考虑了流动性的情况下仍能产生更高的收益,也存在更大的风险。在风险投资情况下,创新及其伴随而来的风险、资本要求使得分散化投资更为重要,同时也更难实现。与私募股权相比,风险投资具有更大的不对称风险(风险大于潜在风险)。因为当基金遇到困难时,获得足够解决问题的资金是非常难的。

私募股权

经验丰富的中小型私募股权机构更能受到人们的青睐,因为它们多涉足竞争不那么激烈的领域且债务不多,同时专注于支持目标公司的运营改善。规模较大的私募股权机构（2017年在100亿美元以上的）通常会竞争性地收购上市公司，支付更高的对价，并希望其资产增值主要是通过出售表现不佳的资产以及利用金融杠杆（而非运营杠杆）来获得。一些大型机构的激进型管理人确实有助于提高运营效率。

如果这些杠杆更高、支付对价更多的策略对大量资本来说是不可或缺的，那么与依赖于低估值、运营杠杆而非财务杠杆以及可持续竞争力和增长的战略相比，其风险更大，并且其不太可能因原市盈率的上升而考虑退出（"多重扩张"）。少部分大型基金在进出的时间控制以及管理杠杆方面都做得很好，但这是一种风险更大的策略，因为它可能更依赖金融工程，而非运营智慧。

在退出时，中小市场策略可能很少依赖首次公开募股的市场，因为它们有更多潜在的策略买家。公司策略买家往往会购买合适的目标公司以补充投资组合，但也会付出更高的对价。因此，中小型私募股权的命运很少依赖于市场周期和退出时机。大型私募股权已开始投资于中小型私人资产池，以便在可能的情况下获得较高的预期收益。这一趋势可能会削弱甚至消除小型私募股权买家原本具有的相对优势。

私募股权投资者更关注那些经验丰富、拥有可观利润和增长趋势的公司，而这些公司也往往需要新的资本来取代原来的投资，或者扩大业务范围和市场份额。这些投资通常以有限合伙的形式来进行，由一名普通管理合伙人负责在非上市公司中选择和分配部分合伙资本。在首次投资10~15年后，私募股权合伙公司可以在获得理想的收益后再退出。在特殊情况下，私募股权合伙公司可以在投资后的3~5年内就开始分配利润。根据我们的经验，成功的私募股权投资者可以带来卓越的策略规划技能、人力资源管理的运营协同效应，以及接触更多资方或客户的机会。有意大规模进入私募股权领域的投资者可能更喜欢能够处理大量资产配置且更能反映私募股权"市场"的大型基金。

风险投资

随着时间的推移，风险厌恶型投资者会配置更多的资金在私募股权上，而非风险投资上，因为私募股权的收益-风险比更高且更容易预测。其他机构投资者可能会配置更多的资金在风险投资上，因为他们可以优先接触某些基金，或他们在其非交易性投资组合中能够接受更高的波动性，但很大一部分风投基金无法实现预期收益。

美国资本市场是风险投资的诞生地，特别是互联网和生物技术革命以来，极具盈利能力的突破性技术中的绝大部分都是由风险投资资助的，而非由上市公司的研发预算资助。上市公司很难持续产生颠覆性的技术创新。规模和市场份额使它很难"实现目标"，而这些少有的颠覆性创新并不值得高管们去冒职业风险。日益增长的对于发展和利润的需求，使得公司的风险承担与维持传统产品、服务所产生的持续收益增长之间产生了冲突。一旦创业型的上市公司的规模大到足以吸引大量机构投资者追随时，它们通常就会通过收购而非内部创新来实现增长。

对风险投资下的创业公司来说，需要投资的空间很大，风险也大。多数创业公司的早期投资者的股权最终会被稀释，或者投资者最终不得不支付更高的对价、承担更高的风险。因为这些公司需要有新的资金不停地注入，以维持竞争力和增长，并管理其他不对称风险。当许多创新技术的市场表现不够好时，这些创业公司最终的收益就会很差，甚至会损失全部本金。

鉴于这种投资风险，分散化至关重要。成功的风险投资必须依靠几个大的成功项目的收益来弥补多个失败项目的损失。这个行业倾向于通过有前途的技术及更成功的合伙关系来嘉奖过去。不幸的是，随着合伙关系的发展，投资者的收益往往会减少。由于需要克服风险投资中的障碍，我们将风险投资的配置集中在少数几个合伙关系上。这些合伙关系能够很好地平衡所管理的资产规模与获取最有前途风险投资之间的紧张关系。

私募股权的投资风格

私募股权管理人和风险投资管理人运用的许多方法都取决于投资的阶段。早期投资通常是风险最大的，这种投资机会通常是留给创业者的朋友和家人的，因为他们对成功有更高的信任度。大多数上市公司在某些阶段也都是风险创业公司，银行和机构投资者都不愿意投资创业公司。当你是他人资产的受托人时，你就会发现投资风险太高，高到了不合理的程度。私募股权与风险投资之间的最大区别在于发展阶段不同、产品销售利润的可见性不同，以及获得信贷的渠道不同。尽管私募股权投资者希望从业务增长上获利，但他们更期望市盈率能够成倍增长。科技领域的一些风险投资经历了退出，以及自20世纪90年代末以来2~5年的重新估值和最近几年的重新估值。然而，私募股权能够更早地拿到银行和债券市场的贷款，可以更快地从公开市场中退出，或从战略性买家手中退出。

对冲基金的投资风格

在讨论对冲基金潜在的结构性倾斜之前，描述一下不同类型对冲基金的投资风格很有必要。对冲基金领域有许多非常规管理的机会，因为基金的基准不与任何市场指数挂钩。对冲基金在计算业绩-费用时的隐性基准是零，在少数情况下是经纪商的贷款率（尽管他们中的许多人持有大量股票或其他市场产品）。简单地说，我们可以把对冲基金的投资风格分为10种，每种投资风格都有自己的特点，都适用于世界上的某一个地区。

市场中性

市场中性的基金倾向于与可交易细分市场的较低的关联性。一个典型的市场中性投资组合的贝塔值相对较低（0~0.3）。设计投资组合时，你应该将长期资产类别和短期资产类别的比例设置为大致相等。投资组合的长期资产部分涵盖了管理人认为相对便宜并可能跑赢市场的证券。投资组合的短期资产部分可以通过借入股票而被纳入投资组合。当你预计这些借入股票的价格会下跌时，你就可以在恰当的高价位卖出股票，并在较低的价位再买回来，再用买回来的股票偿还那些借给你股票的投资者。你可以通过这种操作获取高卖低买的价差。这解释起来很复杂，但在成熟的市场环境中非常容易操作。

市场中性的基金为各自的细分市场提供了最广泛的投资风格多样化的机会，因为它们彼此之间的关联性较低，而且有效降低了股市的风险。这些基金会严格地定量控制相关风险状况，包括控制投资风格、基金规模、资本化程度、行业和其他因素，只留下长期资产和短期资产之间相对错误定价的交易空间。如果管理得当，那么可靠收益和风险的占比应该是股票的一半左右。它们与股票的关联性较低，这使它们成为有效的风险分散工具。

股票多空和定向

兼具多空型投资风格和定向型投资风格的股票型基金会同时持有做多仓位和做空仓位，就像市场中性的基金那样，但其做多仓位通常会比做空仓位高。其预期收益和风险、贝塔值都相对较高——股票多空型基金的贝塔值通常介于 0.5~0.7。如果此类基金管理人很善于管理风险，那么其预期收益和风险虽然会低于股票，但会高于市场中性的基金。

风险与合并套利

这些对冲基金具有较强的方向性，会随着整体市场的变化而变化，其相对于市场的贝塔值会高于市场中性的基金。在市场剧烈动荡、流动性受到威胁时，它们的方向性最强。不同于典型的定向型基金管理人，合并套利型基金管理人会买入那些即将被收购的公司的股票，并做空收购方的股票。他们的预期是，收购人最终为收购目标支付的价格通常偏高，在收购过程中或收购之后，收购人的股票将会损失部分价值。管理人通过多种风险管理工具——做空收购方的股票、看跌期权和看涨期权，来管理收购过程中不断变化的风险状况，并谨慎地评估以特定价格完成收购的可能性。

合并套利策略在市场大幅下滑时往往表现不佳，其所具备的吸引力常周期性地取决于并购的频率。但在市场动荡期间，收购和融资的热度都会逐渐减弱。在严重的市场衰退期，合并套利策略无法减轻你的损失。你可能更愿意通过对冲基金管理人的分散化投资进行合并套利投资，而非严谨的并购专家。你在专业化中失去的东西，可以在分散化周期风险、避免为不太赚钱的策略支付高额费用的能力中得到弥补。管理人通过分散化策略实施合并套利策略可以节省大量的费用，在有利于合并套利的周期中能获得必要的隔板空间。

在估值过高的股市中，合并套利策略的风险最大。当市场突然下跌时，并购套利者所受的损失往往比大多数对冲基金经理或市场所受的损失更严重。随着价值的突然消失，并购融资或并购意愿也可能消失。在一个市场周期中，专业的并购套利管理人获得的预期收益和风险可能与相同行业的股票管理人获得的预期收益和风险密切关联，在市场严重下跌时，下行波动性会加大。

不良证券

不良证券投资是一种周期性策略投资，在市场大幅回调之后表现最佳。此时，资本稀缺，这些被放弃的不良证券的预期收益率很高。不良证券投资专注于流动性差的资产。在那些每隔几年就会活跃起来的细分市场中，维持一个永久性的高收费业务可能不会有太大的好处。你可以通过分散化对冲基金管理人参与低迷的市场交易，也可以通过改变高收益市场的交易量间接参与不良资本市场的交易。高收益市场的费用低于封闭式不良资产投资基金的费用。你可能会更严格地控制自己的交易量，在高收益债券息差较大时增加交易量、息差较小时减少交易量，从而实现更优的分散化和流动性。如果你选择通过封闭式合伙协议来投资不良证券，那么信用风险水平就无法得到有效控制。一些投资者会发现，如果他们没有通过高收益债券的基金管理人进行投资，那么负责高级不良资产业务的基金管理人仍会有所获利。

固定收益套利

这是一种加了明显杠杆后仍是低收益、低风险的策略。固定收益套利有多种形式，但最有效的形式是正收益利差。少数固定收益套利者会处于长期波动状态，专注于做空估值、利差较小的资产，以及其他基于期权和掉期合约的策略。如果利差扩大，他们就会做得很好，其他人则处于短期波动状态；当波动性增加而利差扩大时，他们的表现可能不佳。他们希望做空收益率较低的债券，买进收益率较高的证券。

短期波动策略有时被称为"套利交易"。其在很长一段时间内都运转良好,直到收益率趋势逆转,出现重大损失。长期波动策略比较少见,但也为对冲基金和整体投资组合带来了有吸引力的分散化投资。因为如果能够成功实施,那么在其他策略不奏效的情况下,它仍能表现得相对较好。近年来,在多国央行大举干预市场、利率和利差下降、波动性降低的情况下,长期波动策略基金表现不佳,但随着利率小幅上升、利差扩大,其业绩出现了反弹。

宏观管理人

宏观管理人利用全球各类资产在期货市场中的相对价值进行对冲、投资。正如该称呼所暗示的,其策略是为应对宏观经济事件或政治事件。宏观管理人存在数量上的偏好和质量上的偏好,或者两者相结合的偏好。他们关注全球股票、债券、货币和大宗商品,并通过增加合并套利和不良证券来分散风险。他们的收益可能不错却不稳定,因为他们在单个证券上的分散化程度较低。分散化对冲基金投资组合中可能会有部分此类策略下的资产,但人们更关注那些与其他对冲基金管理人和其他市场的关联性都较低的资产。如果收益是周期性的,那么他们的资产至少可以分散其他资产的风险。

分散化

分散化对冲基金管理人囊括了经验丰富的投资组合管理人,投资组合管理人知道如何投资多项资产类别。在分散化程度高的对冲基金中，你会找到资本结构套利者、宏观管理人、并购套利者、不良资产投资者、定向型投资者、市场中性投资者，以及机会主义的私募股权和固定收益策略。每项策略下所配置资产的数量取决于所获得的机会。投资组合中的高级管理人（机构的"脸面"）根据管理人在董事会上的讨论，以定性和定量的方法为每项策略分配资产数量。这些分散化管理人提供了每单位风险下较高的收益和强劲的业绩，其中一些较好的基金管理人不接受新投资者。因此，我们因在他们职业生涯早期就看好他们而保有进入基金的巨大隔板空间并获益。他们往往拥有更大的资产池，这些有吸引力的资产是多年积累起来的。在少数情况下，当客户的投资机会减少时，这些基金管理人会将部分资产返还给客户。

积极分子型

有些投资者的目标是改变或取代美国公司的管理实践，他们的风格被形容为"积极分子型"。这种投资风格最早出现在20世纪80年代中期，当时被称为"杠杆收购"。收购融资的主要来源是德崇证券发行的高收益债券。杠杆收购市场上会出现"绿票讹诈"，即投资者以进行杠杆收购作为威胁，其目的是获取比威胁之前更高的报酬，然后离场。但大多数玩家是变革推动者，他们出其不意地占领了美国市场，打击了管理层的自满情绪。1984—1990年，杠杆率极高，市场上出现了许多大规模收购。后来，德崇证券的创新者和市场领导者迈克尔·米尔肯被判非法停盘，于是，在华尔街如日中天的公司倒闭了，这使其竞争对手欢欣鼓舞。德崇证券倒闭后，曾敌意收购的高收益债券融资项目实际上已经消失，最终被银行债券取代，后者为"不那么充满敌意的收购和合并"提供融资。"白衣骑士"和PIPES（私人投资公开股票）开始募集资金并通过私募股权基金进行新的杠杆收购。私募股权基金通常对民营公司和公众公司进行非敌意杠杆收购或管理层收购。最近，一家大型资产管理公司宣布成立一只新基金，它投资于精选出的长期可流动股票——难道这是一种新的PIPES？媒体评论认为，这是一种应对机构管理费竞争破坏的方式。

咄咄逼人甚至怀有敌意的投资者已经卷土重来。积极分子型投资者进入股东代理程序，表达他们想要改善目标公司资产管理的意图。他们偶尔会先与自认为可以进行重组的公司的管理层进行沟通。这些基金相对集中，杠杆率不高（杠杆主要是加在目标公司上），最多持有一二十只股票，这些股票占总资产的比例很少超过10%。成功的积极分子型基金会有建设性地推进计划，以提高目标公司的运营情况。方法是出售低效率或没有竞争力的资产，同时提高资产运营能力，发挥管理能力以产生竞争性优势。

一些积极分子型基金只是热衷于出售流动性好或有价值的资产，但在有些情况下会损害有价值的公司的利益。这些基金投资者被指责缩短了公司管理的投资期间，过于关注季度收益，以及降低了上市公司的创新能力和风险承担能力。积极分子型基金的风险状况类似于股票，但其存在额外的、显著的自有风险。积极分子型管理人的投资范围很广。一些人会试图通过代理权之争来获得董事会控制权，并乐于公司被溢价收购；另一些人则会在退出之前的很长一段时间里对公司的运营进行实质性控制。

卖空型

卖空型基金主要投资于空头持有的证券，希望从股价下跌中获益。卖空者在出售股票时得到的现金收益补偿了为借入股票而支付的部分利息。卖空型是最不引人注目、最具争议的对冲基金类型。虽然这类人的确能够对冲一些其他对冲基金管理人所承担的风险（通常持有净多头头寸），但长期来看，卖空者很难取得令人满意的业绩，特别是在股市像往常那样能够产生正收益的情况下。不断上涨的股市像一股强劲的逆风，需要借助有利可图的空头头寸才能逆风而行。由于卖空者的业绩与股票市场呈负相关，总投资组合的波动性减少了。但他们普遍缺乏成功经验，这使得在卖空型的管理人中选出优秀的代表比较困难。

商品交易顾问

严格来说，尽管许多商品交易顾问交易期货和期权，并可能使用对冲工具来管理自己的收益，但他们并不是对冲基金管理人。许多商品交易顾问也变成了宏观管理人，既运用自己在金融期货交易方面的专长（在处理大宗商品期货方面最有效），也运用自己对宏观经济发展的独特见解，特别是在鉴别市场趋势反转方面。多年来，商品交易顾问既有成功经历也有失败经历，投资者似乎也开始将宏观管理人视为商品交易顾问的替代者。

对冲基金结构性倾斜

对冲基金投资组合中的结构性倾斜应取决于该对冲基金在你的投资策略中所扮演的角色。向市场中性的管理人倾斜可能反映的是将对冲策略作为分散贝塔风险、增强阿尔法值的工具。分散化以及与股票和债券关联性低,在市场中性的管理人中很常见。如果你确信定向型策略可以提高基础资产类别分散主动型风险的(而非总投资组合风险)表现水平,那么你就会倾向于定向型策略。与周期型专业管理人相比,你可能倾向于分散化的多元策略管理人,因为你希望降低费用(见表14-1),并更好地管理隔板空间需求,或是你发现了后者更出色的才能。

表 14-1 专业管理人与分散化管理人之间的费用对比

资产管理	收益		费用*		
类型/规模	第一年	第二年	第一年	第二年	总额
	每年		美元(百万)		
并购套利	30.0%	−20.0%	$ 4.20	$ 1.20	$ 5.40
不良	−5.0%	15.0%	$ 1.00	$ 2.00	$ 3.00
单个管理人	12.5%	−5.0%	$ 5.20	$ 3.20	$ 8.40
50/50分散化管理人	12.5%	−5.0%	$ 4.60	$ 2.20	$ 6.80

*2%基础费用+20%激励费用;100万美元账户

注:假设在损失没有恢复之前,激励费用是不存在的,而且基础费用是按每年平均资产价值收取的,那么该分散化对冲基金管理人的佣金是160万美元,比两个专业管理人(不良类和并购套利类)共同的佣金还低20%。

对冲基金的分散化风格可以满足各类投资组合和资产类别的需求，也可以满足那些不喜欢费用和流动性不足的投资者的需求，还可以满足那些不喜欢复杂策略（并非总能奏效）的投资者的需求。

房地产

即使将流动性较差的策略与流动性较好的工具和所需承担的风险（在你将不同的技能与同一基准进行匹配时所产生的风险）结合起来，为其定时仍是比较困难的。让我讲一个故事。2007年，我们将大约5%的总资产从开放式房地产基金转移到投资组合的其他资产中，将房地产的资产量从10%降低到5%。这次对房地产资产进行的结构性削减，在之后的两年里使我们的总体资产收益每年提升了60个基点，并在2011之前都保持34个基点的增长。2011年，我们重新投资于开放式房地产基金，尽管这一举措为投资组合带来了巨大收益，但在房地产细分行业内部维持分散化投资仍比较困难。正如我们所预期的，通过为房地产中更具交易性的部分增加流动性——开立开放式基金和房地产投资信托，我们可以增加总收益，并保留封闭式基金。封闭式基金与开放式基金相比，有一些不同的特点：封闭式基金的分散性较差，杠杆率较高。长期来看，其表现往往好于开放式基金，但两者的业绩表现可能存在差异，特别是在房地产市场面临巨大压力的时候。

我们知道这一点，也尽量提前做好准备应对封闭式基金的高风险：我们放缓了再投资；我们选择杠杆率最低的基金，并分散投资于估值较低的板块；我们避开了风险较高的基金，比如那些只涉及酒店业务的基金。然而，我们将房地产资产重新投资于那些多年业绩良好的其他资产类别中，整个投资组合因此收益颇丰，但与广泛的房地产基准相比（包含了大量的开放式基金），我们单项房地产资产的业绩仍不理想。这是关于流动性不足的隐性成本的又一个教训。

我们持有的封闭式基金在截至2016年的6年里表现良好，并且能够继续跑赢其他封闭式基金，没有一个是亏本的。其挺过了艰难的信贷紧缩时期，但在2008—2010年房地产市场大幅回调阶段，高于平均水平的杠杆率和分散化程度较低的投资组合直接将其在房地产业多年的高收益全部耗光。这种业绩不如业绩基准的情况需要两三年的时间才能修复，尽管其对整体投资组合是有积极影响的。这种风险有时被称为"单项基准风险"，即在某种特定的资产类别或投资风格中表现不佳的风险，是对整体投资组合中业绩不佳或绝对亏损的风险进行控制的一种结果。

为了便于参考，我们在业绩图表中添加了一个额外的封闭式业绩基准，并经常与客户沟通，以强调房地产资产重新配置对其总投资组合和房地产部门的影响。但这些解释需要时间来验证，而且看起来具有防御性，尤其是对治理程序中的新进入者而言。相对于原有投资政策基准，委员会成员可能希望评估政策调整后的价值增值不仅仅体现在整体投资组合层面上，也要体现在具体部门层面上。由于双重政策变化无法使各方都满意，所以业绩基准是包含了所有类型的房地产基金，而此时我们自己的投资组合只有封闭式基金。在这种情况下，强有力的治理、统一的愿景和高度的信任，对完成恰当的业绩评估来说至关重要。

房地产投资工具

一般来说，房地产资产类别的投资会涉及不动产，通常包括土地、可租赁建筑物和其他衍生品。房地产投资者的收益来源既有租金收入（扣除费用），也有房地产升值潜力带来的收入。房地产投资可以通过公开交易、非公开的建构来完成，还可以通过资本流通来实现（从优先债务到夹层投资，到优先股，再到普通股）。投资可以进一步构建成能够提供各种收益-风险特征的类型。除了其基本的收益特征，公允价值下的房地产还能为意料之外的通胀提供一些对冲功能。租金上涨以及费用的转嫁都已经算在租赁过程中。

房地产投资有多种渠道，包括非流动性有限合伙（封闭式基金）、长期的结构（开放式基金）、独立账户、直接投资和可公开交易的房地产投资信托。然而，由于房地产投资信托已被纳入股市指数，其价格表现更像股票，而不像房地产。这些主要投资渠道的特点如下：

- 开放式基金

- 流动性依赖于现金流
- 策略往往是"核心"
- 地理上的分散化和房地产品种的分散化
- 杠杆率相对较低（平均占总资产的 20%）

■ 封闭式基金
- 基金的存续期有年限
- 多种策略
- 通常杠杆率比开放式基金高
- 费用更高

■ 独立账户
- 适合投资者特定需求的定制化策略
- 投资者控制程度高（投资者可以根据需要进行买卖）
- 房地产特定风险更高

■ 房地产投资信托
- 流动性
- 由公共市场决定价格（可能波动性较大）
- 由每天的市场行情确定估值

策略

投资于房地产的基金通常会关注以下 3 种策略：

- 核心策略。核心策略是指对各自市场中处于主导地位的房地产进行投资，并强调创造稳定的收入流。
- 价值增值策略。价值增值策略侧重于所谓的租赁、改造和重新定位的机会，以产生收入和资本增值的收益。房地产经理有多种提高物业价值的途径，比如经营改善，修缮或重新开发。
- 投机取巧策略。这种机会主义策略试图利用市场低效和资产错误定价，同时更加强调资本增值。表14–2列出了3种策略的其他特征。

表14–2 3种策略的不同之处

	核心策略	价值增值策略	投机取巧策略
关注	房地产	房地产	房地产和股票
市场	一级市场	一级市场、二级市场	一级市场、二级市场、三级市场
租赁风险	有限的	中等的	较高的
杠杆率	较低的	中等的	较高的
收益来源	收入	收入和升值	升值
风险	资产固化	重新修复估值	开发、授权和分区

房地产市场的非流动性和缺乏透明度，以及个别房地产的独特性质，使利用低效定价变成了可能。

房地产行业

机构投资组合由4个主要房地产行业主导，而更大、更分散化的投资组合中则会有许多细分行业。主要的房地产行业包括商业办公、工业、零售和住宅，细分行业包括酒店、老年公寓、学生公寓、经济适用房、单户租赁、医疗办公室、净租赁和土地。

所有房地产行业的投资收益都有一定的关联性，因为经济繁荣对租金和利率的共同影响会对房地产投资的收益产生影响，但不同行业对周期反应的快慢通常取决于它们的租期。例如，根据酒店每晚的租约条款，酒店的价值对经济前景最为敏感；对一栋写字楼来说，它的租约已包含应对通胀的条款且锁定了10年或更长时间的租金现金流。

投资组合构建

在构建房地产投资组合时，人们需要考虑风险和收益目标、整体分散化（包括投资组合中的任何传统投资）、对单个投资的期望控制、客户的税务状况、流动性需求、单个资产和整体投资组合的杠杆水平以及费用。例如，如果投资者的风险偏好较低，并高度重视流动性，那么你可能会增值核心房地产开放式基金，因为其杠杆率较低，而流动性高于封闭式基金。

虽然与直接投资或基金投资相比，房地产投资信托具有明显的流动性优势，但它与公开股票的关联性很高，降低了房地产投资的分散化效益。根据全国房地产投资信托协会的相关数据，2001年年底，房地产投资信托与股票的关联度上升到70%左右，这可能是标准普尔500指数和其他股指纳入房地产投资信托的结果。

2016年，房地产投资信托从标准普尔500指数宽泛金融板块剥离出来。这种突破性做法是否会降低可交易性房地产投资信

第14章 结构性倾斜在哪里

托与整体股市的关联性，仍有待观察。当投资者对房地产投资信托的兴趣超过金融类股票或标准普尔500指数本身时，这种关联性就会降低。

人们应该积极关注房地产行业类型和项目地理配置，并设法将房地产和资本市场的低效利用起来。对于那些高度依赖一两个行业的区域，区域分散化与部门分散化同等重要。能够成功的关键因素是发现并获得优质投资机会的能力。人们可以通过多种渠道寻找新的合作伙伴，渠道包括专门数据库、作为机构投资者的名声以及行业会议。自世界银行成立以来，我们一直积极投资房地产，并扩大了关系网络。我们依靠多年来积累的竞争优势来开展业务。

如果你想构建一个能够提高整体投资组合效率的合伙式投资基金组合，那么起步要从多个方面着手，包括策略、财产类型、地理位置和运营年限，并且你需要持续不断地对其进行调整或倾斜。目的是通过综合专家或区域部门专家来为投资组合增加分散化的价值增值和机会策略，从而实现更多的阿尔法增长。

随着时间的推移，房地产的某些结构性倾斜可能会凸显其作为一种介于股票和固定收益之间、具有收益和风险特征的资产的角色。房地产收益率往往比股票收益率更容易随固定收益资产收益率的变化而变化，但房地产的价格会像股票价格那样，形成对经济增长和抗通胀的正面效应。房地产投资组合被构建成倾向于在一级市场上获取现金流的资产，而不是持有土地或为开发项目

177

提供资金。多年来,我们因为预测到电子商务对实体零售造成的冲击,一直保持着远离零售地产的结构性倾斜。与其他非交易性投资一样,我们看好美国市场,并要求几位非美国管理人代表我们进行汇率风险的对冲操作。如果价格异常情形使得最不受欢迎的资产转变为具有吸引力的定价机会,那么这些结构性风险将得到调整或逆转。

混合并对冲各类管理人的风格

虽然我们在选择管理人时,考虑的是其在一种或一类行业市场中的管理能力,但将管理人的两种风格"混合"进一个投资组合中也是有可能的,我们并非只能二选一。当你发现一个资产类别的定价没什么吸引力,或者管理人过度投资了一个与你的投资组合的其他部分不太协调的领域时,我们的"混合"方式就非常适合你。

这些情况并不常见,持续的时间也不长,但如果一个优秀的管理人不得不离开,那么情况可能会很严重。例如,我们几年前就发现,从数据上看,高收益债券与政府债券的息差过于狭窄。这表明政府债券的收益率和息差都可能上升,而价格可能暴跌。我们没有减少分配给主动型高收益债券管理人的投资资金(这是一种相对简单、更常见的做法),而是聘请了另一个擅长信用违约互换业务的管理人。如果息差扩大,那么我们希望后者能防止高收益债券的部分本金出现亏损。我们并没有减少对高收益资产的资产配置，因为我们期望通过主动管理行业实现资产增值。我们不想做空高收益指数，因为这样做的成本太高。比如，你在做空证券时，必须向做多的投资者支付相关收益，且从这些人手中借入证券，以期实施空头头寸。高收益债券的高收益使得做空操作需要承担非常高的转换成本。信用违约策略似乎提供了更好的风险-收益交易。结果是，对冲操作并不如我们想象中那么有效，但高收益债券管理人在此期间增加的阿尔法抵消了大部分对冲成本。

我们有时也会对冲管理人在货币交易或高估值行业交易中所面临的风险。在其他情况下，我们会改变管理人的业绩基准，限制或鼓励某些特定资产。例如，在20世纪80年代末的日本市场泡沫期间，我们减少并最终将日本市场从我们的非美国市场资产池中剔除出去，这样管理人就不会觉得有必要持有大量的日本股票。

在无须解雇一个优秀管理人或无须追究管理人责任的情况下，控制某些交易的风险以及使用哪些工具取决于对冲成本、可供对冲的工具，以及你希望进行对冲的时间。人们还应该权衡一下，如何在对冲基金到位的同时，避免因此疏远某个管理人。

第四部分
挑选
和解雇管理人

> 市场造就管理人。
> ——投资谚语

第 15 章　问对的问题

你可能听过这样一句话："假话有三种：谎言、该死的谎言和统计数据。"这句话没错。我们在第二部分中说明了风险和收益的测量方法是多么不稳定，但是作为不确定的世界中的估算起点，它们又是多么不可或缺。金融史上有许多故事，这些故事讲的是那些看似万无一失的统计数据最终将投资者引入歧途。在这些故事中，我最喜欢一个故事。这个故事不仅涉及统计数据和现金，还涉及一瓶上好的出自罗曼尼·康帝酒庄的勃艮第葡萄酒。故事始于 20 世纪 80 年代初，当时，一个出色的外部管理人在世界银行参加会议，他的金融产品开发团队是最具创新性的团队之一。为了尊重管理人的隐私，我称他为"彼得"。

彼得的团队提出了一种"基于收益率"的股票策略，该策略可以帮助投资者获得相对于标准普尔 500 指数超额的收益。基于收益率的股票策略专注于可持续高股息的股票，这种策略在特定时期表现良好（包括最近五年）。彼得通过出色的统计分析，证明了其研究团队和策略的优越性。他向我们推介该策略，因为他知道我们不介意将少量资金用于新投资策略的实验。我们之前已经通过其团队的新奇策略做了一些尝试。

但这次不一样。相对于其他股票类别，基于收益率的股票投资组合似乎定价过高。我们猜测，它们背后的趋势已经达到统计学意义上的最高水平，而之后的收益率会令人失望，这与如今一些过度交易的智能贝塔ETF一样。尽管我们非常犹豫，但彼得信心满满。

我们找到了一个有趣的方法来打破僵局，以一瓶最好的葡萄酒为赌注（获胜者可随意挑选），赌的是未来几年内基于收益率的股票投资组合能否跑赢标准普尔指数。在赌约的第五年，经过了一个完整的市场周期，我们认为是时候宣布赢家是谁了。基于收益率的股票策略的表现并不好，彼得承认了自己的失败。我选了一瓶当时售价高达300美元的1978年的罗曼尼·康帝酒庄的葡萄酒。

彼得亲自把它送上门，这就像送一只小狗，主人可能很不情愿小狗被人收养。我们邀请他和我们一起喝，他拒绝了。为了充分发挥这瓶酒的价值，我们准备了一顿八人晚餐（四对夫妇）。每对夫妇都带来一两瓶同样贵重的葡萄酒，这顿晚餐有两瓶1978年的出自罗曼尼·康帝酒庄的葡萄酒，以及出自罗曼尼·康

第 15 章 问对的问题

帝酒庄的李奇堡园、拉塔希园的葡萄酒，滴金酒庄的葡萄酒，这些葡萄酒包含精致的香槟和陈年波特酒。我们每人喝了相当于一瓶酒的量[①]，其中一人在喝完酒的第二天因严重的鼻窦炎发作而做了手术。

这一经历给我上了一课，所有的胜利都是暂时的。我们要享受胜利，因为我们无法保存快乐。但我们要始终把注意力放在胜利后的风险上，即使是最好的东西，后面也跟着一些不好的结果。对于任何策略或管理风格，如果你的购买价格是合理的，策略就是有效的。而如果你的购买价格是被严重高估的，那么最好的策略也可能让你惨败。相对价值比任何历史数据分析都重要得多。正如 GMO 投资集团创始人杰里米·格兰瑟姆所说："在投资领域，90% 的被认为聪明或不聪明的人，都受其投资风格好坏的影响。"这些教训不仅适用于资产选择，也适用于业务的方方面面，尤其是在挑选和解雇管理人这一棘手问题上。

挑选和解雇管理人通常以一种选美比赛的方式进行。机构委员会根据每个人的优势（包括个人魅力）迅速挑选一个管理人，而没有足够的时间做出更明智的决策。典型的挑选过程被丹

[①] 我们本应该留下这瓶出自罗曼尼·康帝酒庄的葡萄酒，而不是喝了它。2015 年，苏富比拍卖行以每瓶 1.4 万～2 万美元的价格拍卖 1978 年的出自罗曼尼·康帝酒庄的葡萄酒。苏富比拍卖行的拍卖师瑟琳娜·萨特克利夫以无限的热情描述它："它有令人难以置信的味道，丰富、年轻、野性……这种酒值得细细品味。"

尼尔·卡尼曼定义为"小样本偏差"：做出雇用的决定，更多地基于近期的业绩表现，尽管有强有力的证据表明优异的业绩表现不可复制（见图d）。业绩不佳的管理人可能不会被考虑，尽管其中的一些人有其他突出品质（如拥有目前价格被低估的投资组合，这些投资组合更容易在未来几年有出众的表现）。追逐业绩是一种糟糕的做法，这种做法充斥着冲突，以及个性及行为上的陷阱，甚至一些偶然因素（如会议时间的影响）。在餐后的会议上，委员会成员（如陪审团和法官）往往对异类更宽容，而下午三四点或上午晚些时候的会议对性格古怪的管理人来说往往是致命的。聪明、讨人喜欢的管理人常常能赢，而脾气暴躁的管理人往往表现不佳。

我们团队中最优秀的管理人常常不擅长做演讲或缺乏魅力，他们甚至不能很好地向外行人解释其投资策略的关键优势，尤其是必须在短短15分钟内完成时。个性和沟通能力不是判断管理人的决定性因素。我们通常需要与管理人一起参加多次会议，才可以评判相关定性和定量因素，以决定是否雇用。相关因素如下：

- 文化。应聘者是否有良好的职业道德、优秀的人力资源管理能力和以客户为中心的服务意识，是否热情而贴心？
- 前景。如何评估未来投资组合的质量和价值？（价值是最大的风险。)

- 过程。基于过去的竞争压力和对未来的预期情况,如何评估管理人在过程中的独特性、竞争力和重复能力?

其他需要询问和验证的关键问题:

- 管理人的赌注范围有多广:一次性的,还是多次的?有些机构的股票组合多年来都产生高收益,但这种业绩不太可能被复制。
- 超额收益能够出现在多少个年份中?有些业绩突出的年份的收益可以弥补许多年的平淡表现。
- 资产增值的平均数是多少,波动性怎么样——是信息系数还是信息比率?
- 研究和创新能力有多强?
- 管理团队的才能、凝聚力和经验如何?
- 组织的规模是否适合这种风格?你是想要阿尔法增长还是想要资产增值?
- 你能发现管理人的主要竞争优势和竞争劣势吗?管理人在哪些情况下表现不佳?你是否预测到会出现这种情况?这种风险能否被分散?
- 风险管理方法有多稳健?它应有多重风险控制机制。
- 他们的内部控制有多强(可操作的尽职调查)?

- 管理人的策略谋划和报告的质量如何？优秀的策略思维可以将管理人的付出应用到更大的投资组合中。

少数非营利的投资委员会在管理人的演讲过程中，很少做好了准备或有时间来考虑这些问题，特别是由志愿者组成且很少召开会议的投资委员会。通常，决定性因素只是候选人与那些更有发言权的委员在45~90分钟演讲期间所形成的气氛，该机构过往业绩，或者一些顾问对机构的承诺（这可以为他们带来客户）。由于内部人员或委员可能没有足够的资格来做决策，最后往往是顾问拥有发言权。但顾问也有优秀与差劲之分。

这个过程中出现错误对我们是有好处的。正因如此，许多机构将全球复杂多元化的投资组合全部或部分外包给外部管理人。30年前，当我们采用自己的商业模式——专注、以客户为中心、具备道德感、无冲突的投资专家外包模式时，我们就预计该模式将成为最佳实践。在过去10年里，该模式已成为公认的最佳实践。

在挑选和解雇管理人的过程中，我们认为我们的管理水平之所以能够超过平均水平，是因为我们没有定位一个较高的管理人投资风格，也没有划定一个较低的投资风格解雇门槛。无论我们是否需要管理人，我们一直在接触不同风格、管理不同资产类别以及不同地区的管理人；当需求增加时，我们也会相应地增加管理人的数量。图16-1说明了在可交易资产领域，正确挑选和解雇管理人能够带来超越平均水平的资产增值。

当我们在增加管理风格种类或需要分散管理风险时，我们倾向于增加管理人。我们会关注他与资产类别中其他管理人的关联性，以及他的资产增值（阿尔法值）与其他管理人的阿尔法值的关联性。我们追寻新的投资风格、新的资产类别以及其他孤立的资产类别。这些资产类别通常是被低估的，并且在客户的投资组合中所占的比例可能偏低。每年，我们都会在客户的投资组合中增加或减少 5%~10% 的管理人。我们很少因过往业绩不佳而解雇管理人。解雇管理人的原因，除了对未来业绩的预期，还有减少配置某个资产类别或投资风格、寻找更好的管理人、机构规模过大而导致的运转不良。

这并不是说我们不关心员工的表现。在挑选管理人的过程中，业绩仍是一个关键因素，但业绩必须是在实现的背景下，是相对于前瞻性预期来理解的。你需要考虑所有能够诊断过去、审计业绩的统计方法，以确保统计结果可靠。对我来说，相较于投资风格恰当的业绩基准和市场，持续多年观察管理人的月度收益是更能发现问题的分析方法之一。管理人可能被要求对重大偏差做出令人信服的解释。当然，更重要的是，对投资组合的估值是否具有前瞻性。交易定价是否公平？价格是被严重高估还是低估？这个管理人为你带来的资产增值与资产组合中其他管理人带来的资产增值相比，是否起到了拓宽资产增值来源的作用？

人们应该雇用那些满足所有标准的管理人，即使在当时该投资组合的绝对或相对业绩并不出色，只要证券的价格足够有吸引力、管理人已显示出其在该投资风格内获得资产增值的能力，以及该资产增值与其他管理人的资产增值的关联性较小即可。另外，你可以用低成本的指数类产品或期货来满足相关需求。

第 16 章　何时应该留用一个业绩严重不佳的管理人

许多年前，我们有一个高评级固定收益管理人，我们预计扣除费用后，每年的资产增值将达到 50 个基点。不幸的是，这家管理公司持有一些抵押贷款支持证券，这些证券在提前还款计划出现极端逆转时表现严重不佳：随着利率下降，抵押贷款持有者以较低的利率进行再融资，这样做可让抵押贷款提前被还清，而我们就无法获得低利率的完整周期以及其带来的价格上涨。突然间，债券的价值就化为乌有了。该管理人当季的业绩较预期低了 300 个基点，与原本小幅稳定增长的预计业绩相差甚远。仅仅一个季度的表现不佳就毁掉了 5 年多的优异表现。一个自然的反应可能是，以错误计算提前清偿的风险为由，解雇该管理人。

更糟糕的是，我们知道该机构需要 5 年甚至更长的时间才能把自己从坑里拉出来。每季度，我们都要提醒投资委员会成员，我们为什么要保留一个 5 年业绩不佳的管理人。我们也知道，该机构不会再犯同样的错误，并预计他能为其管理的投资组合带来每年 50 个基点的稳定增长。在投资委员会的支持下，我们留用了这个管理人。正如我们预期的那样，他每年能带来 50 个基点的阿尔法值。但多年来，我们仍需要不断提醒投资委员会，我们为什么要保留这个管理人。

事后看来，我们最好还是解雇这个管理人，同时雇用一个风格和能力类似但没有历史遗留包袱的新管理人。我们的决定耗费了大量的政治资本和时间，尽管该决定是明智的。当时，我们没有合适的选择，我们想做的是"正确"的事，尽管我们的总体投资组合报告中出现了令人恼火的问题——某个管理人长期业绩不佳。我们这次做正确的事得到了收益。该管理人经过痛苦漫长的 4 年后最终走出了困境。我们一直指望投资委员会的善意理解，指望一个稳健的治理程序（包括对我们的观点和判断的信任），但这并不总是存在。

当你深入研究投资组合和管理人发现价值的方法后，你可能会因其不能满足你对未来的预期而解雇该管理人。不论业绩如何，你必须定期提出上一章中列出的问题，以验证一个持续的管理关系。学术研究表明，个人和机构挑选和解雇管理人的过程是多么不合理：多数人无法通过挑选管理人来实现资产增值。[1] 相反，我们为挑选和解雇管理人所设置的治理程序一直是实现资产增值的重要支柱（见图 16–1）。

第 16 章 何时应该留用一个业绩严重不佳的管理人

尽管充满建设性地应用高级主动型管理人的程序非常重要，但很少有机构学会了这一点。经过有经验的人的恰当分析，这个程序可以被改进。在没有经验丰富的人分析的情况下，你最好通过指数方式追踪更可市场化、更高效的资产类别。

通过雇用投资组合人所获得的净资产增值减去那些被解雇的人所带来的资产增值

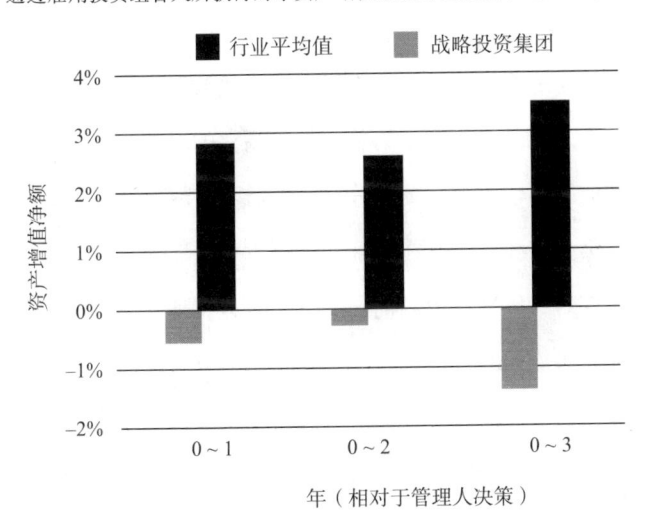

图 16-1　正确的管理人能够带来不同的结果

注：战略投资集团的治理程序可以通过挑选管理人来获得显著的资产增值（阿尔法值）。新管理人取代旧管理人的 3 年间，一般机构损失的资产增值平均是 1.4%。截至 2016 年 12 月 31 日的 10 年间，战略投资集团却因此实现了 3.5% 的资产增值。

资料来源：Strategic Investment Group; industry average analysis from Goyal, Amit, and Sunil Wahal, including all marketable equity and fixed income mangers, "The Selection and Termination of Investment Management Firms by Plan Sponsors," *Journal of Finance,* 63, 4（2008）, pp.1805–1847.

留住业绩不佳的管理人的风险

除了保留一个业绩不佳的管理人的政治风险（当一些人更倾向于惩罚业绩不佳的管理人时），还有一个风险是，管理人的持仓资产无法及时恢复，进而无法确认其价值。有时，业绩不佳会使管理人在挽回之前所受损失前就已经收手——在这种情况下，管理人其实比你还没有耐心！积累了大量财富的管理人在面对巨大损失时往往不那么灵活，可能更倾向于直接放弃业务。我们看到部分管理人（尤其是就职于为员工提供高薪的对冲基金集团的管理人）在业绩不佳（或受到监管调查）后不久就放弃业务了。

结果，你会与我一样，在看到业绩严重下滑后，与几位管理人进行深入探讨，以确保他们仍会继续坚定地管理他们的机构和投资组合。如果优秀的管理人能够坚守承诺，遵守纪律，继续管理投资组合，其就能从严重亏损中恢复过来。经过一段时间，优秀管理人会兑现这种承诺。在大多数情况下，严重的业绩下滑并不是永久的资产损失，也不是资产减损，而只是市场异常波动的产物，资产在未来可以被有效管理。

一些投资者会在一家机构的特定业绩出现下滑后，在没有提出任何问题的情况下就解雇管理人。这就引出了所谓的"有限损失规则"，该规则因资产类别和风格的不同而有所不同。与其他规则一样，经验告诉你，明智的做法可能是根据全面的、真实的、具体语境的分析做出判断，包括与该管理人进行有意义的讨论（假设你有相关知识，对方也有道德）。如果该投资组合是因为个人投资欺诈或破产而永久受损,那就可能无法恢复。在这种情况下,管理人要么把资产退还给客户,要么入狱服刑。这些灾难性的暂时或永久损失主要但不限于影响对冲基金管理人。他们通常拥有足够的财富,感叹"生命太短暂",并在损失恢复之前就放弃了资产管理。

根据我的经验,在亏损后仍留用这个有能力的管理人,而不是更换管理人,通常是值得的,即使个别管理人会考虑"生命太短暂"而决定退休。经历了损失后,该管理人的业绩往往会比代替他的管理人的业绩好。

每个管理人都有可能遭受重大损失,这就是你要分散管理人风险的原因,特别是当你将对冲基金组合在一起时。重要的是,你要确保即使对冲基金完全亏损(极不可能出现这种情况),这也不会给总体投资组合造成超过其"可容忍"的损失(如总资产额1%的损失),尽管一些投资者可能愿意承受更多的亏损。随着时间的推移,这种损失可以通过多样化的管理风格和资产来弥补。

更换管理人

机构投资者投资组合中的管理人频繁更替,是治理不善的一个信号。一个精心设计的、分散化的管理结构不需要很频繁的人员更替。某些顾问之所以有动力解雇管理人,是因为他们能够从猎头那里获得报酬,或者他们觉得如果自己迅速采取行动、解雇表现不佳的管理人，就会给客户留下深刻印象，但投资者应该更清楚这一点。人们不应该在管理人的业绩顶峰雇用他们，也不应该在其业绩低谷解雇他们。

低关联性并不意味着负关联性，很少有负关联性的资产。低关联性仅仅意味着一个资产类别或投资风格不会等同于另一个资产类别或投资风格，这并不意味着它们将在相反的方向上行动。对于一个由主动型管理人和资产组成的分散化投资组合，其所有者应该预料到一些管理人和资产会业绩不佳，而另一些则业绩优异。当你的投资组合发挥效用时，你应该谨慎地感到高兴，但我们知道在一个分散化的投资组合中，所有管理人和资产不应该永远保持同步。大规模的挑选和解雇管理人一般都不太明智，渐进地、灵活地调整才是最好的方法。

第五部分
评估和管理风险

> 我很自豪我知道一些事情,所以我应该谦虚地说我什么都不知道。
>
> ——弗拉基米尔·纳博科夫,《洛丽塔》

第 17 章 风险的边界

几年前,我们曾向一家潜在的捐赠基金客户提供建议,建议他们适当调整投资组合,从而改善收益-风险状况。大型捐赠基金会增加流动性低但收益率高的资产,许多中小型捐赠基金也与这些大型捐赠基金一样进行这种配置。这只基金已将另类投资和非流动性资产投资的比例提升至总投资的 60% 左右。在投资界,最引人注目的交易是在市场价格处于波动的情形下,私募股权的持仓价值仍能保持稳定。这也是为什么许多捐赠基金积极地将可交易股票和债券从持仓资产中剥离,转而持有非交易性另类资产。从长远来看,如果你能以较小的代价自由地进行这种交易,那么它就特别有吸引力。更妙的是,如果你能获得非流动性带来的溢价,那么非流动性资产的收益可能更高,但也可能存在一个陷阱。

我们对捐赠基金的收益进行了 3 个标准偏差水平的压力测

试,并得出结论:当市场价格跌至较低且具有内在吸引力的水平时,捐赠基金可能无法重新配置资产,以满足资产政策分配。此外,其并不具备在资产重新配置过程中买卖期货的交易能力。更糟糕的是,捐赠基金承诺了额外的投资,这个投资超过了其在危机中的承受能力。如果捐赠基金必须在困难时期兑现这些承诺,那么其可能无法支付工资。

这是一个警钟。我们开始担心,正如一些常春藤盟校所追求的那样,准备不足的捐赠基金会忽视一系列新的风险,这些风险可能比其想要避免的短期市场波动所带来的风险更大。作为顾问、投资组合经理、投资委员会成员和发言人,我们从多个角度观察到了流动性不足的风险,于是我对流动性不足的风险更加直言不讳。

我通常遇到的情况是,决策者不愿讨论事实。我听到过这样的评论:"如果我们有问题,那么别人会有更多问题!"人们不会对风险采取什么应对措施。而当时的风险仍处于可控范围内,一些粗陋的评论甚至来自受人尊重的专业人士。"好吧,当它发生的时候,我们会担心的。"一家著名公司的负责人笑着说,"我的经营哲学是不担心麻烦,直到它发生。"人们又可以听到窃笑声。

这些聪明人是完全错误的,甚至是不负责任的。尽管爆发流动性危机的可能性很小(在任何时候,可能性都只有5%甚至更低),但一旦发生,其就会使这些机构付出高昂的代价。事实上,随着时间的推移，流动性不足已经严重损害了其中一些公司的收益、自信和治理质量。它们不想计算流动性不足带来的损害，或者它们觉得把注意力放在别人没有注意到的低概率风险上毫无必要。这是因为它们充满自信吗？这是傲慢吗？

当大型银行继续增加其不可持续的高杠杆率、表外融资和包销，并最终引爆像 2008 年那样的金融危机时，上述讨论才会结束。决策者的傲慢可能是一家机构所需承担的最高昂的成本，它是一个难以战胜的敌人。事实和慈悲可能还不够。在不参加正式会议的情况下，花时间与一些决策者在一起能让自满的人意识到董事会中投票者漠不关心的态度是有风险的，但很少有人愿意花时间讨论和防范低概率的风险。

对在投资政策业绩基准之上再增加资产价值，同时对投资组合收益做好意外波动冲击的控制来说，准确识别和管理风险敞口是很重要的。本章展示了一个分析框架，用以区分市场风险和主动管理风险。

受损 vs 损失

投资不可避免地会带来风险。幸运的是，投资风险是可以被合理管理的。管理风险的关键是每时每刻都清楚地了解客户对波动和损失的容忍度。波动性是可以恢复的，而损失是永久的。对波动性历史的测算会包含部分本金损失，管理人应提前预料并进行妥善管理。每种资产类别在其历史上都有明显的波动性，通常呈现"正常"或"对数正态"分布，可能性会达到99%。但有时波动性的分布是不正常的，例如在大型战争期间或是意外的大规模破产情况下，大型金融机构会进入破产状态，这就是所谓的系统性风险。于是，历史测算就变得不那么重要了。本华·曼德博的著作对风险捉摸不定的本质和市场价格的不连续性所带来的巨大风险，进行了透彻分析。[1]

正常的波动是以预计平均收益的上下标准差来衡量的。例如，美国股市历史上的平均年化实际收益率约为7%，而平均波动率为17%，这意味着股票的收益率在均值上下一个标准差的可能性约为68%。换言之，在三年中，两年的股票收益率介于 −10%~+24%。收益率处于两个标准差之内（−27%~+41%）的概率是95%（10年中有9年会是这种情况），而收益率处于3个标准差之内（−44%~+58%）的概率是99%。这不可能有100%的确定性，因为收益率的概率分布存在"肥尾"效应。也就是说，0或100%永远不会出现。历史不一定能解释未来可能发生的每一件事。投资者将其所有资产投资于一个分散化的美国股票组合，必须准备好在任何一个（糟糕的）年份遭遇50%或更多的股价下跌，之后可能还会迎来另一个糟糕的年份。

投资期限越长，投资者越有可能获得7%的平均年化实际收益率。同时，时间越长，投资者越有可能经历那个糟糕的年份，或者也可能经历一个非常好的年份。此外，可能的结果范围会随时间而增加（见图11-4）。成功的投资者会确保自己能够在极度

第 17 章 风险的边界

损失（或收益）中幸存下来，而不会冲动地追涨杀跌。风险管理需要充分了解你对波动性和永久性损失的承受范围，还需要通过观察所有可投资资产的历史表现和未来调整来评估它们的波动性。

在极端得失的压力下，贪婪和恐惧是投资者所面临的风险中最被低估的风险。除了市场波动（风险的标准定义），投资者面临损失（收益）时的行为表现是所有风险中破坏性最大的：随着时间的推移，波动性可以修复亏损，价格会回归到平均值，而追涨杀跌则会造成永久的损失。从人性出发，对价格暴跌的过度恐惧是与生俱来的，对价格上涨的过度热情也是如此。在肾上腺素激增的情况下，我们倾向于认为极端的损失或收益将成为一种新常态。财富减少后，我们对额外损失的恐惧就会增加；财富增加后，我们更愿意承担风险。这两者都会刺激非理性选择。

在本书第二部分，我们纳入了一些调整事项。当资产定价处于过于低估或高估的状态下，其可能需要进行一些调整。例如，债券收益率在过去 10 年一直处于不可持续的低水平，美国、日本、德国和瑞士等国的债券经通胀调整后，收益率为负。对债券的预计收益率和波动性的合理调整是，假设 2~10 年后，长期债券的收益率将回到平均水平（比如 2%~3%）。这样做会让债券价格不得不下降。如果你不做这种适度的假设，那么你可能会过高估计债券的预期收益，高估是因为你的记忆仍停留在过去 30 年间的全球化、低通胀率、低风险溢价的独特历史环境中。而自2008年以来，央行大规模的干预使得债券收益率低到难以想象的水平，而债券的价格非常高。对债券预期收益率的调整也可以引导你调整对美国股市收益率的预期，因为贴现率越高，市盈率越低。

压力测试

假设在极端情况下，压力测试型投资组合可能对你的行为和财务平衡影响很大。测试"突破点"也很重要。这类测试包括最大损失容忍度、获取额外融资的程度和重新平衡的程度等。不幸的是，并不是所有决策者都能以勤勉负责的态度进行这些测试。通常情况下，决策者会误解我们所做的一切只是为了证明自己的做法是正确的，而非评估投资者对可能出现的损失的容忍度。但事实并非如此。在履行受托责任时，评估非常见事件的承受力至关重要。

在进行压力测试时，你必须计算出特别积极情况下和特别消极情况下的收益率（一个、两个和三个以上的标准差），还必须计算出每种资产类别和整个投资组合相对于投资政策和同行的业绩表现。这项工作可以让你站在自己的投资立场从主观方面和客观方面评估机构治理情况，以及评估公司的财务情况能否抵御最坏的情况。在投资人的财务状况不如从前的情况下，这项工作应该每年或更频繁开展。

非流动性压力测试

除了从制度上和情感上对极端波动进行承受能力的压力测试，还要对投资组合出现的极度非流动性进行测试。在这种情况下，正常的交易和市场功能因大型机构的倒闭而中断，例如2008年的雷曼兄弟等机构。当市场失灵时，买卖双方之间的价差如此之大，以至于交易放缓或停止。这造成了许多人的信贷焦虑，甚至使一些拥有资产担保合约的中介机构资不抵债。对投资组合的流动性需求进行压力测试，可以帮助你确认在这种情况下，你的运营需求和重新平衡需求能够在30天（或更短）的时间内得到满足。这在风险管理中至关重要。

交易对手风险：监控价格和 CD（存款证）价差

如果没有对交易对手风险进行日常评估，那么该流动性分析就是不完整的。你的流动性测试只有在对手方处于正常情况下才是准确的。对手方破产，最终会导致流动性不足。每日追踪对手方的股票价格和基于美国国债的 CD 价差，可以提前预料到交易对手状况的恶化程度，这就预示着潜在的流动性问题以及交易对手风险的增加。这两个因素的持续恶化，会使我们怀疑交易对手以及其资金的用途，并可能会使我们停止与此类交易对手方的交易，以降低投资组合的流动性和其他风险。在应对两大交易对手的风险时，贝尔斯登（2007年）和雷曼兄弟（2008年）采取的措施让我们受益匪浅。

评估每种资产类别的风险

分散化对降低资产类别风险和总体投资风险大有裨益，特别是对不太专业的投资者来说，购买市场投资组合是一个好的开始（假设它没有被高估），因为这是所有投资者通过指数基金和ETF都可以买到的投资组合。市场投资组合包含基准市场中的所有可交易证券，各类证券的配比是按其规模占整个市场的百分比确定的。市场加权投资组合通常是成本最低、效率最高的投资和交易方式，因为它们通常被广泛持有并交易。

投资组合管理人开发出了不同的流程以确定指数中每种证券的权重。这就产生了智能贝塔基金。这种基金的资产增值来源于频繁地重新平衡投资组合中的资产的构建过程。此外，投资组合会被检验，并在必要时（每月或每季度）重新平衡资产，以确保资产投入那些估值较低的证券和投资组合中，而非那些过于高估的证券和投资组合（即比公允价值高出1.5个或更多个标准差）。

每种资产类别的风险来源各不相同，因此每种资产类别都有自己的风险特征关键词。例如，对股票来说，关键词是公司规模、增长、估值、贝塔系数、杠杆率、货币和行业；对固定收益产品来说，关键词是收益率、期限、存续期、发行者和抵押品。当这些风险特征关键词出现了某些变化，资产价格就会发生变化。

在计算出每项资产类别的风险敞口后，你就可以根据每个主动和被动管理人的风险构成及其相互间的协方差，估算出整个投资组合的被动风险和主动风险。然后，你可以根据风险的大小和间隔做决策，即某类资产在市场上相对于其预期收益和风险来说是高估了还是低估了。

在最坏的情况下，你能承受多大的风险并活下来？

这是机构投资者及其管理人面临的最具挑战性、最重要的问题之一。经验告诉我，如果你有能力进行资产配置、构建资产类别和选任管理人，那么在保持总体主动风险（阿尔法）敞口在120~200个基点的情况下，通过多资产类别投资组合实现资产增值是合理安全的。我们的信息比率（每个资产类别基准的增加值除以增加值的波动率）在更可衡量交易性资产类别中是比较高的。

20世纪90年代末，我们承受住了300多个基点的全部主动风险。1998—1999年，我们通过减持所有股票，尤其是被严重高估的科技、媒体和电信板块的股票，勉强挺了过去。总投资组合中的300多个基点的主动风险，意味着如果某3个或3个以上标准差的事件（市场泡沫或崩盘）出现了，那么投资组合的业绩会比任何年份的业绩差出900多个基点。如果你在过去3~5年内为客户展现平均每年150个或150个以上基点的突出业绩，那么这业绩不佳的900多个基点会抹杀过去所有优异业绩，而且不论你如何辩驳，客户都会很快对你失去信心。改变的压力可能越发让你无法忍受。客户会在市场底部解雇管理人，而在市场顶部雇用新管理人。这些风险不应被强加到客户或机构身上。这就是为什么我必须相信，与政策相关的全部主动风险应保持在200个基点以下。

第 18 章　非交易性风险

市场不是你唯一的衡量标准，在评估风险时，你也应该考虑同行的情况、自身的操作、客户的内部结构。

同行的风险情况

不幸的是，同行已经变成羽毛迥异的鸟儿，而作为业绩衡量标准的机构同行基准也相当不可靠。例如，你不能将一个有大量股票风险敞口的开放式固定收益养老金计划与一个有大量长期固定收益风险敞口的封闭式固定收益养老金计划进行比较。同样，你也不能通过对比一个不太成熟的另类资产风险敞口和一个较成熟的另类资产风险敞口，来衡量某项捐赠基金或基金会。但如果你忽视了同行的表现，那么你就有危险了。无论客户多么相信同行之间是不同的，其投资政策也有所不同，但当你的业绩不如同行的业绩时，你的客户的这种信任就会受到严峻考验。考验通常来自投资委员会的新委员或机构高层。考虑到市场行为的不可预测性，你可能会在很长一段时间内业绩不佳。只有当你的技术和机构治理结构能够证明业绩差于同行是合理的，并且能够承受这种冲击时，你的投资组合才能与同行有所不同。

确保业绩能够与密切相关的同行群体保持一致至关重要。与同行相比，主动风险不应超过政策资产组合所涉及的通常风险水平，除非你能确信同行是错误的且你自身的技能是优异的。这样你就可以用技能来弥补坏运气带来的不足，或者投资委员会能因此认可投资政策和你的执行能力，只要业绩能够从绝对损失或相对损失中回升。

运营风险

随着全球资本市场的不断发展、复杂投资战略的高额支出，以及管理人的日益多元化，政策执行过程中固有的操作风险也在增加。欺诈是资本市场的一个常见特征。突出业绩的支出越多，交易的复杂性越强，出错和欺诈的概率就越高。一些市场比另一些市场更脆弱，并且一些新兴市场仍受困于严重的会计欺诈和不公平的规制。每隔一两年，对冲基金都会因为一些错误或不当行为受到媒体的关注。你选择的管理人越多元化，某个管理人就越有可能触动到你，而你就越要保持警惕，即使管理人多元化冲抵了你所受的损失。不可避免的是，过去20年的监管和受托责任控制方面的支出已经显著增加。

减少管理人出错或欺诈机会的运营尽职调查流程如图 18-1 所示，这些评估事项应该由独立于投资团队的专业人员来执行。

1 获得文件	2 初步评价	3 现场访问/电话	4 第三方背景调查	5 最终评估
收集与投资管理人相关的所有文件	进行初步评估，包括潜在的冲突	进行深入评估，包括服务提供者、冲突、控制	审核商业、监管、纪律历史	及格、有条件的及格或不及格

图 18-1 审查程序

注：实施运营尽职调查是一个需要判断的过程，而不仅仅是在盒中查验的过程。

流动性风险

客户必须有足够的流动性，以满足自己的支出和投资需求。流动性一般存在于波动性较小的资产，比如现金等价物和债券，但流动性较强的资产也可能会碰到非常时期的流动性限制。2008年，许多债券共同基金严格限制了每日流动性，因为它们从事证券借贷业务，一些借出的证券无法按时还券。此外，它们也没有足够确定性的价格来进行证券交易。潜在的网络安全风险也增加了正常的流动性风险。任何定价或交易中断都会妨碍市场的正常运作。想象一下，如果四大托管银行成为网络破坏的目标，那么随之而来的所有权不确定性就无法改变了。

经验丰富的投资者已经获取了信用额度和期货交易能力，以便在公司债券面临极度流动性不足的情况下获得贷款或投资杠杆期货。一些机构会支出部分费用，以便在极端情况下获得多家银行的信贷额度。理论上，以将 5% 的资产配置在现金或债券上为前提，如果市场运行正常的话，投资者就可以通过期货市场购买到几乎整个投资组合所带有的资产价值，然而在市场极度混乱时，监管机构或交易所可能会改变保证金要求，并限制投资期货和其他对冲工具。此外，衍生品价格相对于理论值的偏差可能非常大，因而采用这种价格或许是不谨慎的。因此，你可能希望谨慎行事。其他运营需求或治理限制可能进一步限制你获取流动性。对投资者来说，流动性管理和重新平衡需求特别复杂，因为投资者将超过 50% 的资产放在相对封闭、流动性差的资产池中。对这些非流动性资产所蕴含的真正风险缺乏可见度，可能会使危机时期的重新平衡和风险管理变得极具挑战性。

协调资产和投资运营

另一个风险是，那些已经发行了可赎回债券的机构可能会发现，当其投资组合中的流动性逐渐消失时，这些债券又被退回到自己手中。令人惊讶的是，许多经验丰富的机构投资者并没有尽全力整合自己的运营功能和金融功能——资产、负债、流动性、投资、收入、费用和资本支出。这些机构的管理者应定期评估每种资产类别和总资产相对于现金流和其他金融风险的潜在非流动性，以确保在极端的市场环境中能够满足其流动性需求。

在过去的 35 年里，2007—2008 年的危机是流动性状况最紧张的一次危机。流动性如此不足，以至于美国等国家的政府不得不通过向银行和经纪商注入大量流动性来进行干预。美国各大主要经纪商都被迫成了美联储监管的银行。一些经纪商破产了，另一些经纪商则被迫并入更健康的经纪商和银行。

　　幸运的是，我们已经预料到类似2008年这种小概率事件发生的可能性，并能够很好地进行危机管理和投资组合交易活动。更重要的是，2008年12月—2009年3月，我们能够重新平衡投资组合，获取被低估的股票，利用全球股票市场反弹，满足客户运营需求。就像飓风或地震那样，你应该做好准备，在不可能的情况下活下来并重建家园。风险有很多来源，有些来源很明显，有些来源则不那么明显。一些风险管理工具可能永远不会有收益，因为风险不会出现（你应该感到幸运）。你要为可能发生的事情做好准备，但要对不可能发生的灾难采取最低限度的保护措施，这样才能在市场稳定时重建投资组合，这相当于发挥备用轮胎的功能。

第六部分
持续发展：
领导特质、创新管理、继任计划和转型

欲戴王冠，必承其重。

——莎士比亚，《亨利四世》第二部分

第 19 章　团队的智慧

在过去的几个世纪里，国王可以依靠古老的原则"王子喜欢，就是法律"进行统治。在现代，像丘吉尔这样的政治家在人民的支持下进行统治。孤独的领导者形象往往会让人记忆深刻。但君主有大臣，总统有内阁，高效的领导力往往不是孤军奋战。在日益复杂的投资领域，合作才是成功的关键。只有在许多具有不同技能和专业特长的专业人才的帮助下，投资者才能顺利地穿越浩瀚波荡的经济和市场数据海洋。媒体对某个投资大师的形象描述是具有误导性的，并且会形成某些危险的诱惑。从长远来看，能够持续跑赢市场的人极为罕见。卓越的投资需要团队的努力。

自成立以来，战略投资集团一直采用协作的方式进行投资决策，利用多种手段和方式深入分析。在为每个客户形成完整全面的解决方案方面，这种方法是非常有必要的。公司致力于优化客户资产价值,帮助客户实现其核心使命:教育年轻人,照顾病人,为退休人员提供生活保障。

投资专业人士会定期阅读事实、见解、定价模型和新闻。广泛地阅读和听取意见领袖、深度思考者、学者和其他投资者的意见是保持信息灵通、富有创造力和创新性的关键。信息点(就像天上的星星)需要连接起来,从而成为具有预测能力的形式,其甚至比星座的预测能力还强。我们每天都应该阅读财经类期刊以及学术研究文章,最重要的是,我们应该阅读那些能够接触到有价值的管理人和经纪人的研究者的所有报告。了解大多数人的思维和差异性意见的机会与发现被忽视的机会一样重要。我们应该开发自己的模式,从而认同或不认同大众思维,并确定趋势和极端估值异常。

为了处理每日的信息流,投资管理人可以对各资产类别进行分析,从而履行汇总事实和分析的职责。这些资产类别就是当前投资世界的组成部分(见图19-1)。如果投资产品发生变化,这种情况就可能会改变。重要的是要确保事实和分析不会消失在资产类别之间的缝隙中。与其他专家进行思想交流和发现投资机会,有利于发现可利用的市场失灵。例如,网上购物的出现影响了零售商场的生意。在各种资产类别中寻找机会"参与"这一趋势,并确定其最终限度,对于获取资产增值投资和避免出现不适合此趋势的证券至关重要。在美国,虽然零售房地产行业是一个受到威胁的行业,但它在新兴市场中的表现仍然很好。因为在这些市场中，网上购物和快递服务并不成熟。那么这种情况会持续下去吗？我们需要仔细观察未来可能加速的、目前尚未反映在价格中的趋势。

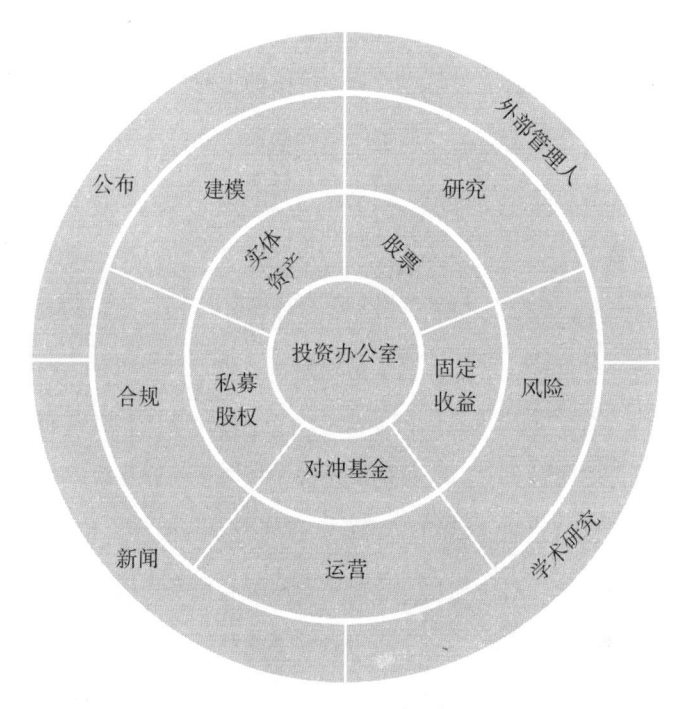

图 19-1 构建信息流

我们的决策团队定期开会，每月对资产类别进行一次评估，但如果市场面临潜在或实际的混乱，我们就会进行多次评估，比如英国脱欧公投带来的市场混乱。在每个季度，团队至少要进行一次详尽的资本市场评估，有兴趣的客户、员工和培训人员也会参与其中。这些评估将覆盖全球所有地区、所有资产类别和管理风格，并由估值和风险专家来完成。我们会讨论那些正在出现的投资机会，并进一步观察其发展情况，但不会马上得出结论。一旦为每个客户、每项资产类别和整个投资组合做出决策，我们就会增加开会的频率。投资专业人士定期与潜在或现有的基金经理会面。公司的所有人员都会收到一份市场表现报告摘要。这份摘要让大家对全球所有可交易资产类别和地区（包括国家、当地货币和美元等价物）的价格、利率和利差的每日变化都有了一个整体的了解。

丹尼尔·卡尼曼和阿莫斯·特沃斯基为以色列飞行员做的经典实验充分证明，两个（或更多）消息灵通的头脑和眼睛做出的判断比单独一个决策者的判断更好。[1]在实验中，卡尼曼和特沃斯基允许副驾驶员对驾驶员的决定进行核实，而非恭敬地坐在那里一言不发。这种方式可以减少驾驶员失误的次数。长期以来，我们一直相信，对于构建一个涵盖全球所有市场、所有资产类别的全面投资解决方案，一个决策者并不能胜任这项工作。在不同的同行评审过程中，人们通过协同合作才能做出最佳决策。由于市场情绪受数百万个不同立场的驱动，而且复杂的数据有无数个来源，所以由数个消息灵通且训练有素的头脑来处理和应对这一切是非常合理的。这一点在市场剧烈动荡时期尤为明显，因为在这种情况下，合理的决策是最关键的。在危机中，我们必须保持冷静的头脑。因此，我们设有一个首席投资官办公室，它由3名或3名以上经验丰富的专业人士组成，他们在宏观经济政策、风险定性建模、正常和困难交易条件下的投资组合管理方面具备同样的威信和专业知识。CEO 也总是被执行委员会围绕着（委员会负责监督公司所有领域的运营情况）。协调合作的治理模式可以保证多个知识渊博的人参与决策制定。

领导力品质

管理投资组合可以得到很多适用于管理业务的经验，特别是最大化发挥他人的领导力品质。在协调有才能的专业人士承担统一使命时，有关经营哲学、战略规划、绩效基准、研究、多样化、风险管理和授权的经典投资规则都会发挥作用。

对任何公司来说，每天都可能有人才流失。那种招募、培养、组织和激励优秀的专业人员并朝着共同目标前进的能力，对于获取优异结果至关重要，尤其是在竞争激烈的市场中。很明显，这些领导技能已经超出投资管理公司的范畴，但在一个只靠智力训练和创新洞察力来创造阿尔法的行业，这些技能是最重要的。投资管理公司不需要庞大的资产负债表、基础设施或品牌知名度来形成吸引客户的超额收益。该行业模式长期以来成为一个虚构例子的代表：两个人和一只狗在康涅狄格州格林尼治的一间车库里创建了一只呈指数增长的对冲基金，而且其仍然可以按照"2 和 20"的规则收取费用，以允许投资人获得投资机会。这只狗所提供的温暖可能是一个 24/7 的新兴公司所缺乏的。

不可否认，在某种程度上，除了需要聪明人来共同管理资金，我们需要更多的东西。运营资本、专有分析、强大的技术和品牌精髓确实推动了行业水平的增长。我们将其看作迪士尼模式。在这种模式下，一个非常有创意的公司可以把古老的童话故事改编成完整的电影，然后把这些作品变成可销售的涂色书、饭盒、快餐玩具和百老汇音乐剧。

同样，一些大型资产管理公司投入巨资研发技术，并打造全球品牌和分销渠道。它们的模式与迪士尼模式类似，通过一些免费商品（例如进入资本市场）创造蓬勃发展的产品——与童话故事完全相同！成功的大型资产管理公司的核心集中在人才管理和投资规则上。但是这些大公司更关心的是贝塔（市场）而不是阿尔法（相对于市场的超额收益）。在那些增速远低于投资管理行业增速的市场中，阿尔法的零和本质最终限制了规模扩展性。

对于建立和交流投资策略以获得对目标的广泛理解，引导人才追逐目标，培养随机应变的文化、对结果负责的绩效文化和利用人才实现持续成功的协作文化，领导力是至关重要的。能够从资本市场获得超额收益是特别具有挑战性的事情，需要人才始终保持创造性、独立性和纪律性。这些人就像优秀的管弦乐队那样，必须很好地听从指挥。

当投资策略开始起作用时

某些品质是高级别领导者特有的。在投资组合管理中，设计一个与投资目标一致的策略框架至关重要。鉴于好运气是主动计

第 19 章 团队的智慧

划的附属品,这个策略框架是建立在对员工和客户都有清晰业务目标的基础之上的。

策略框架的本质是就将要做什么和以什么顺序来做等事项达成一致意见并确定优先级。优先级和顺序是策略中的关键要素,因为它们相互强化了各自的逻辑,并在定义上就排除了不再考虑的选项。失败策略通常试图采取一切有吸引力的措施,以确保所有的选择都是开放的。我们认为,选择是有必要的,但商业和投资组合上的选择则有较高的代价。选择保留哪些方案并按优先次序排列这些方案是策略的本质。

考量策略的一个简单方法是回答如下 3 个问题:我们在哪里竞争?我们如何取胜?存在哪些风险?如果在给定的市场规模下管理投资组合,那么经过市场加权的阿尔法值之和为零。因此,为了获得超额收益,投资者竞相从能力较差的其他公司或正在证券化的新资产中获得阿尔法值。经营过程中有"扩大蛋糕"的增长机会,所有市场参与者都可以参与竞争。全球资本市场的扩张,以及优步和爱彼迎等新产品和技术的出现,都是新资产证券化后实现增长的例子,但持续不断的成功建立在超越竞争对手的基础之上。如果你能简明扼要地决定你希望在哪里竞争,以及如何取胜,那么你就有了获胜的方向,只要你能坚持执行该策略。

有效地执行

策略是获得成功的基础,而执行力是成功之源。任何一个运

223

动员都知道应该做什么和真正做到之间的距离。如何通过执行来增加取得成功的可能性？

随着时间的推移，投资理念和风险预算原则通过增加实现目标的可能性，极大地增强了积极的结果。获得这样的结果需要在如下3个方面投入专注和持久力。

- 问责制。人们在被问责时才会有所表现。如果人们可以轻易评估成果并不断沟通，那么个人和团队的产权就是最终结果。缺乏问责制易导致腐败（"这不是我的问题"的态度）或缺少产权意识（没有人会洗租来的车）。在寻找人才时，竞争力和责任感是关键品质。最好的投资者就像最好的运动员，喜欢用分数来确定自己的能力和绩效。

- 透明度。组织中的等级制度形成了层层监督体系，以控制员工活动，这反过来又会抑制创造力和主动性，并最终使最有才能的人望而却步。这种层级结构是官僚机构的命脉。所有的组织都需要适度监督，否则它们就不再是组织。但是，在专业投资机构这样的大型组织中，决策权会被下放到最合适的位置上，从而赋予最有才华的专业人士以创造力、活力和自主权。对于一个监督强度较低的扁平化组织，员工的操作必须是诚实且透明的。真理不一定是残酷的，它要的是真实且优雅的坚持。

- 协作。有些组织倡导负责任的文化，却不太倡导协作。如果领导者倡导的是团队合作，而非某个明星系统，那么该组织利用不同人力资源的强大协同合作就可以蓬勃发展。随着组织的发展，将团队凝聚在一起、保持相互依赖，取决于结构框架的落实，该框架能够在各主要功能领域促成杰出成绩。然而，组织必须首先建立一个协作、值得信赖的文化，以实现所希望的团队合作。

文化

我很早就意识到组织文化对于社会和公司成功发展的独特价值。这要归功于与我相识35年的同事和朋友杰克·迈耶。他是哈佛资产管理公司的前任总裁兼首席执行官，也是凸性资本的创始人兼首席执行官。我在自己的职业生涯中，看到了迈耶的领导力、智慧和人性品德，他是我最敬佩的几个人之一。我在哈佛资产管理公司担任董事20年，他在那里建立的治理结构和文化是我见过最好的。但是，一旦迈耶、董事会中的多数人和整个团队缺席，这种氛围就无法持续了。

强大文化的关键品质是人才、信任、资源的有效分配、责任和正确的激励。但是，如果没有持续的沟通来强化文化的关键品质，那么任何文化都会因为人员流动和自满而随着时间的推移发生变化。对于建立信任，沟通过于频繁是不可行的（即使如此也很难做到透明）。如果你领导着公司中那些聪明且雄心勃勃的专业员工,而你的目标是将他们的个人利益与集体利益结合起来(可能是与客户的利益),那么这些结合点必须串联起来,人们也必须投入情感和智慧。缺少交流的地方通常也是充满消极和不信任的地方。如果事实不足,人们就会默认这是一个不讨好的结论。正确地分享负面信息比让员工用猜疑和谣言来脑补信息要好。这种沟通方式也有利于与客户和监管层建立信任关系。

人才招聘、发展和留任

从长远来看,无论运气好坏,拥有协调合作文化的公司都是赢家。在将创造力和智力放在关键位置的地方,持久的竞争优势始终是人才及其组织方式。良好的资产负债表、技术和品牌都可能随着时间的推移而变质,甚至突然消失。

然而,即使是在员工流动率高的投资公司,如果新人才比流失的人才更好,那么公司也能取得成功。成功的公司都奉行人才至上,他们总是不断地为那些与众不同的人才创造机会,即使这些公司本身并不一定在成长。这种方法似乎是无情的,并且必须以一种平衡方式来保护文化价值。恐惧不是建设性的领导力和治理上应有的品质。然而,未能客观地评估业绩或能力往往会导致长期问题的存在。及时针对个人表现做出反馈有利于所有人。如果员工在经过长期培训后仍表现不佳,那么他自己的损失最大,这还会使团队绩效持续较低、机构信誉受损。

通常情况下,领导者招聘员工的方式是留下降低企业文化和生产力并最终削弱竞争力的平庸之辈。人才会相互吸引。最好的运动员想要和其他有同样能力和渴望获胜的运动员组成团队。有才能的员工会吸引和激励其他有才能的员工，所以一些成功机构意识到，应该在组织机构中吸引更多的人才，而不是只在关键岗位上配备人才。

领导力也是一种天赋，因为最有天赋的员工对于在哪个机构工作有着最大的选择余地。人们辞掉老板的次数比辞掉公司的次数还多。软弱的领导者通常会雇用软弱的员工以巩固自己的地位，这样他们就可以拥有更多的控制权。强大的领导者有信心招募比他们更强大或更聪明的人才，这将进一步增强组织的力量，而非仅增强他们自己的力量。当然，管理更强大、更聪明的人可能会产生摩擦，尤其是当领导者认为自己正确的时候。但这种摩擦是值得的，因为获知不同意见可以提高决策质量。

要对人才做出承诺，就要有培养人才并留住人才的意愿。人才培养需要多种形式，比如通过放权和内部晋升的形式有序地进行，辅之以终身的培训机会。的确，对知识的好奇心和求知欲是对天才的最佳定义。人才可以通过在强大文化中与其他熟练的专业人员一起工作来实现自我提升。而这些人反过来又会促使他人变得更优秀。当然，公司也可以通过对人们职业生涯的规划和专项投资来进行人才培养。对投资公司来说，特许金融分析师项目、在线高管培训和在职工商管理硕士项目，都是很好的在职培训项目。

在那些面对客户的、服务和绩效标准都很高的公司，人才的连续性是有意义的。人才在加入、留任和参与时需要一个理由。显然，能够兼顾长短期利益的优厚薪酬政策是不错的理由，但仅靠薪酬是不够的，有才华的人希望在回报丰厚的环境中工作，即既能满足知识和情感上的渴望，又能满足经济上的期望。在工作时间内给予员工一些带薪自由时间，是谷歌、3M 和宝洁等公司的开明做法。在自由时间里将身心切换到新的创意当中，可以吸引和激励最有创造力的员工。退一步说，即使你不给他们这样的自由时间，创意型的员工也会给自己留出这样一段时间，你还不如把这归功于自己。

认识到人才的影响和培养人才的需要，会为领导带来其他积极品质，比如避免自满，为个人成长创造机会的勇气（意味着谨慎地冒险），以及关于继任计划的战略性思考。在机构和人员进行转换的过程中，最关键的是要有严格的继任计划。对于工作组中的每个关键岗位，公司应该至少有一两个人能够符合该岗位人员所需的特征和能力。

应对模棱两可

伏尔泰说："心存怀疑虽是一种不愉快的体验，但至少不像深信不疑那般荒唐。"有些聪明的人用二元方法来解决问题，这些人不会成为好的领导者，即使他们有时做出了正确的决定。明智的领导者了解任何制度及制度的局限性。组织架构可以为政策连贯提供方向，但给不了正确答案。工具永远不应该成为规则。

我们可以从先例或指导方针中获得在压力下保持果断的能力，但并不总是如此。最终，领导者的判断以及他们处理不确定性的能力和意愿是无法被取代的。大多数人对模棱两可感到不安，特别是当没有行动是最好的行动时。这就是为什么他们指望领导（或老师、父母）来做困难的抉择。电影和体育爱好者可能喜欢明确的二元（赢家-输家）解决方案，但现实并非那么简单，也远没有那么具有确定性，尤其是在面对模糊、不断演变的结果或不完整的信息做决定时。

例如，几年前，我们的投资策略面临严峻的挑战。美国股票经过一段相对高估的时期之后，价格大跌，现在处于相对低估的状态。与投资组合中的其他资产类别相比，将股票的权重调低的理由已不复存在。问题是，我们的对冲基金投资组合涉及一些优秀的管理人，我们不想和他们终止合同。他们能够获得完全不关联的阿尔法值。考虑到这些管理人对投资者的吸引力，如果我们减少对他们的配资，我们可能就无法获得同样的夹层空间。有时候我们会偏离轨道，然而由于我们在整合不同投资方面的经验，这种不确定性很快就消失了。要摆脱股票与对冲基金之间的两难困境，只需在股指期货中增加总资产约 5% 的资金，用于配置对冲基金。这是我们增持美国股票所需的资金规模（会略高于投资政策确定的水平），同时能让我们获得阿尔法值的对冲基金结构保持不变。客户协议授权我们使用期货进行对冲（对冲美国股票

229

因丧失投资政策确定仓位而产生的风险），而我们的解决方案在所批准的指导方针中。我们将贝塔（市场）风险增加到接近政策的水平，而保持主动型管理人所带来的阿尔法风险不变。

强大的领导者明白，抉择不会以单独且明显的形式出现。困难的抉择通常都无法通过规则或复杂的计算做出。困难的抉择通常出现在本身就不方便的时刻，而找到正确答案需要的不仅仅是勇气。在没有明确答案的情况下，它通常需要洞察力，有时还需要有收集更多事实的耐心。我们必须明白，它可能有不止一个正确的答案，或者可能没有好的答案，但我们更要意识到，不能做出决策才是最大的问题。一个能适应交通模式并接受路线变化的自适应全球定位系统是更明智的向导。

很多时候，员工们渴望权力，因为他们认为有权力的人具备解决问题的能力。但他们没有意识到权力的另一面，即面对更多的挑战。人们缺少的并非权力，而是应付赖以生存的不确定性的能力。要记住，有些决策比其他决策更容易逆转，这是纠正方向的关键。

聪明的领导者会把模棱两可看作一个独特的机会，以一种动态的、灵活的、适应性的方式运用自己的领导技巧，并为其他人减轻焦虑。在做出困难抉择之后，结果就会变得显而易见。优雅地处理模棱两可的事情，转换角度，在别人因不确定而犹豫不决时承担责任，这些可能是最独特的领导特质。

第 19 章 团队的智慧

拥抱变化

因为人们不喜欢模棱两可,所以他们抵制改变。大量科学证据表明,人们宁愿忍受劣等状态,也不愿意冒险做出一些改变(当然这些改变也可能使情况更糟)。罗伯特·肯尼迪有一句名言:"变革有敌人。"因为他深知既得利益集团的障碍,以及对未知的恐惧。人们所追寻的舒适和效率往往来自过往惯例和专心做事。避免墨守成规需要成熟的洞察力或外部的动力。文化和经验的多样性(以及惯例)是一条微妙但确定的路径,可以通向富有成效的变革和创新性解决方案。

生活是变化的海洋,有时变化会以某种小的或突变的事件形式出现。但是如果自然没有起到作用,那么大多数变化仅仅是不断运动的产物,而这些运动往往没有被注意到或被忽视,有时甚至被否认。不把变化看作常态,就容易产生不受欢迎的事件。在这些事件中,变化的现实"突然"变得太明显,无法让人忽视,选择也更加有限,差别更小。

明智的投资组合管理需要对不断产生的变化保持敏锐意识。在寻找利润率变化的领先指标时,加上有吸引力的估值会让可以利用的机会出现(因为市场可能存在低效)。将情绪与基本面分离开来,才是获得阿尔法值的最可靠来源。由于市场存在一种高效的贴现变化机制,市场不断地吸收反映在价格上的新信息。微小的变动可能预示着一种新趋势,这种新趋势在与其相关市场价格得到更广泛认可之前就可以被利用。这是因为在很多情况下,投资者情绪会反映在基本事实之前或之后。只有对变化机遇保持警觉的投资专业人士，才能可靠地利用这种低效率。

同样的道理也适用于领导力：对变化的警觉性既是一个常态又是一个机会。领导者不仅要有领导力，还要有说服他人相信新信息含义的能力，需要改变或适应相应的行为，而不是屈从于回归正常的愿望。有效地领导变革，需要运用一系列的领导品质，包括设计具有指导决策和验证变革的策略框架，认可变革是取得成功的途径，为赢得愿意或不愿意适应新现实的员工所需的协作与沟通技能，以及识别重要变化并处理源于不确定新信息的模糊性的能力。

领导力也需要一个"市场"，在这个市场中，最恰当的事实能够匹配相关选择和责任分配。市场管理应以董事会、委员会、讨论小组或工作组的形式进行。这些组织的数量和层次以及它们的分析和决策的质量构成了治理结构，它们就像组织的额叶皮层。

第 20 章　良好治理

我们所在机构的职责是受人所托为机构或家庭在可承受风险范围内获得足够的收益，以满足大学、基金会、公司和家庭的开支需要。为履行这一职责，这些受托机构通常需要设立多个决策部门，以完成不同监督功能和决策类型的工作。这就是它们的治理结构。

治理结构是机构的组成部分，它在机构的成长和发展中扮演着重要的角色。良好治理的基础通常是一个聚集点，将组织的任务置于个人利益之上，并选择有能力的人共同承担这项任务。无论是民营机构的资产管理还是公共机构的资产管理，我们看到的多是好的治理结构，但坏的治理结构令人难忘。

来自地狱的治理结构

如果一个坏人（如个别投资委员会成员、工作人员、外部顾问）掌握了一定权力，能够阻碍公开信息和事实讨论并能够影响决策，那么他就足以让一个治理结构崩塌。我们很幸运，只遇到过几个坏人。在我的记忆中，有一个人很聪明，但他很冲动且为自己的冲动感到骄傲；另一个人就没那么聪明了，但阴险狡诈，我们永远无法知道他的意图到底是什么。我们本能地认为他们不值得信任，但我们必须秉持专业精神尽力为他们服务。我们因此失去了许多时间和宝贵的机会。

无效治理结构的一个诱因是因小失大的决策。在我们这个领域，新上任的高级主管做的第一件事往往是削减管理费。这似乎很简单，而且会有令人满意的结果。该主管能赢得公司的赞扬，因为他削减了10%的支出。更好的结果也许是20%。即时储蓄的现值影响在人们的头脑中占据重要地位，并对年终奖金产生积极影响。长期来看，裁减优秀的基金经理和抛弃可能带来更高收益的投资策略会产生毁灭性的影响，但这种影响可能在几年后才能显现出来。将现状与可能发生的情况进行比较很难令人信服（学术上称之为"零假设"）。小钱上聪明、大钱上愚蠢的行为很少受到惩罚，除非是因为收益有所降低（可归咎于其他人）。

另一个短期方法是抛弃复杂策略，以增强简单性。简化不必要或相互矛盾的官僚结构并没有错，但风险管理通常不是简单的操作，分散化以及风险管理的专业化认知往往会导致更复杂的管理结构。例如，几年前，一位投资顾问因持有少量大宗商品而被委员会成员严厉批评："你要么持有10%的股份，要么什么都别持有，2%~5%是虚假精确。"但这其实是错误的批评，当大宗商品价格被严重高估时，减少配置此类资产意味着为价格重新变得有吸引力或通胀盛行时持仓做好准备。有时，在大宗商品总体投资环境不佳的情况下，你能在投资组合中增加的配比最高为1%~2%（在不损害收益率的情况下）。这相当于把你的一小部分资金投到重灾险上。在吃饭时，你可以根据自己的喜好增减食物中的盐分。所以这位投资顾问是对的，而委员会成员是错的。再聪明、富有智慧的决策者都很难理解两重甚至三重要求下所带来的影响——意外后果定律。

尽管大多数成功的管理人都能通过出色地完成工作而感到快乐和自豪，但有些个人或组织很难接受这一益处。这些个人或组织可能会破坏原本平稳、有效的治理程序，其越是处于治理结构中的重要位置，对业绩的影响就越大。即使其处于治理结构的较低层级，危害也可能相当严重——阻隔信息、创意和有效执行之间的高效流转。

幸运的是，我们经常遇到良好的治理结构。1998年和1999年，我们大幅调低了科技股和大型全球股票的权重，我们认为这些股票受到了不可持续的影响。客户们耐心地阅读我们的分析，并针对我们的结论提出深入、中肯的问题，以理解目前面临的情形，这就是伟大治理的例证。我们在追踪基准指数或着手采取极具前景但具有不确定性的新对冲方案时会感到不安，他们也会感到不安，但他们明白这是为长期获得更高收益和更低风险付出的代价。他们在羊群行为面前表现出的自律,最终得到了丰厚的奖励。

关于治理的一个警告

投资治理结构的标准化框架会遵循受托决策金字塔,会根据投资规模、投资政策的复杂性和专业性产生几个变量(见图20-1)。每个决策环节都有一组职责和功能。

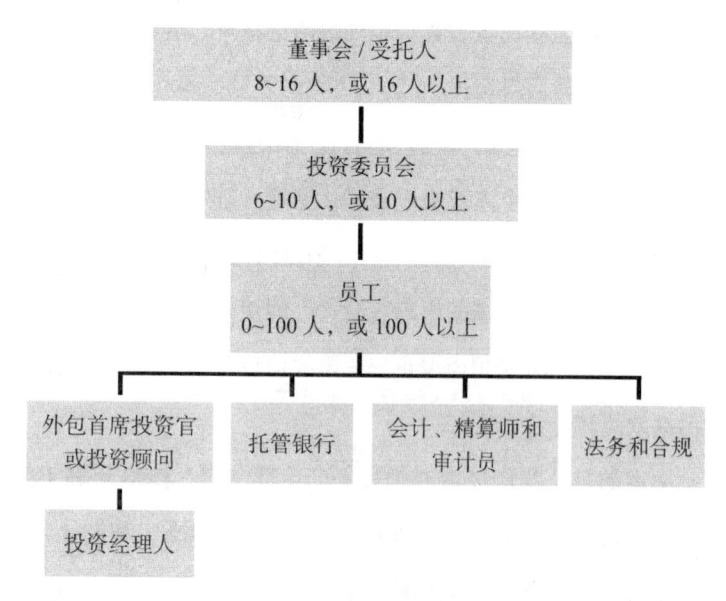

图20-1 典型的投资治理结构

董事会或受托人

董事会是所有机构中的最高决策层,可以批准或授权批准投资政策。这些投资政策划定了投资的类型和实现收益所需承担的投资风险。董事会主要负责：

- 选择投资政策和可投资资产，以满足机构的需要和要求；
- 为主要服务供应商提供合约安排及汇报情况；
- 季度或年度的审查；
- 与财务部和其他内部职能部门密切合作，批准资金池的预算、捐款和分配政策；
- 对员工和其他服务提供者进行监督、评估及制定薪酬政策。

除年度业绩审查外，上述任何职责均可委托委员会下的各小组委员会。

在没有投资委员会的情况下，会议频率应为每季度召开一次；在有投资委员会的情况下，会议频率应为每年召开一次。

投资委员会

投资委员会是董事会下的一个小组委员会，由非董事会成员和具有投资政策决定权的外部专家组成。投资委员会的职责由董事会决定。委员会通常每季度举行一次会议，以审查资产管理的业绩、操作和相关计划，落实做投资决策的员工与服务者会面，就管理过程和结果的各个方面进行报告，代表董事会进行大多数投资决策。投资委员会每年或每季度会向受托人董事会或机构董事会做报告，在更改政策或处理特殊项目时，双方需要参加电话会议或面谈。将哪些决策授权给投资委员会来做，取决于董事会成员的时间和对委员会委员的好感度。

投资委员会的职能差别很大。在某些情况下，其负责做出决策，这些决策再由最有能力的工作人员做出。这些决策包括选择和终止托管银行，挑选和解雇投资顾问，挑选和解雇法律、税务、精算和其他服务提供者。挑选和解雇管理人等事项可以授权给有经验的员工或外部第三方。如果内部人员缺乏经验或不值得信任，或者第三方未能正确扮演共同受托人的角色，那么投资委员会可能会保留这些职责。在这些情况下，投资委员会应当优先确定合适的外部支持人员。

深入参与筛选管理人工作的投资委员会通常不会有卓越的业绩。这样的委员会只会在闲暇时间关注与分担重任，同时又缺乏对负担责任的补偿，这不利于其做出及时、负责任的决定。即使委员会成员们都是经验丰富的资本市场参与者，他们的专业知识也未必适用于管理多个资产管理公司或资产类别。投资政策会指引所有的投资决策、投资方式和业绩评估的频率，董事会或委员会通过审查和批准这些投资政策，确实在制定投资质量和业绩标准工作中发挥了重要作用。

内部人员

内部人员的素质和能力的差异很大。有些内部人员只能为公司董事会或投资委员会提供简单的秘书工作和行政工作支持，只有一两名骨干人员可以处理一些外部服务事务。另一个极端是，一些大型养老基金、捐赠基金、基金会和家族集团可能会雇用100名甚至更多的经验丰富的投资专家、建模师、分析师、投资组合管理人。管理资产池的规模和复杂性、机构的复杂性与竞争性驱动、在严格的招聘标准中吸引并留住员工的能力，以及机构的使命与管理需求之间的匹配度，会最终决定所招聘人员的数量和复杂性，以及用人成本。经验表明，非投资机构在留住有才能的内部人员的能力方面，不够具有协调性。

内部人员的职责取决于其构成和预期作用。雇用外部管理人的投资组合往往会有2~6名专业投资人士，他们管理着2亿~50亿美元的资产，外部服务者也会提供一些辅助工作。通常内部人事费用占所管理资产的5~10个基点，再加上外部咨询和会计服务的相关费用，这就是一笔不小的支出。因此，越来越多的机构选择将全部或部分投资管理外包给我们这样的专业机构。目前提供此类服务的公司有100多家，但只有少数公司有可靠的业绩纪录和组织能力来履行相应的职责。机构应该根据其员工和服务提供者的素质和经验度预测资产增值的情况（阿尔法）。

从长期来看，专家和经验丰富的外包投资管理团队或内部团队，可在原本全球均衡投资组合净成本的业绩基础上多获得至少100个基点的阿尔法值。当然这取决于市场环境和治理结构的稳定性。高出业绩基准100个基点或100个基点以上的投资收益率是非常大的资产增值，特别是在一个收益率低、波动性强、奈特氏不确定性的环境中。随着时间的推移，达到运营目标和耗尽资产之间是存在距离的。考虑到股票和债券市场的预期收益率，年化收益多出 100 个基点可以在 10 年内使初始财富增加 20%。

员工的薪酬

从公司角度来看，薪酬是关于利益的分配。投资人才市场是相当高效且透明的，雇主必须根据特定地区人才的可用性、公司的经济能力和工作场所的吸引力，决定公司希望在薪酬分配曲线的哪条线上展开竞争（中、高、低）。人才是关键因素，并且市场对人才价格的设定相对有效，因此如果雇主雇用了廉价的员工，可能就要承担相应的风险。

或许，更大的差异在于薪酬结构。这就是薪酬实践和结果可能存在巨大差异的地方。在确定薪酬的过程中，关键事项除了平均年龄、薪酬水平的提高或降低，还有薪酬成本可以解决什么样的组织性问题。这种薪酬成本往往占投资公司运营成本的一半以上。

几十年来，针对顶尖人才的华尔街模式是由低基本工资和高额奖金组成的。计算奖金的基础要么是公式化的薪酬计划，要么是利润的一部分。虽然有股票、递延奖金和期权等形式的长期补偿，但在华尔街模式下，公司每年都对业绩进行评估，以便在 12 个月的周期内实现业绩最大化，并将获取的收益分配给推动业绩增长的人。这种做法带来了一些令人遗憾的行为，并放大了华尔街模式以销售为中心的文化的周期性。这种模式在 2008 年引发了非常严重的后果。早期的例子已经表明，这种不太稳定的短期手段是有缺陷的。华尔街的"卖方"（经纪人和银行家）在薪酬实践方面已经发生了相当大的变化：基本工资有所提高，年度奖金有所减少，长期薪酬合约越来越严格（常会附带回溯条款），每年的现金补偿比例也受到越来越多的限制。然而，华尔街的以销售为中心的基本文化依然存在，部分原因是它能使短期业绩最大化，并让卖方承担起责任。上市公司对收益稳定增长的需求强化了这种文化。

华尔街的买方资产管理公司意识到，自己面对的问题与卖方不同。如今，资产管理公司大多独立于金融"超市"公司开展业务，其调整了支付员工薪酬的方式，以完成在客户投资组合中创造长期价值的使命。如果恰当的薪酬可以调和利益分配，那么资产管理公司必须认识到的第一件事就是，其利益必须与客户的结果一致，而且必须在 12 个月后衡量相关结果。这通常会形成以下薪酬特征。

- 比卖方公司更高的基本工资，以作为年收入的一部分。
- 每年变化不大的年度奖金，以留住人才并确保其关注长期业绩。即使买方公司的财务业绩可能出现波动，现金奖金的每年"变化限度"也不应超过 25%。
- 更多的长期薪酬（递延奖金、股票、与股票挂钩的部分、期权）将重点人才与公司价值连接起来，这与客户投资组合中的价值创造高度相关。

买方最优资产管理的薪酬随着资产增值（阿尔法）的变化而变化，前者的变化幅度可能大于后者。在上述3个特征中，长期薪酬是最易变的，这取决于每个组织的结构、成熟度和规模。

以营利为目的的买方公司为争夺最优秀的专业人才，会将基本工资提得足够高，以至于每年的奖金都显得微不足道。这么做是希望这样的工作氛围能鼓励忠诚、稳定的员工，并促使员工积极提升专业技能。每年的现金奖金变化不大，旨在促进公司长远目标的实现。投资结果以3年、5年、10年为期进行评估。长期股权的目的是留住和发展人才，从而使客户能够获得可持续的成果与合作关系。

薪酬是否有限制

在最好的时代和最坏的时代，在满足所有人的期望方面，钱总是不够的。公司蒸蒸日上时，员工对收益的期望也会随之提高。在困难时期，公司没有足够的资金公平地对待每个人，至少在短期内是这样的。有效管理期望与培养职业化员工相结合，使公司能够超越周期性挑战，为客户和员工创造长期成功。

管理专业人士可以达到合理期望，这样贪婪和恐惧就不会引发冲动化和破坏性的职业转变。这既是一门科学，也是一门艺术。这门科学依赖于有关预期的合理透明度,以及企业收益波动、预算、商业机会和挑战的现实。员工年度会议和季度会议(也可以是月度会议)中深入探讨的战略和计划,可以使期望集中在需要解决的问题上。你可以结合公司发展的背景,充分阐述自身职业发展前景、年度或更短周期的个人绩效评估。这可以帮助你认清现实——为团队做什么、团队提供什么支持。

买方薪酬制度更有可能避免在短期内向人才支付过高的薪酬,或在长期内支付过低的薪酬,因为薪酬不是周期性的,它更像是一个长期的连续体,应该逐年调整。公司不鼓励在某年多付员工工资,因为该年的奖励会成为之后年份的奖励基础。为了平衡这一点,在一个竞争激烈的市场中,如果公司向人才支付的整体薪酬过低,那么留住人才就更加困难。

薪酬受限在非营利性组织中尤其突出。然而,清楚地思考这些受限情况,可以得出适用于其他组织的结论。

多年来,我为支持和运作非营利组织无偿奉献了数千个小时,包括支持美洲交响乐团。我是该乐团的创始人、主席和捐助者,我经常与乐团成员谈话。这些成员是来自世界 15~20 个国家的 35 名有才华的年轻音乐家,他们组成了富有竞争力的团体,加入了乐团全球领袖计划。在谈话中,他们经常问我一个问题,即如果一个新非营利性组织的财政资源受到限制,无法给予员工适当的薪酬,那么这个组织该怎么做。我通常会从 4 个方面回答这个问题。

第一，组织应该尽全力雇用那些真正相信非营利组织使命的人，如果这些人本身不需要为生计发愁，那么很可能愿意无偿工作。作为领导者和管理者，工作中的一个重要部分是你要确保自己已经充分强调了组织使命的重要性，这样就不会有人忘记它的意义。你必须明白，有人可能不得不离职以寻找一份薪酬更高的工作，但还在组织中的人就应该理解组织所受到的限制，并且停止抱怨。有时候，你抱怨薪酬的话会传到主管耳朵里。请注意，千万别这样做。觉得自己是受害者并不会让你的工作更容易，也不会有利于组织解决你的财务问题。

第二，作为领导者，你要向员工坦陈组织受到的财务限制。你要让员工知道，你明白员工应该得到更高的薪酬，但你确实因为资金短缺没有办法做到这一点。你已经尽力了，你可以帮助他们找到第二份工作。

第三，当员工值得表扬时，你要表扬员工所做的工作，奖励表现好的员工。员工知道自己的工作在多大程度上做得好，取决于上司的认可。

第四，你要寻找从某些活动中获得收入的新方法。你可以从同事和同行那里获取更好的建议。你总会有办法增加现有收入，只是这会像寻找新的收入来源那样令人沮丧。公司和非营利组织一样，都在努力获得更多的收入，有时前者获得的收入更多。想想苹果或三星为了成功推出新产品、获得营业收入和利润，每年所要经历的挣扎吧。这是一种永无止境的需求。你永远不可能满足。只不过有时在新的挑战出现之前，你觉得可以短暂地喘口气。

诚实、有创造力、有上进心的人是你需要雇用的人。有时，志愿者是最积极的（在其为生计奔波之前）。

正如薪酬专家所说，如何确定薪酬水平是一个主客观相结合的问题。从主观上讲，工作满意度以及我们从工作中获得的尊重和认可与工资同等重要，有时甚至更重要。客观地说，我们希望通过工作实现知识和薪酬的不断增长。我们希望改善家庭的物质条件，我们会不时地比较自己与朋友之间的差距。所有这些因素都影响着薪酬事项上主客观收益的完美结合。

过去25年间，尽管耶鲁在管理捐赠基金方面取得了成功，但耶鲁员工的薪酬并不像其他捐赠基金员工那样高，耶鲁员工的总薪酬可能远远低于本应获得的薪酬。我们不知道耶鲁员工是否幸福，但耶鲁员工似乎对自己的工作非常投入。学校也非常感谢员工所做的贡献。

没有什么东西能与得到职业上的"全部福利"相提并论：你觉得工作有意义，你和尊重你的人一起工作；个人成长及专业成长都不曾止步；你长期以来的努力能够在经济上体现为相应的收益（相对于你的贡献、同事的贡献和雇主的经济能力）。

服务提供者

各类服务提供者可以帮助董事会和员工承担部分信托义务。

他们的业务范围从简单地均衡投资组合，到机构中针对各类资产进行专业解答。在雇用服务提供者时，关键在于挑选那些在咨询和决策过程中经验丰富且没有利益冲突的人，避开那些天生就与商业合同不合的人。

表 20-1 显示了外部支持的类型，这取决于机构对投资过程的控制程度。由于无法从独立的行业数据中获取估算的净增加值，表格中的数字源于我在董事会和投资委员会中接触的案例。

表 20-1　外包的投资咨询服务和可能的结果

服务范围	可能的质量控制	提供的服务	可能的净增加值
筛选传统顾问、管理人（通过选美方式）	非常低	顾问可以在政策和管理人的筛选工作上提供帮助，但不会做出强制要求，会根据你的需要做决定。	少于 0
费用更高、更积极的咨询（顾问能够提供强有力的指导）	低	内部人员可以执行决策，通常在及时性上会有偏差	负至 30 个基点
实现咨询	中等	顾问/外包商会在每季度/每年实现一次咨询，实现过程并不关注季度内的定价或市场动态	负至 50 个基点
每个决策点都有赞助商的工作人员/委员会/董事会的批准	中等偏上	创造因批准程序而带来的延迟，创造偏离	负至 100 个基点

（续表）

服务范围	可能的质量控制	提供的服务	可能的净增加值
完全自主且有经验的管理人员在预先获批的指导方针/季度计划下工作	高	对时效性和交易进行最优控制，对价格和动量保持敏感	50~200个基点

注：基于全球分散投资的均衡投资组合，年化资产增值额会随着流动性较差的另类投资（如对冲基金、私募股权、房地产和实际收益资产，这些投资最高可占到总投资组合的一半）的增加而有所增加。这一结论基于作者经验和"Universities Look to Yale for Investment Managers"，*Wall Street Journal*, April 29, 2015。

选择组织结构和团队，应对转换过程

治理结构的好坏取决于参与的人，以及这些人在追求共同使命的过程中如何相互联系和配合。治理模型能提供无穷无尽的关于治理结构的方案：一种极端例子是金字塔式的、专制的、规则驱动的、严格控制的组织，比如军事机构、政府和大公司；另一种极端例子是扁平化的组织，每个层级都有很大的自主权和责任。我们认为后者的结构是较好的。在过去20年里，采用此类组织结构的投资机构已成为产出阿尔法值的聚集地，尤其是在股票和另类资产投资领域。这类组织方式有时也被运用于多元优化的大公司或采用自治管理的学术界。目标都是通过分散决策和将权力下放到最低层级（此层级上的基于事实做出的判断往往是最优的）来提高创造性和可靠性。

书本上所描述的组织结构都是能够适应各类不同任务的组织结构，但实践中并不是这样。对于严重依赖全球开放市场竞争力的任务目标，你需要有活力、创新、灵活和对市场机会做出快速反应。

除了公司文化，其他因素都无法决定该公司能否取得长足发展。简而言之，公司文化就是我们应对环境和自身不断变化时所采取的相互关联的方式。建设性的公司文化会尊重个人和集体，也会追求知识和真理，并且会提供成长、变化、消化意见分歧、得到创造性解决方案的空间。事实上，强大的公司文化有助于调和个人利益和集体利益之间的紧张关系，以一种无利益相关者会排斥的方式来定义成功。开放的、无冲突的环境始终专注于满足市场和客户的需求。公司文化是不断变化的，但它的基本品质（道德行为、专业特长和对使命的承诺）应该在公司面临挑战时保持不变。

并不是所有的公司都有这些价值观。滥用、冲突和不尊重的文化是存在的，并且还可能盛行多年，但它不可能为适应市场长期竞争需求而创造良好的环境。这类公司文化可能会吸引雄心勃勃、勤奋工作的员工，但留不住最优秀、最具创造力、最敬业的专业人士。差的公司文化最终会导致工作冲突，以及缺乏创造性和创新性的解决方案。这类公司文化所提倡的机会主义和自负状态，在市场波动和竞争者变化的考验下，终将失败。

市场、客户和专业人士的断档频率比我们所希望的要高。在我们投资的 13 家公司、我们公司（流动性很低）、我们的客户公司中，人员流失非常频繁。职业生涯的轨迹是这样的：很少有人能在同一个岗位工作 3 年以上，即使是那些在一家公司工作了一辈子的人，也会不断发展自己的新技能和新兴趣，从而承担起不断变化的责任。因此，所有机构都会定期或最终面临各级领导者换届。资本市场倾向于将公司变革和领导层变动视为竞争力、创新能力和新兴潜力的标志，但优秀的投资机构必须让客户相信，这种变化是好的。员工的变化总是为增加更新、更好的服务提供了机会，但不是所有的公司都能利用这些机会。

战略投资集团的转变使我们变得更强大，因为我们把精力放在了建立团队、做继任计划和吸引新技术人才上。从创始人到继任团队的过渡持续了 15 年，我们为客户获得资产增值的能力没有出现任何问题。随着我们为内部提升、更高的责任和升职留出了更多空间，员工的满意度也提高了。我们都为这一辉煌的成就感到无比自豪。

多元化的作用：事实还是幻想

每个专业人士都是独特个性、学术训练和经验的结合体。每个人都有自己的长处和短处，这些长处和短处各不相同，让人与人之间形成互补。组织的活力源于多元化。我们经常做的有趣练习（尤其是在招聘期间），就是分析个人和团队的优势和劣势，以确定哪里需要额外的资源支持。我们核实一些基本品质（技能、智力、经验、正直）后发现，这些品质是必需的。

- 可归责
- 无私且善于合作
- 有创造力和灵活性
- 有潜在领导力
- 乐观和幽默
- 有精力且有职业道德
- 有倾听技巧以及学习和应用新技能的能力
- 专业化

许多组织往往忽视了人际交往中需要的沟通技巧、热情和优雅。在一个以充满书呆子著称的行业里，我们有时会调整招聘方式，以吸引有个性的人，并且在可能的情况下会要求其具备分析能力。招聘来自不同国家、区域和具有不同文化背景的人就是为了实现多元化。在组织的各个层次上寻求多元化，是取得成功的必要但不充分的条件。

关于如何实现多元化和通过意想不到的途径来寻找创造性解决方案，我想讲一个故事。我永远不会忘记我在办公室之外获得的深刻教训。我给孩子们买了球鞋，但鞋码有点儿小，我需要到鞋店去更换，问题是孩子们在玩耍时，把鞋带弄丢了。我知道鞋带就在房子的某个地方，但就是找不到。我从着急逐渐变成了绝望。我没有时间去找鞋带，也没有时间去找不太友好的店员换鞋。我的保姆卡塔琳娜似乎不明白我为什么纠结，她只是说："你把鞋放在鞋盒里，要求换大一号的。当店员把新鞋拿来时，你就把新鞋的鞋带取下，与旧鞋放在一起退给店员。"这招很管用。鞋店售货员对我的这个解决方案印象深刻。并且正如我所料，我后来确实找到了鞋带：它们被系在肯和芭比两个娃娃的腰上。

我怎么就没想到呢？一个简单的方法可以解决很多问题。如果人们能够以意想不到的方式看待问题，对来自多元化群体的创意保持开放的心态，那么就能获得神奇且有用的做事策略。横向类比思考是对纵向推理思考很好的补充。

每次我们将自身的多元化程度与金融业多元化平均水平进行比较时，都会惊喜地发现我们在民族语言、种族、杰出的校友以及组织内各个层次的男女比例方面都表现得非常好。多元化本身不是目标，它只是我们通过寻找最具互补能力、最独立、最深刻思考者所获得的结果。2015年年初的几个例子说明了这一点：我们的员工近一半为女性，其中40%以上担任董事或董事以上级别的职务，相比之下，美国金融保险行业的女性高管比例只有18%。[1]

工作环境以及工作与生活的平衡

我经历过各种各样的工作环境，从只有油布地毡或金属桌子、没有个人空间的工作环境，到布置精美、光线充足且令人感到舒适的工作环境。显然，舒适的工作环境有助于提升幸福感，更重要的是，能让员工产生参与感并感受到尊重。

虽然团体或个人都可以在不那么理想的环境中取得成果，但一定的工作、生活质量还是对长期专业性、激励、参与和团队凝聚力至关重要。在某些情况下，弹性工作和在家工作有很多优势。人们应该享受假期——因为没有人是不可替代的。人们花时间与家人和朋友在一起，以及花时间在健康的、参与社区活动的生活方式上，就像是在充电，这能够促进效率、智力和个人的全面发展和创造力。

董事会和投资委员会的最终考虑

治理过程中所形成的最重要的品质是对事实的分析及前瞻性，而不是应激性及冲动、有偏见的决策。在客户机构中，原本运营良好的特定投资程序可能会被董事会任命的高层人士打乱。这些高层人士对投资结果持怀疑态度，对员工的能力以及决策的制定和执行方式也持怀疑态度。有时，猜疑是有根据的，但大多数情况下，猜疑源于沟通不畅、对评论的反应、隐藏或公开的议程以及傲慢。基于事实的怀疑很容易通过事实性、非情绪化的分析来化解，但出于个人原因的怀疑则比较难处理，除非团队进行某种程度的调整，这种调整鲜有明智的或能取得成功的。抱持傲慢和不诚实的态度无法较好地进行团队调整。消除怀疑的最佳方法是与质疑方进行一对一的会谈。如果各方本着善意行事、愿意合理学习的原则,这种方法就会奏效。

所有的投资程序都会遇到这样的情况:投资策略不起作用,甚至业绩大幅下滑。监管层要做的是深入调查投资策略失败的原因,而不是迅速将失败归咎于员工。在一个充满随机性的世界,理性评估可能会遭遇非理性的市场。疯狂的人群并不能作为对成功的回应。有充分依据的分析并不是一蹴而就的。在很多时候,某个委员会委员可能就冲动行事了,最终破坏了正确的决策程序。因此,在选择投资委员会委员时考虑其是否具备建设性的受托人的品质非常重要。开放的思想、较强的分析能力、良好的信念和谦逊是一个好的开始。

投资委员会委员的最佳品质

调查制定和监督资产池管理政策的人员的品德和人际关系,如同筛选负责管理资产和日常交易的投资管理人,两者对于治理效果同等重要。这些人员的如下品质至关重要。

专业知识

学习资本市场、投资组合理论、经济学和投资组合管理等方面的广泛而深入的知识非常有必要。我们接触过许多投资委员会,其中一些委员掌握了资本市场某些领域(如股票、债券、对冲基金或私募股权)的极高水平的专业知识,但在其他领域缺少相应的知识储备,而且在投资组合的构建(包括各类资产和管理人)方面缺乏经验。称职的对冲基金经理在委员会任职时，可能会分享自己的观点，即股票市场估值过高，本基金应持有更多现金。这种投资组合的构建方式可能适合那些追求20%的收益率，并且准备持有现金等待机会的对冲基金。对该基金经理来说，找到10项这样的投资就能获得丰厚的收益。但对于一个拥有多名管理人以及不常开会的投资委员会（无偿且缺乏经验）的全球分散化机构投资组合，股票的实际预期收益率不会超过5%~7%。如果年复一年地错过这种投资机会，而坐等收益率20%的投资机会，持续稳定的收益就无法实现。在促进委员会发挥作用方面，深刻理解资本市场（而非具体的投资风格）能够带来什么非常重要。如果委员会中有1/3的委员能够有上述认识，那么专家居多的委员会上就可以形成具有建设性的一致意见。

对使命的承诺

不管专业资格如何，委员们都应该认真对待自己的使命，应该抱着积极参与的心态阅读辅助材料和普通商业杂志，应该具备开放且有鉴别力的头脑。对那些住得很远的人来说，参加电话会议或视频会议会让其工作效果好很多。

道德标准

我遇到过一些著名的公司领袖，他们加入投资委员会的主要目的显然是寻找商机，以便他们的内部员工或服务提供者能够与投资机构保持沟通，否则这些人无法很好地投入其中。在委员会的讨论中，这些委员要么保持沉默，宁愿在委员会会议之外履行相应职责，要么出人意料地公开自己的偏见，希望找到机会主义的支持者。很明显，他们没有充分思考过会议材料，也不能以开放的心态接纳所提交的证据。如果一个委员是基金会或捐赠基金的慷慨捐赠者，或者是无法对抗的权威人物，那么其他委员可能会默许这种行为。这些委员的慷慨无法抵消其对基金业绩造成的伤害，单个委员的权威也不应该妨碍其他委员的判断。一些人被迫从委员会中辞职。在这些委员会中，这些人的职责本来是最有价值的。但如果受托人表现突出，就可能会与那些权威人士发生冲突。

在负责任的委员会中，个人安排和利益冲突是不存在的。如果它们出现，就会被公布，该委员的讨论权或投票权就会被免除。公司董事会通常会有关于利益冲突的完整披露规则。但在我们参与的少数委员会里，利益冲突是被忽略的，委员们会公然借助自己的权力为其公司或朋友创造商机。更糟糕的是，顾问的朋友们曾自豪地向我透露了一个有利的但不道德的交换条件：一个委员会中的顾问投票决定聘用某个管理人，而另一个委员会中的顾问又投票决定聘用该顾问。即使这种行为是不道德的，也会被其他想要保留其委员资格的委员接受。如果委员们无法改变这种文化，那么最好的选择可能就是从该委员会中辞职，不过代价就是该组织会因此遭受巨大的损失。

讨论的贡献者和信任文化

在评估和讨论任何行动方针时，都应保持开放和真诚。诚实和建设性的坦诚应该是良好的会议基调。对我们和对其他人都能坦诚的客户，为创新和市场发展提供了最佳环境。许多客户使我们能够在相互信任的文化中互动。在这种文化中，大家可以充分表达疑虑。但对于另一些客户，我们看到了他们的员工、竞争对手或委员会委员为了一己私利，播下了不信任的种子。信任文化对所有人来说都是可以看见的，有助于展开合理的讨论和做出卓越的决策，但它也可能在一夜之间被打垮。

具有独立思考的能力和前瞻性

这就是多元化发挥最关键作用的地方。同质性通常涉及等级秩序、等级行为和身份政治。它似乎有一种沉默的准则，让群体可以人云亦云。少部分异议者保持沉默。有能力的独立思考者是很少的。强制委员会保持一定程度的多元化，至少会带来一套多元化的习惯，为更细致入微的思考打开大门。我们经常看到创造性思维被压制，因为该组织没有赋予独立思考的委员会委员足够的权力。这表现出"我们不属于这里"的局外人与局内人之间的矛盾，这种矛盾对创造力和竞争力产生了极大的侵蚀作用。

发现和发展这些品质是委员会主席最重要的工作。一个伟大的主席会寻求知识、支持独立思考、尊重事实，以及转移冲突和隐藏相关安排。如果主席缺乏这些品质，那么委员会的决定就无法形成良好的治理结构。糟糕的治理方式通常存在于高层，并以几何级数的方式往组织的下层扩散。委员会或董事会的主席是确保良好治理的关键因素之一。

表 20-2 汇总了我认为的董事会和投资委员会对业绩最有帮助的品质。我已经根据负责实际日常资产管理的专业人士的经验对它们进行了标记。（更全面的受托人自我评估表见附录。）

表 20-2 投资委员会的选择

	天堂	地狱	炼狱
时长	• 75% 或 75% 以上的成员是经验丰富的受托人，他们承担委员会职责的时间至少有 5 年 • 平均任期超过 7 年	• 该委员会中几乎没有任职超过 3 年或整个市场周期的委员 • 平均任期少于 3 年	• 委员会委员具有平均 5 年以上的从业经验，至少半数以上的委员的从业经验在 3 年以上
学习能力	• 高 • 绝对不会别有用心 • 认为智慧比技术知识重要 • 接受业绩基准和同行比较，而不会将其视为毁灭性打击	• 委员会促成其朋友成为服务提供者 • 以不全面的知识作为对抗智慧的武器 • 破坏性地使用基准进行比较	• 智慧占了上风，但因为技术知识不足，每次会议的议题都可能出现偏离 • 无法知晓不同时期的哪些业绩基准是相关的 • 对金融理论有狭隘的理解：信任教条
委员的特征	• 承担个人责任，所有委员阅读投资政策材料 • 承担受托责任 • 会建设性地寻求共识（不断重复，以达到最佳效果）	• 不到一半的委员会阅读投资政策材料，许多人只看业绩相关的图表 • 对受托人角色的理解很有限	• 所有委员阅读一些投资政策材料 • 一个相当强大但仍然混杂着技能和信托意识的大杂烩

更新董事会和委员会的成员

董事会和委员会的人员流动,不仅是不可避免的,而且还有一定的可取之处。创新的过程是不断迭代和更新思考的过程,但过强的流动性可能具有破坏性。人员出现流动后,不太具有建设性和道德感的成员的影响可能会增加。过度的人员流动会减少内部信任,而内部信任是加强良好治理的黏合剂。委员会委员的流动一般会强化对内部工作人员的统治,而这会降低良好治理需要的管控水平。议程型员工和动力型员工有时会利用那些倡导流动性的主席。

根据我们的经验,董事会和委员会的成员的平均任期在六七年比较理想,这意味着一些有价值的委员的任期可能超过 15 年。轮换和重复可以保留机构的传统,同时更新委员会的领导能力。对三五年任期的委员进行轮换,能够形成有建设性的流动,又不会冒犯任何人。新委员也可以在最开始申请一年的任期。

主席对于促进正确文化的形成和团队平衡至关重要。一个软弱或缺乏洞察力的主席可能会解雇最有建设性且见多识广的独立委员,原因是其不愿意从众(即使众人是错误的)。

获取阿尔法

你要仔细思考任务、目标、所处的环境、竞争优势和劣势,并制定一个可行、可逆但有纪律的投资策略,以逐步实现成功。想想皮纳塔游戏!

获取阿尔法的能力取决于以下品质。

- 治理结构和治理程序。
- 客观评估自己的优势（相对于市场和同行）。
- 筛选和改变投资政策和服务提供者时采用的程序是基于事实和知识做出的判断，还是基于冲动做出的反应？
- 世界和资本市场的现状。市场能否提供公允评估资产价值的有效信息？

获取阿尔法的能力还取决于运气。但运气是随机的，品质则不是。

致　谢

几个月前，我参加了一个大厨何塞·安德烈斯举办的活动。这位魅力非凡的厨师身穿一件红色T恤，T恤上印着"IMMIGRANT（移民）"。在当前紧张的政治环境中，我很认同他的自豪感，我也想要一件这样的T恤！

我的故事也是一个移民故事。在这个故事中，一位拖着两岁孩子的委内瑞拉妇女，拿着富布赖特奖学金到哈佛大学读书（可能是第一个这么做的人），多年后离开了自己的国家并加入世界银行。在罗伯特·麦克纳马拉的智库做了几个月的顾问后，我加入了世界银行的养老金计划部门，这份工作当时并不吸引人。这就好比普通油毡地与银行高层人士办公室中的毛绒地毯、大理石，差别巨大。在20世纪70年代的石油和市场动荡的余波中，养老金计划的业绩不佳。我接受这份工作是因为它符合我在哈佛所学到的投资组合理论。我也喜欢我的领导伯尼·霍兰和K.G.加布里埃尔,而且我认为市场已经对这些资产造成了足够大的损害,不可能有更坏的结果。

现在,我怀着感激之情很高兴地回顾世界银行在战略投资集团成立初期所发挥的作用。在我12年的银行生涯中,我不仅从出众而富有挑战力的同事们身上学到了很多东西,而且出乎意料的是,世界银行基于我们多年来的表现与我们签订合同,聘用我们作为其管理养老金资产的外部服务者。

1987年11月1日,我们以民营公司的身份开启了旅程。那是最坏的时代,也是最好的时代。当时离令人难忘的1987年10月全球市场崩盘过去还不到两周,那次崩盘似乎预示着资本主义可能结束。令人欣慰的是,世界银行允许我带走任何愿意加入战略投资集团的世行员工。最初我邀请了世行高级雇员安东尼·范·阿格塔米尔加入我们。阿格塔米尔与我有着相似的创新和创业精神,我曾与他一起为新兴市场和发达国家的基金培养了一批从业人员。这项工作是由世界银行的民营部门分支机构国际金融公司推出的。我以养老金管理者的身份管理全球资产的经历恰好可以与阿格塔米尔和国际金融公司在发展借款人资本市场方面的兴趣形成互补。

我已经获得了运营资金和来自投资者的3亿美元承诺,以管理欧洲国家和美国的机构资产,我有能力再找几个合作伙伴。世界银行邀请我管理其养老金资产,并允许我保持养老金团队不变,我对此确实非常感激。这是我所能期待的最好的创业之旅,开启了在资本市场至暗时刻的光明前景。当时，我们6个人的小分队在最糟糕的时代开始畅想未来，逆境有一种在勇敢和能力之上培养创新反应的能力。正是因为我们看到了深渊，我们才建立了优化之后的风险和压力测试模型。该模型不仅着眼于下跌趋势，还会关注可能被当下市场低估的潜力。

迈克尔·达菲、玛丽·考克斯、卡罗尔·格雷芬斯特和乔治·阿尔瓦雷斯-科雷亚（20年前他因健康原因离开了公司，在撰写本文时他仍健在）加入了我和阿格塔米尔的团队，踏上了实现个人职业成长、为客户资产获取巨额增值的难忘之旅。我无法要求获得一个更聪明、更足智多谋、更敬业的创始团队了。对我们之后的两代人来说，我们这个团队的成员是真正的合作伙伴和无私的引路人。我们对彼此的忠诚、对客户的忠诚、对我们在过去30年里创建并发展起来的公司的忠诚，始终令我感动。同时，他们也是我深爱的朋友。

我也深深感谢最初的和后来的资本合伙人，他们为我们的所有股东提供了真知灼见、支持和流动性，并允许股东们逐步地、无缝地退休，让新一代的成员参与进来。

布赖恩·A.默多克在2014年接替我，出任战略投资集团CEO。他处在一个更复杂的环境中，却是一个更好的公司管理者。我很感激他对本书的富有价值的贡献，特别是在最后一章的领导品质和其他治理问题方面。我真想在30年前就遇见布赖恩并让他加入我们公司，那样我们就会有一个更厉害的公司。不过，发现优秀的管理人才和投资人才，永远不会太迟。

战略投资集团的高级投资和管理团队的成员阅读了本书，并就本书框架提出了他们的见解，即使他们可能不同意我描述某些主题的方式。没有一家伟大的公司是在毫无分歧的情况下获得成功的，但任何错误都应由自己承担。我仍会学习，并保留改正错误的权利，以便将来做得更好。本书并不是一个能照搬的"药方"，它是有关增加投资组合收益所需要投入的东西的一种思考方式。

一些战略投资集团前员工值得特别提及，因为他们帮助整理了分析数据、表格、图表和对过程的描述，或者为早期草案提供了有价值的建议。他们是埃里克·本迪克森、劳丽·博内洛、贾森·加雷利、葆拉·戈麦斯－厄尔布、黛安娜·冈萨雷斯－布尔丁、肯·格拉斯费尔德、泰勒·亨歇尔、特德·约瑟夫、保罗·克雷默、尼基·克劳斯、马库斯·克里杰尔、贾森·米勒、特德·芒迪、杰弗里·纳赛尔、维多利亚·诺兰、乔舒亚·奥布赖恩、蒂姆·奥哈拉、戴维·奥都巴定、贾森·拉比诺、伊恩·史密斯、拉斐尔·贝拉斯克斯、杰夫·威尔逊、阿克萨纳·萨瓦拉。

三位朋友就早期书稿提出了非常好的建议：第一位朋友是戴维·斯米克，他告诉我至少应该有 15 个趣闻逸事，因为那是所有人都记得的（尽管可能很尴尬，或者正因为如此）；第二位朋友是小说家、国际笔会名誉副主席乔安妮·利德姆－阿克曼，她坚持让我使用主动语态和第一人称代词；第三位朋友是芝加哥大

致　谢

学的戴维·尼伦伯格，他是我的智慧源泉，作为经验丰富的历史作家，他让我明白前言和简介的重要性。

我深深地感谢最具天赋、最具魅力、最严谨的已故编辑威廉·S.鲁凯泽，因为他把一份几乎难以辨认的手稿变成了一份条理清晰的文本，同时又保留了我说话的方式。我享受我们一起工作的每一刻。我还要感谢我的经纪人詹姆斯·莱文，他使这部作品最终成功出版。我还要感谢麦克劳-希尔公司的诺厄·施瓦茨贝里，他的见解既深刻又完美。

但是，如果没有我丈夫阿图罗·布莱姆伯格的帮助，本书永远不可能达到可出版的状态。如果没有他的经济学和金融学知识、没有他的建模技巧、没有他的耐心，那么这本书几乎是不可能完成的。我从来没有想过用简单的图表描述复杂的问题有多难，现在我知道了，我可能再也不会写有图表的书了，尽管我非常喜欢和布莱姆伯格、比尔一起研究那些图表。布莱姆伯格在建模和绘制图表方面给予了我们极大的帮助。

朋友和家人用心阅读本书，并提出业余读者的有益建议：我的孩子们安德烈斯、克拉拉和小阿图罗，我的搭档考克斯、达菲、格雷芬斯特和阿格塔米尔，我亲爱的朋友克里斯蒂娜和佩德罗·马里奥·布雷利、古斯塔沃·科罗内尔、利奥诺·菲拉尔多、米雷拉·列维纳斯、乔·安·梅森、纳尔逊·奥尔蒂斯、罗伯特·波曾以及查利·埃利斯。如果没有他们，我永远也找不到比尔·鲁凯泽。我永远感激这些人。最后，我要感谢唐娜·劳德戴尔，她是我的行政助理，也是一位聪明的顾问，是我近20年来的知己。如果没有她，我的生活和工作都不会有多大成就。

金融行业公司和其从业人员（包括指数开发人员、管理人员和服务提供者）所开发的产品、软件服务和工具使我们能够以最有效、最经济的方式管理资产。其中包括先锋、贝莱德、道富银行、梅隆银行以及所有ETF开发商和分销商，标普全球、明晟和英国《金融时报》，为我们提供所有资产类别新型证券选择和交易策略以及专业服务的所有主动型管理人，所有持续将产品证券化的投资银行和经纪商（这些产品对于所有投资者的投资和风险管理需求是不可或缺的），哈佛大学肯尼迪学院、商学院项目（它们提升了我的学术能力，培养了我的好奇心和分析能力），学术团体和特许金融分析师协会鼓励并支持优秀的研究及培训（为整个投入过程提供智力支持）。当然，我还要感谢我们的优秀客户，他们认可我们所做的一切，并将宝贵的资产托付给我们，同时要求我们在思想、流程和服务上精益求精。

对所有人，我深表感谢。你们使我们为自己的职业和使世界变得更美好、更安全的能力感到自豪。

附　录　受托人自我评估

治理是一整套的政策、行为规范、过程、操作方法和文化，它们构成了决策、执行和控制的方式，以满足组织目标。良好治理（而不是良好意图或规则）比其他因素更有助于成功。虽然良好治理常常被忽视，但在实现投资目标方面，它比投资管理技能更重要。

以下问题旨在找出投资受托人治理过程中的潜在弱点，它们提供了一整套的测量方法和简单的诊断工具，以发现在决策、执行和控制方面的弱点。

我将这一清单中的问题归纳为 5 个方面：

- 任务意识
- 治理结构
- 决策程序

- 组织文化和个人偏见
- 控制

简短调查表和详细调查表的简介

我设计了两种自我评价体系。

简短调查表可以在 5 分钟内完成,详细调查表则可以提供关于 5 个方面治理情况的强项和弱项信息。所以详细调查表需要 10~15 分钟才能完成。

简短调查表

评估投资委员会的有效性(圈出正确答案)

1. 委员会成员的平均任期是多长时间?

a. 3 年

b. 5 年

c. 7 年

2. 哪种描述最能代表委员会中的大多数成员?

a. 认为智慧比技术知识重要

b. 以不全面的知识作为对抗智慧的武器

c. 努力防止因技术知识欠缺而减损智慧

3. 委员会如何使用业绩基准？

a. 搞不清哪个业绩基准是相关的

b. 在一定的范围内接受基准和同行比较，而不会将其视为毁灭性打击

c. 破坏性地使用基准进行比较

4. 委员是否阅读投资政策资料？

a. 所有委员都阅读了投资政策材料

b. 一些委员阅读了发给他们的资料

c. 不到一半的委员阅读了全部资料，许多人只看业绩相关图表

5. 委员会对其受托人角色的理解是什么？

a. 理解颇深，但需要提升技能和增强意识

b. 对受托人角色的理解非常有限

c. 恪守受托人角色，具备很多知识

6. 在2008年金融危机之后的24个月里，你目睹了多少个管理人被解雇？

a. 一个都没有

b. 超过10%

c. 小于等于10%

问题	1	2	3	4	5	6
a	1	3	2	2	2	3
b	2	1	3	3	1	1
c	3	2	1	1	3	2

得分： 来自地狱的投资委员会　6~11 分

　　　　来自炼狱的投资委员会　12~17 分

　　　　来自天堂的投资委员会　18 分

详细调查表（15~20 分钟）

Ⅰ.任务意识（圈出正确答案）

1.委员会对于短期、长期的投资目标和限制，以及它们如何影响投资人和受益者，都有明确了解。

　　同意　　犹豫不决　　不同意

2.在阅读和分析了有关资本市场潜在收益和风险的报告后，我相信我们的目标和限制是可实现的。

　　同意　　犹豫不决　　不同意

3.我们的员工和服务提供商对我们的目标和限制有清晰的认识，他们相信这些目标是切实可行的。

　　同意　　犹豫不决　　不同意

4.所有决策者都能获得适当的培训,养成适当的工作习惯,以共同完成任务。

同意　　犹豫不决　　不同意

5.我们的任务与我们的决策方式完全一致。我们的投资决策范围是很容易理解的,而公司或投资人的短视决策并不会影响我们做出的长期投资决策。

同意　　犹豫不决　　不同意

6.虽然分散化很重要,但我们也要避免以历史高位的价格纳入分散化资产类别。

同意　　犹豫不决　　不同意

Ⅱ.治理结构(圈出正确答案)

7.我们的委员会成员的数量是合适的,会议数量也恰好可以解决适当的投资政策的全部问题。

同意　　犹豫不决　　不同意

8.委员会严格关注投资政策问题,把执行问题留给工作人员和服务提供者。

同意　　犹豫不决　　不同意

9. 投资政策提议、决策和执行之间有适当的职责划分。

同意　　犹豫不决　　不同意

10. 我们的委员会拥有做出适当决策所需的所有信息。

同意　　犹豫不决　　不同意

11. 委员会所有委员均接受过专业培训,并具备投资和资本市场方面的知识,能够适当地履行其职责。

同意　　犹豫不决　　不同意

12. 委员会所有委员在履行职责时不存在利益冲突。在发生冲突的情况下,他们会进行充分披露,相关委员不能参与讨论和决策。

同意　　犹豫不决　　不同意

13. 尽管委员会委员具有较高的道德、专业水准,但他们有时会以未公开披露的理由,或者出于情感而非能力,来确定服务提供者。

同意　　犹豫不决　　不同意

14. 我赞同团队的决定比赞同我自己的决定要容易得多,因为我不喜欢在争论中站出来,也不喜欢让团队中的其他人知道我不舒服的程度。

同意　　犹豫不决　　不同意

15. 如果我无法完全理解一项决定的理由或真正影响，那么我一般会赞同协商一致后的意见。

同意　　犹豫不决　　不同意

16. 所有决策者都参与了讨论，给人一种准备充分的印象。

同意　　犹豫不决　　不同意

Ⅲ. 决策程序（圈出正确答案）

17. 关于投资政策的问题，投资委员会的委员总是在适当的技术和专业支持下进行讨论，并在做出决定之前留出适当的时间阅读所有的材料，进而在会议上讨论这些材料。

同意　　犹豫不决　　不同意

18. 在充分讨论了特定政策建议背后的原因之后，我们的团队可以迅速着手实施，并且有足够的灵活性来处理和解决过程中的意外情况，不会在实施计划的过程中感到受约束或困惑。

同意　　犹豫不决　　不同意

19. 如果我发现新的证据让我对预期的结果产生疑问，我就会毫不犹豫地对某个决定提出质疑。

  同意 犹豫不决 不同意

20. 对于投资委员会委员的疑问和信息需求，我很乐意去解决，或者找人去解决。

  同意 犹豫不决 不同意

21. 在做决定前，所有委员都应充分表达意见，并适当讨论这些意见。

  同意 犹豫不决 不同意

22. 总有适当的信息可以让我做出明智的决定。

  同意 犹豫不决 不同意

23. 我们能提前知道本年度内的每次会议的讨论内容，对于定期处理事项，我们有一个完整的工作安排。

  同意 犹豫不决 不同意

24. 我想知道委员会是否过多地关注日常执行问题（例如管理人特定问题），而不是投资政策问题。

  同意 犹豫不决 不同意

25.我觉得我们的管理人流动率高于平均水平。我们倾向于因为业绩不佳而解雇管理人,而不是因为其他问题。

同意　　犹豫不决　　不同意

Ⅳ.组织文化和个人偏见(圈出正确答案)

26.我相信服务提供者通常都能胜任工作,但我也喜欢探寻他们的逻辑和方法,以核实当前知识和经验的深度。

同意　　犹豫不决　　不同意

27.我欢迎投资政策创新,因为我知道鉴于资本市场的不断演变,这是保持竞争力的唯一途径。

同意　　犹豫不决　　不同意

28.虽然我看到了金融创新的好处,但我宁愿等到许多人尝试之后,并且它的附加值在几年时间里得到了证明,我再去尝试。

同意　　犹豫不决　　不同意

29.在某些时候,我宁愿接受市场波动,也不愿接受更多的流动性不足,尽管在未来20年,我并不需要流动性。

同意　　犹豫不决　　不同意

30. 虽然我可以看到杠杆的好处，但在某些情况下，我不喜欢它的使用方式、状态或形式。加杠杆让我很不舒服。

　　同意　　犹豫不决　　不同意

31. 我知道过去的收益可能非常诱人，但对我来说，当前的估值才是最重要的。只要东西看起来很便宜，我就会买它，即使几年来的收益率一直很低。我喜欢对价格保持敏感。

　　同意　　犹豫不决　　不同意

32. 如果我了解到所处的环境，我就可以对业绩平平表示理解和宽容。

　　同意　　犹豫不决　　不同意

33. 投资委员会委员的平均任期（委员会委员在任的平均年数）：

　　少于3年　　3~5年　　5~10年

34. 管理人业绩相对于基准来说表现不佳，我可以忍受这种情况的最长时间：

　　少于3年　　3~5年　　只要在合理区间就无所谓

35. 只有在过去3年或更长的时间里，当投资顾问业绩超过市场预期时，我才应聘用他。

同意　　犹豫不决　　不同意

36. 虽然业绩超过同行是好事，但我确实只关心我们的业绩在市场环境中能否超过我们投资政策所设定的目标。

同意　　犹豫不决　　不同意

37. 我非常尊重和钦佩同事，对于某些事项，我也可以直言不讳地说出我不同意他们的理由。

同意　　犹豫不决　　不同意

38. 我为我们代表资产池受益人和投资人所做的工作感到自豪。

同意　　犹豫不决　　不同意

39. 我觉得我们可以做更多的事，以改进我们的讨论、决定和执行。

同意　　犹豫不决　　不同意

40. 我阅读了所有材料，以支持我们需要进行的讨论和决定，我为会议做了充分的准备。

同意　　犹豫不决　　不同意

41. 我明白一个人永远不应该"高买"和"低卖",但如果你真的相信投资是长期的事,那么你就不应该太关心付出的代价。而即使你有足够的资源能在可预见的未来应对损失,你也应该设定一个损失的承受限度。

　　同意　　犹豫不决　　不同意

42. 一分钱一分货。我认为我们只应该为可证明的增值支付高额费用,否则最好被动地投资指数化资产。

　　同意　　犹豫不决　　不同意

43. 时机就是一切。当市场上涨时,人们很容易追随大众的行为,但你应该避免追随大众,即使有人批评你错过了一个大好机会。

　　同意　　犹豫不决　　不同意

44. 我会关注大多数业绩数据和风险分析,我不喜欢把它们看作奖惩工具,喜欢把它们看作描述市场事件及如何影响投资组合的工具。

　　同意　　犹豫不决　　不同意

45. 考虑到我们有多个服务提供者来跟进服务,我相信我们的投资委员会是决策权力中心,无须对投资组合中的具体事项负责。

　　同意　　犹豫不决　　不同意

46. 我希望每天都能学到更多的东西，并欢迎有意义的、支持委员会更好地履行职责的培训。无论如何，我都希望走在知识"权力曲线"的前面。

　　同意　　犹豫不决　　不同意

47. 虽然我认为责任应明确划分，并且委员会的工作重点应集中在政策决定上，但参与挑选管理人的过程同样重要。仅通过书面材料和工作人员或服务提供者的推荐来挑选管理人是不够的。

　　同意　　犹豫不决　　不同意

48. 智慧比技术知识更重要。

　　同意　　犹豫不决　　不同意

49. 我相信简单的经验法则胜过复杂的分析性解释。

　　同意　　犹豫不决　　不同意

50. 一个易于解释的风险管理过程、一个复杂且细致的机会与不确定性相比，我更相信前者。

　　同意　　犹豫不决　　不同意

Ⅴ. 控制（圈出正确答案）

51. 我们会有一套适当且易于理解的报告，它能定期展示我们的所有头寸，即相对于我们的投资政策和同行，我们的持仓权重是过高了还是过低了。我们所承担的全部风险包括绝对风险和相对于政策的风险。

同意　　犹豫不决　　不同意

52. 我们根据适当的比较基准和期望，审查短期业绩和长期业绩，并了解何种情况下能取得该业绩。

同意　　犹豫不决　　不同意

53. 我们定期（每两三年）回顾投资政策，以确保政策能反映我们当前的需要及资本市场的情况。

同意　　犹豫不决　　不同意

54. 我们评估资产类别的适当性以及管理人是否合适，评估频率至少和评估投资政策一样频繁。

同意　　犹豫不决　　不同意

55. 我们通过评估管理人的继任计划，确定我们是否有足够的资源深度、机构记忆和长期管理能力。

同意　　犹豫不决　　不同意

56. 我们至少每两年会评估金融危机恢复能力、业务连续性能力。

　　同意　　犹豫不决　　不同意

57. 我们至少每三年会评估与预计资产增值相关的管理成本。

　　同意　　犹豫不决　　不同意

给你的投资委员会打分排名
详细治理调查表

根据治理的 5 个品质，给你的投资委员会打分。

问题	1~12	13~15	16~23	24~25	26~27	28	29	30
同意	3	1	3	1	3	1	3	1
犹豫不决	2	2	2	2	2	2	2	2
不同意	1	3	1	3	1	3	1	3

问题	31~32	33	34	35	36~38	39	40	41
同意	3	3（5~10）	1（<3）	1	3	1	3	1
犹豫不决	2	2（3~5）	2（3~5）	2	2	2	2	2
不同意	1	1（<3）	3（可忽略）	3	1	3	1	3

问题	42~44	45	46	47	48	49~50	51~57
同意	3	1	3	1	3	1	3
犹豫不决	2	2	2	2	2	2	2
不同意	1	3	1	3	1	3	1

关于治理因素的问题   **各部分得分情况**

题号	类别	得分	很弱	需要改进	很强
1~6	任务意识	_____ / 18（最大值）	6	9	18
7~16	治理结构	_____ / 30（最大值）	10	16	30
17~25	决策程序	_____ / 27（最大值）	9	15	27
26~50	组织文化	_____ / 75（最大值）	25	37	75
51~57	控　制	_____ / 21（最大值）	7	10	21

得分：

57~82：委员会需要完成大量教育以及受托义务的推广支持。

83~140：委员会需要进行一些改进。请关注本书第一、二、三部分。

141~171：委员会非常成熟，委员知识渊博。

投资术语表

主动型投资策略（active strategy）：当前投资组合资产配置和投资政策基准所确定的配置权重之间的差异。

阿尔法（alpha）：贝塔用于衡量风险水平，而阿尔法是衡量投资组合实际收益率与预期表现之间的差异的一种方法。阿尔法数字为正就表明，投资组合的业绩表现好于其贝塔预期。对主动管理型基金来说，这就代表了基金经理让投资组合的业绩表现额外获得了资产增值。阿尔法数字为负就表明，投资组合表现不佳，业绩低于贝塔所确定的投资预期。

阿尔法置信区间（95%）[alpha confidence interval (95%)]：管理人一个季度的真实阿尔法值预计有 95% 的可能性会落在这个区间里。

年化收益率（annual return）：管理人或股票指数在一年中的收益。

年度资产增值（annual value added）：在股票指数基础之上，管理人所带来的额外资产增值。

年度跟踪误差（annualized tracking error）：管理人年度资产增值存在的标准偏差。另一个衡量指标是股票指数是否符合管理人的投资风格。跟踪误差小于2%说明比较符合，高于5%则说明不太符合。

套利策略（arbitrage strategies）：利用证券之间暂时的价格差异买入价格较低的证券，卖出价格较高的证券。投资管理人利用不同市场工具之间的历史关系来预测未来价格走势。

资产配置（asset allocation）：将资产依据不同的类别进行配置。主动型资产配置包括就某一类别的资产，配置高于或低于目标投资组合的比例。

资产类别（asset class）：一组具有相似风险和收益特征的广义证券。例如，大多数大型机构投资者（如捐赠基金）将可投资证券的范围划分为如下种类（或资产类别）：国内股票、国际股票、国内固定收益资产、全球固定收益资产、房地产、风险投资、另类投资/特别情况，以及现金及其等价物。

平均水平与指数之比（batting average versus index）：每季度管理人业绩超过指数的比例。例如，平均水平是60%，这就不错，意味着管理人在60%的季度时间里，业绩超过了指数。

业绩基准（benchmark）：比较业绩的参考市场指数，可以在公开交易投资中作为主动型管理的被动型另类替代品。

贝塔（beta）：（1）衡量投资组合对市场波动的敏感性。通过定义，业绩基准指数的贝塔值为1。当投资组合的贝塔值为1.5时，该组合在市场整体上涨的情况下会比市场指数多上涨50%，在市场下跌时则会比市场指数多下跌50%。（2）基于管理人的收益与指数收益之间的回溯得出的评估风险的方法。例如，贝塔值为1意味着管理人的收益与市场指数收益的波动性一样，而贝塔值为1.5意味着管理人的收益比市场指数收益的波动性高50%。

贝塔、阿尔法和可转移阿尔法（beta, alpha, and portable alpha）：贝塔和阿尔法在金融领域有很多含义。在构建政策资产组合的过程中，贝塔值是任意资产类别的市场收益，例如标准普尔500指数之于美国股市。阿尔法则是通过主动型管理获得超过市场业绩基准的收益。可转移阿尔法是将阿尔法值从对主动型管理信心较高的资产类别转移到信心较低的资产类别，同时仍保留转移后资产的贝塔收益。

贝塔置信区间（95%）[beta confidence interval（95%）]：管理人一个季度的真实贝塔值预计有95%的可能性会落在这个区间里。

附带利益（carried interest）：以投资组合净收益的百分比来表示，通常纯粹私募股权的值为20%，而风险投资的值为25%~30%。

共同投资（co-investments）：提供给有限合伙人的机会，通常有一定的限制。

承诺期（commitment period）：自最后交割日起计算的投资年度。

组合（composite）：由两个或两个以上独立投资组合组成。例如，将所有独立的风险投资视为一个统一的投资组合，可以得出风险投资项目的完整业绩统计数据。同样的技术也可以应用于任何需要合并结果的投资组合或指数的组合。

可转换套利（convertible arbitrage）：在这种策略中，管理人通常会买入（卖出）公司的相对低估（高估）的可转换证券，比如可转换债券、可转换优先股、权证或期权，同时卖出（买入）该可转换证券对应的相对高估（低估）的基础证券。该投资策略有许多不同的类型，但大多数管理人的目标是从以下两个情形中获利，一是投资收益，二是相对波动性。

凸性（convexity）：在给定收益领域的收益变化产生的久期变化。凸性可以是正的（对于无期权的债券，如国债），也可以是负的（对于嵌入"空头"期权头寸的抵押证券）。在利率上涨的环境中，负凸性债券的价格下跌幅度将大于给定利率上升所隐含的幅度。例如，当利率急剧下降时，抵押贷款支持证券的价格波动幅度通常与无期权国债的价格波动幅度不成比例，因为抵押贷款支持证券的期限可能因许多业主提前还款而突然缩短，从而使他们在新的低利率环境中执行其"长期"提前还款期权。债券价格的变化取决于一系列因素，包括期限和凸性效应。

关联性（correlation）：表示两个变量之间关系的统计测量

方法。相关系数的符号表示两个变量关系之间的方向，绝对值则表示两者关系的大小。

相关系数（correlation coefficient）：测量两个变量之间关联度的方法（数值范围为 −1~1）。如果一个变量的值高于其平均值，同时另一个变量的值高于其平均值，那么两个变量是呈正相关的；如果一个变量的值低于其平均值，同时另一个变量的值高于其平均值，那么两个变量是呈负相关的。如果没有明确的联系，那么两个变量之间就是不相关的。相关系数越接近 1，两个变量之间的正相关就越强；相关系数越接近 −1，两个变量之间的负相关就越强；相关系数越接近 0，两个变量之间的关联性就越小。当考虑将一项资产纳入投资组合中时，它与投资组合中的其他资产的负相关或不相关程度越高，该资产为该投资组合带来的分散化程度就越大。

协方差（covariance）：两个变量"一起变化"的程度，用于确定相关投资的总体风险。正号表示正向关系，负号表示反向关系。

信贷 / 不良（credit/distressed）：这些对冲基金策略包括投资于那些正经历流动性危机、债务违约、申请破产保护或陷入财务困境的公司的证券。可采用的策略有很多，包括长期信贷、卖空和资本结构套利投资。

信贷质量（credit quality）：公司和非联邦政府实体发行的债券会由穆迪或标准普尔等机构进行评级，这些机构的评级级别会从 AAA 到 AA，再到 A，等等。评级级别为 BBB 或 BBB 以上的债券，被称为"可投资级"，而未评级或评级较低的债券通常被称为"高收益债券""垃圾债券"。评级机构对发行人是否有能力履行其义务进行判断，据此对投资组合中的证券进行评级。美国国债被认为拥有最高的信用等级。

不均衡的实际收益（disequilibrium real returns）：预期固定收益经调整后的预期平均年化实际收益，以反映当前收益率不均衡的状况。

下行贝塔系数（down beta）：衡量管理人业绩贝塔值对比业绩基准的指标。在这里，我们将基准收益为负的所有时间段单独拿出来。下行贝塔系数是在业绩基准相对于负业绩基准收益的情况下（这两个收益率通常高于无风险利率），收益率的恢复过程中的斜率系数。

期限（duration）：利率上下浮动 1% 的情况下对价格的影响。例如，如果债券的期限是 5 年，在其他条件相同的情况下，利率每上升 1 个百分点，债券价格就会下降 5 个百分点。利率下降的情况则正好相反。

德宾-沃森检验（Durbin-Watson）：衡量回归残差之间的连续关联性。德宾-沃森检验所得数据为 2，表明没有连续关联性，接近 3 则表明高度连续关联性。高度连续关联性意味着回归系数的 R^2 被夸大了，因为管理人的收益和指数收益之间存在周期性关联。

股票多头/空头（equity long/short）：对冲基金在投资股票及其衍生品时，在做多和做空时所运用的投资策略。其中，相关成果与金融市场变动之间的关系密切。筛选股票的方法非常多，比如基础分析、技术分析、定量程序、宏观或部门方法等。关注重点可能是全球股票市场、特定国家或地区的市场、个别行业、同一市场内不同的资本类别以及其他资产类别上的投资。管理人通常会对净多头有偏见（通常会进行一些市场交易）。

中性股票市场（equity market neutral）：对冲基金的投资策略是寻找可利用的短暂定价异常的机会，买入低估的股票，同时卖出高估的股票。此类管理人会运用定量方法来研究基本变量，并尽量避免风格、行业、资本化和其他与股票无关的风险敞口。

股票/统计套利（equity/statistical arbitrage）：一种利用资产（这些资产之间一直具有重大且稳定的联系）之间暂时性价格差异的对冲基金策略。与相对价值不同，这种策略更依赖于技术变量，而不是基本面分析。

超额收益（excess return）：相较于业绩基准，管理人的年化业绩是更高或是更低；阿尔法值。

可释方差 R^2（explained variance R^2）：由基准解释的返回序列中总方差的分数。

肥尾/峰度（fat tails/kurtosis）：衡量一个分布曲线是否有比正态分布曲线更突出或更平滑的"峰值"（因此有时被称为"过度峰度"）。较高的峰度意味着方差是由不频繁的极端偏差（正或负），而不是频繁的适度偏差造成的。正态分布的峰度为零。因此，正向峰度意味着一只基金比正态分布所预测的更有可能出现较大的正收益或负收益月份。这通常被认定为肥尾效应。

固定收益套利（fixed income arbitrage）：买入一种固定收益证券的同时卖出一种类似固定收益证券的对冲基金投资策略。出售第二种证券是为了对冲第一种证券所包含的潜在市场风险。一般而言，这两种证券在数学上或经济上是相关的，因此它们的走势与市场走势相似。通常，这两种证券的定价的差异很小，而这正是固定收益套利者希望获得的收益。

外汇风险敞口（foreign currency exposure）：非美元资产占总资产的百分比以及对应风险的影响大小。

普通合伙人（general partner）：以有限合伙形式发起和运营基金的法律实体。

集中区域（geographic focus）：目标交易所集中的国家或地区。

全球宏观（global macro）：对货币、大宗商品、股票或债券进行投机的对冲基金投资策略。它们通常依靠基本面和技术分析，并将多头头寸或空头头寸与杠杆结合起来，以获得最大收益。其与一般业绩基准的关联性较低，除非在异常波动时期，管理人可能会在特别受影响的市场中进行定向投资（例如在俄罗斯信誉下降后，对俄罗斯债券所进行的长期投资）。

门槛收益率（hurdle rate）：在普通合伙人有权享有附带权

益之前，从投资或开支中提取的资本所赚取的年利率。

免疫投资策略（immunization）：创设一个投资组合，不论利率如何变化，该投资组合都能在一定的期限内维持收益水平。通过匹配资产和负债的期限以及定期的再平衡程序，投资者可以锁定利率，并且运用简单的到期匹配策略以使再投资风险降到最低。

指数（index）：根据一组预先确定的规则对若干价格或利率进行加权计算得出的数字。金融市场指数是衡量股票、固定收益、货币或期货市场相对或绝对价格变化或收益的数据组合。计算指数的目的是获得一个具体数字，该数字的变化代表了各类价格或利率的变化方向。可投资指数是指可购买的证券，并能与标的市场表现相匹配，交易成本较低的指数。例如，创建一只标准普尔500指数基金相对容易，方法是购买与该指数权重相同的所有500只股票，但复制某些新兴市场指数的难度要大得多。

信息比率（information ratio）：衡量管理人的优异业绩是源于超强的知识储备还是源于超强的判断能力的一种方法。业绩基准之上的平均超额收益（通常是指阿尔法值）除以其标准差。

杠杆（leverage）：为投资活动提供额外资金的比例。例如，2∶1的杠杆率表明每投资1美元就有2美元是借来的。由于杠杆提高了正收益和负收益，所以它既增加了波动性也增加了利润潜力。

流动性溢价（liquidity premium）：额外的收益，以补偿投资者因在成熟的转售市场中无法推出某类证券而遭受的损失。

流动性评分（liquidity score）：标的资产的加权平均数。资产的流动性评分范围可以从 0（私募股权）到 100%（现金），这代表了我们估算的那些一个月内清算而不会对市场产生重大影响的资产比例。

管理费用（management fee）：以投资期间承诺资本和清算阶段已投资资本的基点表示。

管理人（manager）：负责管理基金的法律实体的总称，也可以表示个别投资组合管理人。

管理人业绩（manager performance）：相对于业绩基准，管理人因其投资风格而额外获得的资产增值额。例如，尽管整个美国股市的业绩都是用道琼斯威尔希尔 5000 指数来衡量的，但战略投资集团是用个别管理人与其他业绩基准（如小型股指数罗素 2000 或中型股指数标准普尔 500 等权重指数）进行对比来衡量。

管理人结构（manager structure）：战略投资集团所选择的投资组合结构在与业绩基准投资组合资产结构不同的情况下所获得的资产增值。例如，在美国股市，这是通过选择专注于中小盘股的管理人而增加的价值，因为这一资产类别的基准对大盘股（如道琼斯威尔希尔 5000 指数）的权重要高得多，而对中小盘股的交易量要小得多。

买入保证金（margin purchase）：用从证券经纪人那里借

来的资金购买证券。

最低承诺（minimum commitment）：每个有限合伙人所接受的最低承诺资本。

资产净值（net asset value）：用投资组合中所有证券的市场价值除以已发行股份数或单位数，计算出的投资池价值。

净多头或净空头（net long/net short）：净多头敞口通常是当管理人的多头敞口多于空头敞口时才会出现。例如，如果一个投资组合有100%的多头、25%的空头，那么我们就说该管理人有75%的净多头。相反，如果一个投资组合有100%的多头、110%的空头，那么我们就说该管理人有10%的净空头。

名义收益率（nominal return）：在通胀调整前，投资组合的预计平均年化收益率。

名义税收效率（nominal tax efficiency）：在扣除税金后，投资者预计可以保留的税前名义收益率的百分比。

目标（objective）：以内部收益率为目标，用具体的术语表述，但要使用适当的限定词。

观察（observations）：在计算中使用的季度数或其他周期数。

一个（两个、三个）标准差损失（one-, two-, and three-standard-deviation losses）：在任意年份，以正态分布来计算，收益率等于或低于这些损失的概率分别为17.0%、2.5%和0.5%。

投资政策业绩基准风险（policy benchmark risk）：在被动

选择证券的情况下，预测当前政策基准资产组合的波动性。

政策资产组合（policy portfolio）：能够达到机构目标的长期投资策略。当然前提是市场能够提供与所选投资资产类别的预计收益率一致的均衡收益率。该投资组合由所定义允许的资产类别、各资产类别和总投资组合的业绩基准、战略资产配置和风险控制组合组成。

投资组合风险（portfolio risk）：考虑业绩基准、混合资产和主动型资产选择策略情况下的可能的风险。

季度阿尔法值（quarterly alpha）：管理人的季度超额收益，可以通过管理人收益与指数收益之间的比较得出。

收益率（rate of return）：通常会引用3个不同的收益值。平均收益率是某段时间内收益率的简单平均值，它适用于一些数据统计，例如计算标准差。美元加权收益率（内部收益率）是将投资组合最终价值和中期现金流折算回初始价值的收益率，它是投资者从其初始投资和其他定期投资中获得的真实收益率。美元加权收益率被认为是会误导衡量业绩目的的收益率，因为投资管理人无法控制周期性投资的时机。时间加权收益率通过消除现金流的影响来对此进行调整，它是在特定时期内实现的年化复合收益率，与现金流无关。在测量最初结果时，多数管理人的时间加权收益率会高于美元加权收益率，因为随着附加资产的增加，业绩通常也会受到影响。在衡量过去业绩和考虑进行私人投资时（如风险投资），这两类收益率也应该被考虑在内。从历史上看，这些行业的大部分优异收益都是在承诺资本规模较小的时候实现的。

实际几何收益率（real geometric return）：超越通胀的复合增长率。几何收益率通常是用算术收益率减去投资组合方差的一半来估算的。

实际收益率（运算）[real return (arithmetic)]：超越通胀的预计平均年化收益率。

实际波动率（real volatility）：与收益率相比的预计年化标准差。

收益（return）：（1）从年初至今的收益是资产净值除以12月31日的资产净值，减去1。（2）一年收益率是当前资产净值除以12个月前的资产净值，减去1。（3）"自期初以来多年收益率"是收益比率，因此，如果期初资产净值是每年收益率的复合值，那么该值就应该等于当前资产净值。

收益/贝塔值（return/beta）：每年收益除以管理人的贝塔值或指数贝塔值。这是一种衡量贝塔值所定义的每单位风险所带来收益的方法。

收益/标准差（return/standard deviation）：这是一种衡量标准差所定义的每单位风险所带来收益的方法。

风险（risk）：遭受不确定性变化，不论是有利的还是不利的，关注的重点通常是在不利变化上。年化标准差通常被用来作为衡量风险的单位（还有其他更复杂的统计单位）。有些投资风

295

险无法通过数字计算得出，比如政治风险。

风险分析（risk analysis）：预计未来每年收益的标准差。

风险溢价（risk premium）：由于投资于某一资产类别而产生的额外风险，所相应获得的超额收益的收益率。3个月期美国国债通常被认为是"无风险"投资，投资者不需要风险溢价。股票是"有风险的"，因此投资者希望通过投资股票获得高于3个月期美国国债的收益。这个额外要求的收益就是风险溢价。随着时间的推移，投资者所要求的风险溢价会根据市场总体变化而变化。

R^2（R-squared）：（1）用基准指数的变动来解释投资组合变动的百分比。如果投资组合的 R^2 为100，那么投资组合的所有变动完全可以用基准指数的变动来解释。投资组合的 R^2 至少应为75，因为只有这样，其阿尔法值和贝塔值才是可靠的。（2）管理人收益的比例可以用指数收益率来解释。这是衡量指数是否符合管理人投资目标的一个关键指标。例如，R^2 为0.93意味着管理人收益变化中可能有93%源于指数变化，而其余变化则受其他因素影响，例如筛选股票行为。

序列关联性（滞后一个月）[serial correlation（one month lagged）]：在连续的时间间隔内，衡量收益序列关联性的一种方法。它关注的是当月的收益率与前一个月的收益率之间的关联性如何。流动性较差的策略，以及不经常或不准确地与市场挂钩的策略，往往表现出序列关联性。流动性较好的投资策略，比如投资标准普尔 500 指数的策略或股票市场中性的策略,通常不会表现出序列关联性。

夏普比率(Sharpe ratio):经风险调整后衡量收益的方法,投资组合一段时间内的收益减去该期间内无风险利率,再除以投资组合的标准差。

卖空(short sales):卖出那些借来的被高估的证券,以便以之后较低的价格买回,以此获利。卖空既可以作为一种对冲技术,也可以作为一种投机行为。

偏度(skewness):在分配收益过程中衡量对称度的方法。正向偏度意味着分配的右尾部比左尾部更明显。换句话说,相对于一个对称的分配,收益序列会有一些相对高的值。在正向偏度中,均值会高于中位数。美国的财富分配就是一个正向偏度分配的例子。就对冲基金收益而言,负向偏度(均值低于中位数)意味着尽管该基金可能总体上表现出持续的正收益,但在一些大型事件上会表现出相反的结果。

索提诺比率(Sortino ratio):基于下偏标准差而非总风险来衡量每单位风险的超额收益的方法。虽然与夏普比率相似,但这一比率只关注下偏波动,因为投资者最关心的是亏损风险。

标准差(standard deviation):衡量平均值上下波动幅度的方法(总体成员与平均值的平方偏差的平方根)。标准差是最广泛使用的风险指标。当观测值在均值附近正态分布时,这是有用的指标。但当观测值不是在均值附近正态分布时,这就可能会产生误差。

基金目标规模（target fund size）：总承诺目标额，通常为整数，比如 1 亿美元或 10 亿美元。

年限（term）：基金运行的年限（通常为 10 年），再加上由基金合伙人自行决定或经咨询委员会批准而延长的期限。

总收益（total return）：时间加权指标的业绩，包括资本增值（或折旧）和股息或其他收入。

总波动率（标准差）[total volatility (standard deviation)]：管理人或指数每季度收益率的年化标准差。这是对投资组合收益波动性的衡量方法。在任何年份，管理人一整年的收益有 68% 的可能性会落在一个正负标准差之间。

跟踪误差（tracking error）：衡量投资组合在多大程度上偏离其业绩基准，通常会用投资组合额外收益（阿尔法）的标准差来表示。

上涨贝塔系数（up beta）：衡量管理人的贝塔值与业绩基准的比率。我们剔除了业绩基准收益为正的时间段。上涨贝塔系数是在基准相对于正基准收益为正时，收益序列回归的斜率系数，这两个基准所带来的收益通常都能超过无风险收益。

波动性（volatility）：衡量平均值附近观测值深度和宽度的方法。在统计上，它可表示为标准差。"波动性"和"风险"这两个词经常互换使用，尽管严格来说波动性只是投资风险之一。

波动性高于平均收益率（volatility above-average return）：季度收益的年化标准差高于平均季度收益，这是在衡量高于收益的波动性。

波动性低于平均收益率（volatility below-average return）：季度收益的年化标准差低于平均季度收益，这是在衡量低于收益的波动性。

获胜百分比（win percent）：在给定的时间段内，月度收益高出国债收益的百分比。

四季度最差值（worst four quarters）：连续四季度中收益最差的一个季度。

最消极的季度（worst negative quarter）：管理人或指数的收益率最差的一个季度。

注 释

序

1. 19世纪美国幽默作家乔希·比林斯曾说:"并不是我们不知道的事情让我们陷入麻烦,而是我们所知道的事情让我们陷入麻烦。"Ralph Keyes, *The Quote Verifier*. St Martin's Griffin, 2006.

2. 人们普遍认为,SWOT分析法是20世纪六七十年代斯坦福研究所的阿尔伯特·汉弗莱发明的,但汉弗莱并没有归功于自己。

前言

1. 麦肯锡全球研究所。

2. 世界银行数据手册。

3. 世界银行。贫困的标准是按照该地区每天生活费不足1.9美元的人口所占比例计算的。1.9美元的标准是根据各国货币之间的购买力的平均标准并以2005年的实际价格计算得出的,需要根据生活成本标准变化进行调整。

4. Albert-László Barabási, *Linked: The New Science of Networks,* Perseus Books Group, 2002.

5. Frank H. Knight, *Risk, Uncertainty and Profit,* Hart, Schaffner & Marx, 1921.

6. The SEI 100-Fund Universe.

7. 罗伯特·希勒,"周期调整市盈率与随后10~15年平均实际收益率的关系",维基百科。

8. "稳健是一种维持系统功能并抵御内部和外部干扰、不确定性的特性。"Hiroaki Kitano, "Towards a Theory of Biological Robustness," *Molecular Systems Biology,* September 18, 2007.

9. 投资者可能会受到监管、治理限制(可能是在没有充分考虑的情况下强加的),以及自我强加的规则(以防范批评)的约束。美国国家法律禁止保险公司将其准备金投资于评级低于可接受水平的投资组合。这些规定限制了高收益债券的购买,即使这些产品有可能带来更有吸引力的风险调整后的收益。投资委员会为限制特定风险制定了许多准则,准则禁止某些投资(例如处于破产中的公司或债务情况较差的公司),而不管其投资价值。某些捐赠基金将其固定收益投资比例限制在总资产的5%,并且这类投资只适用于政府债券。这些限制虽然避免了一些不好的东西(文化、推诿、面子、缺乏经验导致的错误),却让投资者失去构建更好的投资组合的自由。而那些不受约束的、有经验且非教条主义的投资者将拥有竞争优势。

10.关于这些机会，最近的一个例子是银行出售不良贷款。这是在监管机构要求银行增加资本金并剥离坏账后出现的。银行之所以倾向于出售不良贷款，是因为收回不良贷款的成本太高，它们没有能力从差的债务人手中收回贷款，或者是因为它们不想疏远客户并影响将来的生意。一些管理人专门分析了这些贷款，他们收回的金额能够比银行定价多，他们发现经风险调整后的收益率很有吸引力。这些不良贷款是一种固定收益投资，不属于任何一个评级的债务阶梯（它们没有评级），也不属于高收益资产组，因为它们不是可销售证券。不良贷款也不适合不可销售的私募股权，因为它们不是股票。它们可能属于一个新的领域，比如不可出售的私人债券，但这个领域并不存在，因为这个市场相对较小，很少有专门从事这一领域投资的管理人。

11.Graham Allison, in "The Thucydides Trap," *Atlantic*, September 24, 2015. 他指出，美国面对的来自中国的挑战越来越大，这就是目前的风险所在。

12. Charles D. Ellis, *Winning the Loser's Game,* 5th ed., McGraw-Hill, 2010.

13. Andre Agassi, *Open：An Autobiography,* Knopf, 2014.

第1章

1. Mandy Len Catron, "To Fall in Love with Anyone, Do This,"

New York Times, January 9, 2015.

2. 决定资产的价格：

$$PA = PMR \times BA + e$$

式中，PA= 资产价格；PMR= 市场风险的价格；BA= 资产的贝塔值，该贝塔值是该资产对市场的回归系数；e= 误差项。

3. 德国理论物理学家维尔纳·K.海森堡曾说："我们观察到的不是自然本身，而是暴露在我们质疑方法下的自然。"在无数理论物理学的贡献者中，他证明了世界上不存在不被变量的动量所改变的绝对状态。海森堡的"不确定性原理"指出，粒子的"位置"越精确，粒子的"动量"就越不精确，反之亦然。

4. Bridgewater Associates, "Daily Observations," February 2018.

5. 同上。

第 2 章

1. Edward I. Altman, "Financial Ratios, Discriminant Analysis and the Prediction of Corporate Bankruptcy," *Journal of Finance,* September 1968, p.589.

第 3 章

1. Ibbotson and Sinquefield, "Stocks, Bonds, Bills, and Inflation: Year by Year Historical Returns（1926–1974）," *Journal*

of Business, vol.49, no.1, January 1976.

2. Antoine van Agtmael, "Emerging Securities Markets," *Euromoney,* 1984.

3. Roger G. Ibbotson and Gary Brinson, *Global Investing,* McGraw-Hill, 1993.

第 6 章

1. 1998—1999 年，科技股的市盈率为 70 倍甚至更高。许多股票都没有创造盈利，也没有盈利前景。一些有盈利前景的股票的市盈率达到了 100 倍，这意味着需要 100 多年的时间才能收回投资成本。

第 7 章

1. *USA Today,* January 2, 2018.

2. David F. Swensen, *Pioneering Portfolio Management：An Unconventional Approach to Institutional Investment,* Free Press, 2009.

3. "The Yale Endowment 2015."

第 8 章

1. 在全球分散化投资的投资组合中，每单位风险的价格也被称为资本市场线的斜率（见图 a）。截至 2017 年，每单位风险

（标准偏差）38个基点的价格源于全球分散化投资的投资组合中5.2%的实际收益率和11.5%的标准差（依据均衡假设）。

2. 最早确定风险平价概念的学者是弗兰科·莫迪利安尼和利娅·莫迪利安尼的祖孙二人团队，他们在1997年的文章中描述了如何通过平衡风险比较、优化证券。Franco Modigliani, "Risk-Adjusted Performance," *Journal of Portfolio Management*, 1997. Leah Modigliani, "Yes, You Can Eat Your Risk-Adjusted Returns," Morgan Stanley U.S. Investment Research, March 1997. 第一个在其投资战略资产配置产品中运用20年期债券期货的管理人是20世纪80年代早期富国银行的前团队，该团队由比尔·福斯、詹姆斯·沃汀和汤姆·洛布组成。洛布目前是梅隆资本的董事长。风险平价方法的更新的且更成功的支持者是桥水和AQR资本。

第9章

1. The NACUBO-Commonfund Study 2015.

2. "The Yale Endowment 2015."

第11章

1. Dimitry Mindlin, "On the Relationship Between Arithmetic and Geometric Returns," CDI Advisors LLC, August 2011：

$$G=A-V/2$$

式中，G=几何（复合）收益，A=算术（平均）收益，V=

方差（标准差平方）。

这个简单的公式适用于10%左右的正常收益率和20%以下的标准偏差。更高的收益率和标准偏差，可能需要更复杂的估算。

年平均收益与几何收益的精确换算可以通过以下公式计算：

$$R_{GN} = \sqrt[n]{(R_{A1} \times R_{A2} \times R_{A3} \times \cdots R_{An})}$$

式中，n年年收益率的几何收益率，是n年年收益率的乘积的n次方根（维基百科提供了大量的替代公式和转换表，以通过年化收益计算出几何收益）。

2. Warren Buffett, "Buy American. I Am," *New York Times,* October 16, 2008.

第13章

1. BlackRock, 2011; Ryan Vlastelica, "ETFs Shattered Their Growth Records in 2017," Market Watch, January 3, 2018.

2. Robert Arnott, Jason Hsu, Vitali Kalesnik, and Phil Tindal, "The Surprising Alpha from Malkiel's Monkey and Upside Down Strategies," *Journal of Portfolio Management,* Summer 2013.

3. IR=IC^2（breadth）

式中，IR为每单位风险的信息比率或资产增值，IC为事前预测与实现收益的相关性，breadth为每次能够展示投资技巧的投资次数。宽度就是衡量每次投资之间是如何实现相互独立的函数。

4."职业投资"是我们从 GMO 投资集团创始人杰里米·格兰瑟姆口中最先听到的一个术语,他吹嘘了该公司在多个领域的优异投资成果。

第 16 章

1.Amit Goyal and Sunil Wahal, "The Selection and Termination of Investment Management Firms by Plan Sponsors," *Journal of Finance,* vol.63, no.4, August 2008, 1805–1847.

第 17 章

1. Benoit Mandelbrot and Richard L. Hudson, *The（Mis）Behavior of Markets*:*A Fractal View of Financial Turbulence,* Basic Books, 2006.

第 19 章

1. Michael Lewis, *The Undoing Project*:*A Friendship That Changed Our Minds,* Norton, 2016.

第 20 章

1.Fortune 500 Women Executive Officers & Top Earners 2013.